丁勇 主编

# 当代特殊教育新论
——走向学科建设的特殊教育研究

南京师范大学出版社
NANJING NORMAL UNIVERSITY PRESS

图书在版编目(CIP)数据

当代特殊教育新论:走向学科建设的特殊教育研究/丁勇主编. —南京:南京师范大学出版社,2012.11
 ISBN 978-7-5651-0694-1

Ⅰ.①当… Ⅱ.①丁… Ⅲ.①特殊教育－文集 Ⅳ.①G76－53

中国版本图书馆 CIP 数据核字(2012)第 211450 号

| | |
|---|---|
| 书　　名 | 当代特殊教育新论——走向学科建设的特殊教育研究 |
| 主　　编 | 丁　勇 |
| 责任编辑 | 彭　茜 |
| 出版发行 | 南京师范大学出版社 |
| 地　　址 | 江苏省南京市宁海路122号(邮编:210097) |
| 电　　话 | (025)83598919(传真)　83598412(营销部)　83598297(邮购部) |
| 网　　址 | http://www.njnup.com |
| 电子信箱 | nspzbb@163.com |
| 印　　刷 | 兴化印刷有限责任公司 |
| 开　　本 | 787毫米×1092毫米　1/16 |
| 印　　张 | 16.75 |
| 字　　数 | 328千 |
| 版　　次 | 2012年11月第1版　2013年12月第2次印刷 |
| 书　　号 | ISBN 978-7-5651-0694-1 |
| 定　　价 | 39.00元 |
| 出 版 人 | 彭志斌 |

南京师大版图书若有印装问题请与销售商调换

版权所有　侵犯必究

# 序

特殊教育经过两个多世纪的发展历程，逐步形成了自己独特的话语体系、概念范畴与研究领域，终于初步获得了独立的学科尊严。就我国来说，以朴永馨先生为代表的老一辈特殊教育研究者，坚持用马克思主义的世界观和方法论来研究中国的特殊教育，为我国特殊教育学科的建立奠定了基础。然而，特殊教育发展到今天，与普通教育相比，实事求是地说，其理论研究和学科建设还相当薄弱，这是国际性的现实，在我国情况尤其如此。近些年来，各种教育思潮的涌现，特别是世界范围内全纳教育的兴起，更是给当前的特殊教育学科建设和特殊教育发展带来了新的挑战。特殊教育理论的成熟是特殊教育学科独立的必要条件，特殊教育学科地位的确立与特殊教育的发展亟待系统的理论研究。因此，加强特殊教育理论研究，重视特殊教育学科建设，建立具有中国特色的特殊教育学科体系已成为当代特殊教育研究者的重要使命之一。本书的问世就是南京特殊教育职业技术学院的研究者们在尝试走向学科建设的特殊教育研究方面，多年来努力的阶段性成果。

作为一种理论自觉，对于特殊教育理论研究与特殊教育学科建设的思考几乎伴随着南京特殊教育职业技术学院的发展历程，尤其体现在近十年来办学快速成长的过程中。从国际性的研究来看，由于历史发展、研究力量和研究方法等诸多方面的原因，特殊教育还面临着"理论的贫困"。从中国的现实来看，我们不得不承认，尽管中国的特殊教育取得了前所未有的跨越式发展，但特殊教育的理论研究仍难以适应蓬勃发展的特殊教育实践对理论的呼吁和诉求。如果不加强理论研究，特殊教育就会面临"理论空白的危机"。这不仅表现在特殊教育研究还没有构建起自身的理论体系，同时还表现在因缺乏理论指导，一线教师在实践中常表现出不知所措、无所适从的困境和无奈。正因为如此，南京特殊教育职业技术学院，作为全国独立设置的特殊教育专业高等学校，它不仅要承担特殊教育教师培养的重任，同时也应该具有足够的理论自觉，担当起特殊教育理论研究和学科建设的一份责任，为建构具有中国特色的特殊教育学科做一些基础性的工作,贡献自己的一份力量。基于此,学院在抓好专业课程建设的同时,也特别重视理论研究队伍的培养,通过人才引进、设置专门的研究机构等来强化特殊教育的理论研究和学科建设。令人欣慰的是,学院里一批中青年研究者有勇气直面理论研究的艰困。他们各自以自身的理解和认识,通过深入的思考,从不同的视角来尝试回答特殊教育的基本核心问题:什么是特殊教育?为什么需要特殊教育?什么才是好的特殊教育?怎样才能办好特殊教育?经过多年的努力,这些自觉之思陆续化为一篇篇研究成果,形成了这本文集。它如同一块朴实无华的里程碑,虽不高大醒目,却标志着南京特殊教育职业技术学院在理论研究和学科建设中所走过的道路。

　　整本文集着重从五个层面来展开。分别是特殊教育基本理论研究、全纳教育研究、特殊教育政策研究、特殊教育课程研究与特殊教育教师研究。第一部分是特殊教育基本理论研究。主要撷取了学院近几年来在特殊教育本体、价值等认识论方面的部分研究成果,目的是想从哲学层面来思考特殊教育的一些本质问题,诸如特殊教育的性质、概念、对象、逻辑体系等。这些问题是特殊教育理论研究和特殊教育学科建设中最为核心和最为基本的问题。因此,也是我们着力最多和首先开始研究的问题。第二部分是关于全纳教育的研究。近些年来,全纳教育已经成为世界各国教育与社会发展普遍追求的目标与愿景。全纳教育理念的提出给特殊教育研究与自身的学科构建提出了一系列新的问题。关于特殊教育的对象、性质、目的等问题开始在全纳教育的背景下重新进行讨论与思考。如何定位全纳走向下的特殊教育本体,如何澄清全纳教育研究中的一些核心概念(如全纳教育与融合教育),如何思考全纳教育与特殊教育、全纳教育与随班就读的关系等问题已经成为特殊教育理论研究不可回避的重要问题。这一部分着重展示了学院研究者们从不同角度对这些问题的思考和回答。第三部分是特殊教育政策研究。教育政策是国家为实现一定历史时期的教育发展目标和任务而规定的基本任务、基本方针,以及关于教育的行动准则。特殊教育的政策导向将对特殊教育的发展产生至关重要的影响。从这个意义上说,加强政策研究极为必要。这一部分所编排的内容既有关于国家中长期特殊教育改革与发展、学前特殊教育政策、随班就读政策的宏观思考,也有较为微观的关于特殊教育学校经费投入、特殊教育公共品供给制度等问题的研究。第四部分是特殊教育课程研究。特殊教育课程是特殊教育学科体系建设中的核心构成要素之一,也是特殊教育活动得以展开的重要条件和载体。这一部分体现了研究者们在特殊教育课程的特殊性、特殊教育课程的历史演变与发展、特殊教育课程的范式、特殊教育课程的设置等方面的思考。第五部分是特殊教育教师研究。教师教育本身就是理论研究中的一个重要领域。无论是从特殊教育学科建设,还是从确定和实现学院的培养目标来看,对特殊教育教师进行理论探讨都是必要的，也是迫切的。因为人才培养首先要回答特殊教育教师的内涵及其素养构成这一基本问题，然后才是如何培养的问题。学院30年的发展历程使得学院在教师教育方面积累了丰富的实践经验，也为特殊教育教师的深入研究奠定了坚实的基础。因而，这一部分内容节选了学院研究者们在人才培养实践基础上对特殊教师教育的系统思考成果，包括特殊教育教师的培养目标、培养模式、培养规格，特殊教育教师的专业化，以及全纳教育背景下的教师教育改革、随班就读教师专业化等问题。

虽然，我们努力地尝试从学科建设的角度来探讨特殊教育理论及其学科建构的问题，但是必须承认，受限于作者的能力水平及实践经验，目前的研究离理想的目标还有很长的距离。就特殊教育基本理论、全纳教育、特殊教育政策、特殊教育课程、特殊教育教师这种划分来说，还不能算是同一层面的分类标准，研究内容本身也还存在一些交叉。另外，我们对于特殊教育政策、特殊教育课程的研究还比较薄弱，特殊教育教学的一些基本理论问题还鲜有涉及，很多领域与问题的研究还不够深入。不过，正如这篇论文集的书名所标示的，这只不过是"走向学科建设的特殊教育研究"的一种努力。我们深知，深度的理论研究必须超越事实经验的描述，作出符合逻辑的归纳、概括、解释和揭示。这不仅仅需要研究者的自觉和勇气，更需要研究者的智慧和思想。正如恩格斯所言，"一个民族要想站在科学的最高峰，就一刻也不能没有理论思维"。因此，特殊教育需要脚踏实地的经验描述，也需要仰望星空的逻辑澄明。如果这本论文集能够激起更多研究者对特殊教育理论研究的热情，甚至引发更多对已有研究成果的批判与反思，从而激荡起研究者们对特殊教育学科建设的积极回应与努力，那么，这本论文集的目的也就达到了。

是为序。

丁　勇

2012年6月

# 目 录

## 第一篇　特殊教育基本理论

关于特殊教育研究哲学化的思考／盛永进　　003
特殊教育研究的本体论反思与重建／王培峰　　008
试论特殊需要与特殊需要教育／盛永进　　023
当代特殊教育的性质、概念及其对象问题探讨／盛永进　　031
"全纳"走向下特殊教育本体的认知定位
　　——兼论特殊教育概念的泛化／盛永进　甘昭良　　040
马克思主义人学视阈中的残疾儿童少年与教育／王培峰　　048
略论基于"特殊需要"的特殊儿童观／盛永进　　057
特殊教育价值认识的反思与重建／王培峰　　062
特殊教育价值：文化哲学的审视／盛永进　　072
关于构建高等特殊教育学的初步探讨／丁勇　　078

## 第二篇　全纳教育

全纳教育
　　——当代教育发展的方向、内涵与启示／丁勇　　087
教育公平是全纳教育的核心内涵／王培峰　于炳霞　　094
后现代视野下的全纳教育及其对我国随班就读的启示／丁勇　　098
"全纳教育"与"融合教育"关系辨析／李拉　　104
差异教学的开展与全纳教育的实施／王辉　华国栋　　110
当前随班就读研究需要澄清的几个问题／李拉　　116

## 第三篇　特殊教育政策

关于我国中长期特殊教育改革与发展几个重大问题的思考/丁勇　125

我国残疾儿童少年义务教育公共品供给制度：变迁、问题与建议/王培峰　131

我国随班就读发展的政策困境及其应对/李拉　147

让每一个残疾孩子都受到优质教育
　　——关于江苏中长期特殊教育改革与发展若干问题的思考/丁勇　154

关于增加特殊教育学校教育经费的几点建议/丁勇　159

## 第四篇　特殊教育课程

特殊教育课程理论研究的缺失与回归/谈秀菁　165

特殊教育理念的嬗变与课程的发展
　　——关于特殊教育学校课程发展的比较研究/陈蓓琴　谈秀菁　丁勇　170

特殊教育课程范式的演进及其转向/盛永进　178

为了每一个残障学生的发展
　　——关于三类特殊教育学校义务教育课程设置实验方案的述评/丁勇　187

## 第五篇　特殊教育教师

专业化视野下的特殊教师教育
　　——关于特殊教师教育培养目标和培养模式的研究/丁勇　199

特殊教育教师培养目标、课程与培养模式的比较研究/丁勇　陈岳　206

我国特殊教育师资职前培养模式研究的回顾与展望/王辉　顾培玉　212

中国教师专业化研究对特殊教育师资培养的启示/谈秀菁　219

三年制专科特殊教育专业培养目标和规格研究/盛永进　226

专业化视野下的随班就读教师：困境与出路/李拉　236

对随班就读教师差异教学能力构成的分析/李泽慧　周珉　244

全纳背景下的教师教育改革/李拉　256

# 第一篇

## 特殊教育基本理论

特殊教育研究中,理论的研究是最基础性的工作。理论是运用概念和逻辑对世界理性认识的系统表述。理论研究包含着研究者的学术主张,理论的演变往往也标志着学术思想的演变。当前,特殊教育理论研究是一个薄弱环节,尽管特殊教育研究成果颇丰,但对于基本理论的探讨尚未有系统的、有见地的建树。也许理论本身如此深邃、高远,难以以真理的面目显现,但无论如何都不能成为回避理论研究的理由。

如何开展特殊教育研究,如何把握当代特殊教育性质、概念、对象及其价值问题?这是特殊教育学科建设的基本问题,也属于学科研究中最根本、最核心的问题范畴。与特殊教育活动发展不相适应的是,目前我国对于特殊教育学科中的一些基本问题尚未提出令人信服的解释。本篇所选择的一组文章聚焦于特殊教育的本体问题,力图站在时代的高度,从特殊教育学科建设的角度出发,以概念的形式给实践者以思维活动的工具,并引发大家的争鸣。《关于特殊教育研究哲学化的思考》、《特殊教育研究的本体论反思与重建》针对特殊教育研究中的许多不足提出了反思性的批评;《试论特殊需要与特殊需要教育》、《当代特殊教育的性质、概念及其对象问题探讨》、《"全纳"走向下的特殊教育本体的认知定位》分别分析了全纳语境下特殊教育概念、内涵的应有之意,试图澄清特殊教育的本体意义;《马克思主义人学视阈中的残疾儿童少年与教育》和《略论基于"特殊需要"的特殊儿童观》分别从本体论之维揭示了特殊儿童的存在及其教育;《特殊教育价值认识的反思与重建》、《特殊教育价值:文化哲学的审视》都论及了特殊教育的价值问题,前者批判分析了关于特殊教育的价值认识,同时借鉴马克思主义实践观,提出了特殊儿童存在论价值论,后者则从文化哲学的视角阐释了特殊教育的文化建构使命;《关于构建高等特殊教育学的初步探讨》是首篇提出高等特殊教育学科概念的探路之作,既有"抛砖"的勇气,又兼具"引玉"的作用。

# 关于特殊教育研究哲学化的思考

盛永进

## 一、特殊教育研究需要"哲学化"

从教育哲学的角度来审视,我们不得不承认,尽管中国的特殊教育取得了前所未有的跨越式发展,但如果不加强理论研究,特殊教育就会"面临着理论空白的危机"[1]。与普通教育相比,理论的薄弱是特殊教育研究中的客观事实,也是制约特殊教育发展的瓶颈。这不仅表现在特殊教育研究领域不够系统全面、水平不高、特色不明显,"特殊教育研究还没有构建起自身的特殊教育理论体系"[2];同时还表现在缺乏理论指导下"当教师面对学生的种种需要时往往会不知所措、无所适从"[3]的种种实践困境。一句话,特殊教育"还没有成型的理论"[4]。因此加强特殊教育理论建设是当前亟待完成的一项重要任务,而深化理论研究、提升理论水平需要一个对特殊教育本身进行反思的"哲学化"过程。

理论的发展、成熟必须经过从经验总结到理论体系构建,再从理论体系构建到理论前提反思的循环。这个循环完成的标志是"哲学化"。所谓"哲学化",即理性沉思,也就是从哲学的视角、以哲学的思维方式对实践活动进行哲学的思考。不可否认,已有的特殊教育研究取得了许多令人振奋的成果,但也存在着许多问题。而许多问题的存在,可以归结为理论研究的薄弱,理论薄弱的根源在于缺乏一个对特殊教育本身进行深入反思的"哲学化"过程。未经充分哲学化的理论,是缺乏应有深度的理论,可称之为亚理论,或者说是未成熟的理论。特殊教育理论的深化要求特殊教育工作者从哲学的高度关照特殊教育,在理论研究中尽可能地作出哲学的思考、提出思想,为理想的特殊教育找到坚实的理由和基础。

## 二、特殊教育应关注价值应然研究

特殊教育研究的哲学化首先应表现在对特殊教育价值研究的重视。实事求是地说,特殊教育理论中关于价值论的研究非常薄弱。什么是特殊教育?特殊教育应该是什么？什么是好的特殊教育？什么是理想的特殊教育？这些关于特殊教育的应然追问鲜有专论问及。"'价值应当'是涉及某种教育形式、某种教育制度、某种教育活动是否值得人们追求的问题，我们必须根据价值应然对现实的教育价值取向进行判断，在一定意义上说，关于教育应然问题的认识和判断是我们实现教育实践改善的一种重要的思想条件。"[5]实际上，现实中特殊教育理论的薄弱从根本上讲是特殊教育观念的薄弱，也就是特殊教育理想的贫困，或者说是特殊教育价值的贫困。这是特殊教育研究困境的根源。

迄今，制度化的特殊教育已有230多年的历史，中国也有近140年，纵观已有的特殊教育研究，可以把它们分成两个主要的论域：一个是特殊教育对象论，一个是特殊教育方法论。前者主要阐述谁是特殊教育活动的对象，后者回答怎样开展特殊教育活动的问题。这两个问题无疑是非常重要的。但是，在这两个问题之前，还有个更为重要的问题往往被人们遗忘在自己的研究视野里，这就是特殊教育的本质及其应然问题——特殊教育价值论。它要回答的问题是，特殊教育是什么，理想的特殊教育应该是什么，我们为什么需要特殊教育！它不仅要求研究者从主观意向上对特殊教育的作用进行追寻，同时也要从客观事实上对特殊教育的能力予以检视。

毫无疑问，特殊教育是一项基于实践的活动。对于实践本体来说，基本的、首要的认识方法是价值论的认识方法，即为什么要有这种实践活动的价值追问，其次才是关于这种实践活动是如何开展的，即合规律性的研究。合目的性（价值论）的研究是实践本体研究的首要的也是最基本的研究。对于特殊教育理论研究来说，我们首先要弄清楚的是为什么要有特殊教育，什么才是理想的特殊教育，为了理想的特殊教育我们在实践中又应该怎样做！

在当下的特殊教育研究中，对价值应然的研究一直是比较欠缺的。研究者的视阈主要关注于揭示特殊教育的实然问题，尤其集中于特殊教育过程中方法、技术、策略的有效性探讨，而往往忽视了特殊教育实践的价值判断和选择。有关研究表明[6]，在1997年至2003年国内公开发行的两份刊物《中国特殊教育》和《现代特殊教育》上发表的全部研究论文998篇中，关于特殊教育基础理论研究的文章仅有59篇，其余绝大部分为教育教学类和研究报告类文章，这从一个侧面反映了特殊教育价值应然研究的不足。实际上，现实正确的教育决策和行动需要不断地通过价值判断和选择才能做出。"仅仅对现实教育的说明既无法推出某种教育理想的合理，也无法证明某种教育理想的虚假，因此，我们需要真正的教育哲学研究教育的价值应然的问题。"[7]今天的特殊教育理论的危机以及由此造成的实践困境，在一定意义上说，并不是缺乏认识论上对特殊教育活动的说明，即不是缺少关于特殊教育现实的说明，而是缺乏特殊教育应该是什么的思想，也就是缺乏对特殊教育的应然追问,缺乏由应然追问所形成的整体的特殊教育思想。雅斯贝尔斯说过,"教育需要信仰,没有信仰就不成为其教育,而只是教学的技术而已。教育的目的在于让自己清楚当下的教育本质和自己的意志,除此之外是找不到教育的宗旨的"。[8]因此从哲学的视野看,只有"合目的"与"合规律"的统一才是理论走向成熟的标志。

即使在有限的涉及有关特殊教育价值论的研究中,其内涵也不够全面。研究的视角大多偏向特殊教育意义的社会层面,而忽视教育对特殊需要儿童主体生命发展意义和作用的探讨。譬如,在为数不多的有关特殊教育的论著中,论及特殊教育的意义几乎无一例外地指向其社会价值,即保证了特殊儿童权利的平等;体现了优越的社会制度;促进了社会的文明;增进了经济效益,使"消费者成为生产者"[9]。这种重视特殊教育的社会价值,强调特殊教育目的从社会出发,追求社会权利平等,促进社会文明的价值研究,当然具有不可否认的重要意义,但是,"教育作为培养人的社会活动,其目的既有社会价值取向,也含有人的价值取向"[10]。仅仅对特殊教育的社会意义和作用做出判断,是片面的、不完善的。价值与人的需要联系在一起,价值的实质,是客体的存在、属性及其变化同主体的尺度和需要相一致、相符合或接近。特殊教育价值论,首先要研究特殊儿童作为主体的"尺度和需要",这种研究包括个人主体的研究和社会主体的研究,既要研究特殊儿童作为个体的需要,也要研究特殊儿童作为社会成员的需要。其次要研究特殊教育的"存在、属性及其变化",这种研究不是一般的技术性研究,而是一种与作为生命存在有着特殊差异的人的"尺度和需要"相联系、相对应的研究,是关于特殊教育的人的类主体意义的研究,即特殊教育哲学研究。特殊教育价值论,就是研究特殊教育具有何种价值属性,它在何种意义上满足了主体的价值需要,它们共同构成特殊教育哲学的核心内容。价值论的忽视和偏失,会使特殊教育研究失去深厚的理论基础和诗性品格,也可能使特殊教育认识论和方法论的研究处于一种漂浮状态,找不到自己的理论归宿和逻辑基点。因此,必须关注特殊教育的价值应然研究。

### 三、 特殊教育研究要重视概念逻辑方法

"真正的思想和科学的洞见,只有通过概念所作的劳动才能获得。"[11]特殊教育理论走向成熟必须关注价值研究,但同时也需要重视概念逻辑方法,这是特殊教育研究走向哲学化的必由之路。马克思主义认为理论掌握世界,理论要发现事物的规律,揭示事物的内在本质,要在概念中展示事物的普遍性品格,要用抽象的方法,把一个事物的一切偶然性去掉,"在抽象的最后阶段,作为实体的将是一些逻辑范畴"。[12]因而,任何科学的理论体系的建立都必须从经验材料开始,对对象的种种复杂现象形态进行抽象,恰当地从对象中抽出能规定对象本质的最抽象范畴,以此作为规定具体对象的理论前提。从这个意义上说,方法的运用就是理论的产生,

理论的实质就是一种方法。对特殊教育作出价值的应然分析和判断必须采用逻辑概念的方法。所谓逻辑概念方法，就是符合逻辑的从概念到概念的方法，哲学家们称之为"概念运动"。作为一种科学研究活动，特殊教育研究固然需要直接的经验总结，但是，同样重要的是它也需要逻辑的理论建构。所谓逻辑的理论建构，是指通过概念演绎系统建立理论命题，也就是说，是从概念到概念，从理论到理论，这是任何成熟的理论研究都必须经历的过程。基于实践经验基础上总结概括形成的理论要走向成熟，其理论本身亦须有一个建构和审察的过程，即用理论自身的"澄明"性质反思自身的过程。这个过程，同样必须要经过一个逻辑抽象才可能实现。

当前，特殊教育研究理论概括度不高，不少成果还滞留于经验层面。从观念上看，还缺乏将日常语言提炼成术语的意识，而反映在方法上就是往往使用约定俗成的并未经过充分论证的处于描述水平的概念。由此，在某种程度上导致特殊教育理论概念群呈现缺乏抽象度的群体特征。譬如，什么是个别化教学，什么是个别化教育？什么是个别化教育计划，什么是个别教育计划？个别化教学与个别化教育、个别教育计划与个别化教育计划的区别又是什么？这些概念是特殊教育理论中相关性很大的概念，已有的理论和实践中并没有给予明确的辨析界定，相反却存在着将它们混淆或等同起来使用的现象。研究者在同一论文、著作中不能始终如一地理解和使用同一概念，有时随个人的主观意愿而变化其内涵，这种现象不仅对特殊教育理论的严肃性、科学性造成了伤害，同时也往往造成理论上的混乱和实践中的无所适从。作为理论研究，概念的厘定、辨析是最基础性的工作。因为，有了概念才能作出判断、形成命题、进行论证。一切研究成果不但在概念和范畴中积累，而且理论也借概念和范畴而发展：理论的确立和深化，离不开概念和范畴的确立和深化。对此，我国一些研究者直言不讳地指出，中国特殊教育学还是一门不成熟的学科。这种不成熟从学科概念上看，即是尚未形成本门学科比较完整、严密的概念、术语和范畴体系。

可以这样认为，中国特殊教育研究目前最缺乏的不是经验总结，而是真正有深度的理论研究，即符合逻辑的从概念到概念、从理论到理论的哲学化研究。今天，中国的特殊教育正处于前所未有的大发展时期，特殊教育由普及开始走向提高，教育改革的视点也由"缺陷补偿"转向"潜能开发"，并逐步与国际"满足特殊教育需要"的理念接轨。现有的经验总结研究既是不可避免的，也是必要的。但是，与蓬勃发展的特殊教育实践对理论指导需要相比，我们最迫切需要的已不是这种经验总结，而是有深度的理论性的研究。特殊教育改革实践中出现的种种困惑和偏失，诸如"特殊教育等于慈善教育"、"随班就读等于全纳教育"、"个别化教学等于个别教育计划"等，与其说是认识问题，不如说是深层次上的理论研究问题。所以，进行深度的理论研究已到了刻不容缓的地步。

需要说明的是，强调特殊教育的哲学化，绝不是意味着否定贬低已有的特殊教育研究成果。应该说，已有的特殊教育研究中，真知灼见，比比皆是。但是，从研究方法来说经验性的居多。这种经验性的研究是有历史必然性的，也是不可避免的，同时也是应进一步研究的历史性前提。但更为重要的是，我们必须突破这种研究本身所具有的历史局限性，这也正是老一辈特殊教育研究者反复告诫我们的特殊教育研究要发展、要超越的原因之所在。遗憾的是，人们最多只是从研究范围及具体的命题上认识这一告诫，而很少从研究方法上来进行认识。其实，要想真正实现对前人研究的超越，还必须重视从研究方法上超越前人。现在，特殊教育工作者都无法回避这样的一种尴尬：与普通教育相比，特殊教育研究水平较低；看几篇特殊教育研究的文章，再看几篇其他领域的研究论文，往往会感觉到其研究层次的差距。这种差距有观念的差距、理论水平的差距，也有研究方法的差距，就方法论的重要性而言，其他方面的差距都是由方法上的差距造成的，由方法上的差距决定的。经验总结的研究方法，决定了它的理论范式是描述性的，只是对特殊教育实践程序的描述。描述性的研究当然是必要的，也有它独特的价值，但是这种研究往往缺乏符合逻辑概念的解释，它无法对特殊教育作出本质的逻辑的归纳和概括。真正有深度的理论是解释性的，它以事物内部矛盾运动规律为理论线索，以矛盾发展的层次性为理论结构，以自己的概念和逻辑对事物的本质作出阐释，对事物的规律作出内在的揭示。理论如果只能描述而不能解释，这种理论是缺乏深度的，是不完善的。

解决理论贫困的路径在于特殊教育研究的哲学化，它首先需要展开对问题的研究和成因的揭示，而建构特殊教育理论则需要特殊教育研究者的思想、智慧和勇气。我们期待着特殊教育研究者的努力！

**参考文献：**

[1][3][4] 陈云英.建构特殊教育理论[J].中国特殊教育,2003(1):1.

[2][6] 谈秀菁.特殊教育的研究现状与科研选题[J].南京特教学院学报,2004(4):2.

[5][7] 金生鈜.为什么需要教育哲学——为教育的应然研究做一个哲学辩护[J].教育理论与实践,2004(1):1,11.

[8] 雅斯贝尔斯.什么是教育[M].邹进,译.北京：生活·读书·新知三联书店,1991:44.

[9] 朴永馨.特殊教育概论(修订本)[M].北京：华夏出版社,1999:8.

[10] 黑格尔.精神现象学(上卷)[M].北京：商务印书馆,1962:48.

[11] 全国十二所重点师范大学.教育学基础[M].北京：教育科学出版社,2002:72.

[12] 马克思、恩格斯选集(第1卷)[M].北京：人民出版社,1972:105.

（原文发表于《中国特殊教育》2005年第8期）

# 特殊教育研究的本体论反思与重建

王培峰

"研究是智力的探险。"[1]自特殊教育产生,特殊教育研究一直以自发状态或以自觉的专门化形态为特殊教育的发展而"探险","探险"的动力就来自于研究者的内在超越意识和境遇中的实际问题。[2]当前,特殊教育在全球哲学理念和教育思潮的嬗变中,正经历着一系列难题和困境。笔者以为,从哲学的本体论视角"探险"这些难题和困境,既有利于提升把握特殊教育内涵的深度,又有利于提高特殊教育研究的思维水平。

## 一、特殊教育研究的本质主义视野

在西方,自古希腊古罗马开始,就有探究世界的本原或基质的本体论文化传统。许多哲学家都力图把世界的存在归结为某种物质的、精神的实体或某个抽象原则。如柏拉图的理念论、亚里士多德的形而上学,乃至基督教的上帝都是本质主义的。本质主义是西方文化主导世界的基本原则,一直处于思想霸权的大前提,追求普遍永恒的本质存在成为人类知识信仰的基点,特别是本质和现象的区分提供了人类观察万事万物的基本概念图式。历经绝对主义、基础主义的本质主义观,至现代以来的科学主义本质主义,发现和描述隐藏在事物背后的实在或本质成为一切研究者的内在规定和学术使命。特殊教育源自于西方人权思想、医学、心理学和基督教的发展。[3]从18世纪法国等西方国家在盲、聋哑、智力落后教育训练成功后开始,特殊教育研究就主要体现为这样一种本质主义的进程。

在西方理性传统思维和现代性的境遇下,本质主义出发的特殊教育研究一直处于主导的支配地位。自特殊教育产生至今,特殊教育研究既运用与普通教育共有的理论基础,又探讨特殊教育特有的理论基础。与普通教育共有的一般理论,是建立在特殊儿童与其他儿童在人的类存在统一的基础上的,以特殊儿童在人的类本质上所具有的身心结构和成长规律的同质性、一致性为假设,将普通教育的一般理论演绎或移植到特殊教育中。如夸美纽斯、洛克、卢梭、孔狄亚克、弗洛伊德、皮亚杰、杜威、加德纳等人的教育论述，是推动特殊教育研究、滋养特殊教育发展的巨大智力宝库。这些理论为特殊教育研究奠定了普遍宏大叙事的基础，旨在帮助发现特殊儿童及其教育的原理和方法体系。

同时，特殊教育特有的理论，运用医学、康复学、心理学、社会学等学科，主要围绕特殊教育的阐释、特殊教育对象的认识，以及教育教学等，进行不同的解答。[4]主要体现为解释的概念体系、适用的教育媒介和工具、有效的教育原则以及其他普遍意义的宏大叙事。主要代表人物有狄德罗、依塔尔、谢根、卡尔丹诺、波内特、阿曼、莱佩、卡希尔、海尼克、阿羽衣、布莱尔、维果茨基以及当代美国的柯克和我国的朴永馨等。特殊教育特有的理论，首先，在本体论上，假定了特殊教育自身具有超历史的、普遍的永恒本质和规律。其次，在认识论上，设置了以特殊儿童行为等教育现象和特殊儿童成长规律、教育规律本质为核心的一系列二元对立，坚信绝对的特殊教育规律，认为无论特殊儿童个体身心有多么诡秘，境况有什么差异，其环境有多么不同，只要抓住教育本质的东西就能呈现出有据可循的教育规律；坚信普遍的精确制导的方法、绝对正确的本质认识和普遍有效的知识，热衷于建构逻辑结构和宏大叙事，并努力把特殊儿童及其教育的纷杂现象纳入到一定的逻辑结构中。特殊学校教育制度、班级授课制、课程等就是本质主义思维的体现。再次，在方法论上，多是在实证的经验基础上运用归纳的方法，寻求特殊儿童教育的大前提和理论假设，确立逻辑分析的总体性框架，指导人们开展教育。20世纪中后叶掀起的融合教育和全纳教育及其研究，尽管凸显了后现代去中心、反本质的思维，但并没有完全跳出本质主义思维。如在社会和环境方面，尽管隔离制和融合理念存有重大的分歧，但在本质上都蕴含着他们对教育大前提的逻辑设定和普遍信仰。即，隔离制的特殊学校教育及其研究，将与社会隔离作为确立特殊儿童社会群体存在、建立特殊教育学科、维护特殊儿童受教育权，提供特殊照顾和保护的起点和基础，力求以此归纳出一个能统帅特殊教育的内在的逻辑结构，给多样差异的特殊儿童教育一个稳定、可靠、永恒的秩序。融合教育和全纳教育则是隔离教育认识思维的转向，将特殊儿童与其他儿童的社会融合作为目的，认为融合到最少受限的社会和环境是特殊儿童作为人的类存在的基础，以融合的社会与环境作为享有权利、尊严，实现价值，平等参与社会，获得最大发展的保障，力求建立在人的类存在本质基础上的教育观点和体系，为多样差异的个体及其教育，建立一个共同的教育逻辑结构，来增强对特殊儿童之为人的类存在教育的本质主义信心，安定因特殊儿童的差异而带来的歧视、排斥、尊严失落等愤懑。本质主义是人类理性的重要形式，特殊教育的本质主义是特殊教育发展的智慧高度，至今仍是特殊教育理论研究的主流形式。

## 二、"三个范式":特殊教育研究的显明特征

对特殊教育研究的描述和分析不单是一个方法论的问题,还是一个总体性的范式问题。托马斯·库恩指出,范式是"一个特定社团的成员共同接受的信仰、公认的价值和技术的总和"[5]。"科学发展是新范式取代旧范式的过程。"[6]可见,范式作为一个研究共同体所共同遵循的理论体系、价值信念、思维方式和技术规范的总和,为研究者提供了一种观察世界的视野与理论参照的体系。借鉴范式概念和理论,特殊教育研究不但涉及特殊教育研究者共同的研究方法和研究程序,还涉及共同的教育研究信念、价值观点。以此反观,特殊教育研究先后出现了以下三种研究范式:以"经验—分析"为主的实证主义(基督教/医学/心理学)研究范式,以"归纳—演绎"主的教育学研究范式,以"批判—理解"为主的社会学研究范式。在这里,三种范式的划分不是绝对的时间和空间概念,体现的是特殊教育研究的主要根据,同一时空内可能不同程度的存有一定的传承、交叉。

### (一)经验—分析为主的实证主义研究范式

这主要体现在基督教和医学、心理学为主的前现代特殊教育阶段,即特殊教育尚未向教育学领域转移以前。这一时期,是特殊教育及其研究的自发和萌芽时期。特殊教育与研究表现为传教士个体自发行为的"传教士教育"或医生自发的"医疗训练教育"及其研究。这时期的研究是建立在观察和实验的经验事实上,主要针对"特殊儿童的残疾是怎样的"、"如何针对残疾进行康复训练和学习",揭示残疾和教育训练之间的因果联系,重视对特殊儿童进行感官训练,提高感官机能。在研究者的学术信念和假设上,特殊教育被视为朴素的上帝博爱、仁慈,是救赎的工具;或者认为特殊儿童可以诊断并通过经验论的感官训练来提高生存技能。形成的基本研究规范主要是以基督教、医学为基本视野看待特殊教育,把特殊儿童作为身体病态的患者,并以教育帮助作为救赎特殊儿童以及自己原罪的途径,运用简单归纳和形式演绎来研究特殊教育理论和问题。特别是基于医学视角的特殊教育,表现出鲜明的实证、经验主义倾向,认为残疾缺陷能通过医学来测量和诊断,相信对特殊儿童的医疗训练、康复补偿能提高特殊儿童生存能力。这一时期,特殊教育研究尽管不具备现代教育研究意义上的实质,但开辟了特殊教育本质主义研究起点,为特殊教育研究成为一个教育学概念设下了逻辑必然。

### (二)归纳—演绎为主的教育学研究范式

这主要体现在特殊教育融入教育学体系的现代特殊教育阶段。这是特殊教育及其研究自觉走向科学化的黄金时期。这一时期,由于实证研究范式面向身体器官机能的"医疗训练教育",无法对增强人的主体理性能力作出回答(如对创造能力、实践与生产能力、认识能力及道德、意志、审美等),如阿曼"把聋人教学缩小为

单纯的发音教学,对智力发展不重视,形成了机械训练和形式主义"[7]。另一方面,在文艺复兴运动后,上帝、教会本身已成为批判的对象,于是特殊教育研究开始向教育学转移;同时,随着西方工业化大生产和人权思想的推进,出现了特殊学校教育,特殊教育具有了完全现代意义上的教育形式。

这一时期,特殊教育对象、目标等教育思想理论已超出了17世纪以来少数医生、教士等基于特殊儿童个体意义上的个体教育行为,用具有普遍意义的本质描述揭示特殊儿童与教育的内在逻辑和规律,成为人们的追求和目的。特别是现代科学主义以来,随着特殊儿童从上帝的恩惠和救赎中解蔽出来,特殊教育研究也开始超越简单的上帝仁慈、博爱,走向以人的理性为基础的,以特殊儿童教育为主的,涉及康复、医学、社会学等知识的专业领域。这个时期的特殊教育研究基本成为教育学的分支,主要以教育学范式开展研究。在研究者的共同信念和假设上,特殊教育成为一个教育学概念的存在,注入了教育的功能特点和属性要求,开始从政治、经济、社会、文化等外在工具价值和促进自身全面自由发展的内在价值出发进行研究。社会化要求和个性化成长是特殊教育研究的大前提。在研究规范上,认为特殊教育本质、规律是人的理性的"客观发现",是人的理性能力的投射,坚信人们对揭示和把握特殊教育本质、规律,以及特殊儿童成长规律的可能。坚持特殊教育的本质必须在理性面前接受检验、证明自己的存在。注重从科学理性出发运用归纳—演绎的方法论研究特殊教育问题,体现出鲜明的现代性特征。这直接为扩张隔离制的特殊学校和班级授课制提供了基础和依据。

这一时期特殊教育及其研究开始成为一个日趋完整的学科体系。一是特殊学校不断增多,特殊学校教育形式不断被国家确立,且不断以立法和制度的形式予以保障,使得特殊教育研究开始专门化、体制化,有了自己的专业领域,成为一种专业活动,特殊教育理论与实践有了相对固定和完整的体系、范畴和基本根据。自1789年法国承认莱佩建立的第一个残疾人教育机构至19世纪末和20世纪中叶,世界各国都以立法和制度的形式先后确立了特殊教育学校教育制度,且在20世纪中叶前一直是主流的教育组织形式,即使在今天的许多国家仍占据特殊教育的大半壁江山。二是随着经验科学分化、独立,如心理学、生物学及其他与残疾人相关的病理学等逐步加入到特殊教育研究中,为认识特殊儿童和进行科学主义的特殊教育提供了支持,特殊教育研究得以运用经验科学的新成果进行假设和检验,进而以盲、聋哑、智力落后、肢体残疾、问题行为等更精细的分类、更专业化的学科理论建设、更相对分离的专门教育实践等,将特殊教育及其研究予以专门化、精细化、常态化。这一时期的研究主要围绕确立特殊教育逻辑分析的总体性结构,总结归纳了特殊儿童教育与训练的经验,提出了具有普遍意义的特殊教育理论、内容和方法,许多著作奠基了特殊教育学科发展,使特殊教育逐渐形成了相对独立的交叉和边缘学科,为人类文明增添了新的内容。[8]

（三）批判—理解为主的社会学研究范式

这主要体现在全纳教育为主的后现代特殊教育阶段。这一时期,由于教育学研究范式的特殊教育研究囿于科学理性的狭隘视野内,用统一的、唯一的本质主义发现和描述特殊教育,面临全球高涨的后现代主义思潮的质疑和颠覆。一方面,复杂多样的教育实践、丰富多样的特殊儿童差异质疑着统一的教育规律和本质的合法存在,特殊教育研究的解释和指导能力变得力不从心(特别是普遍意义的宏大理论对解决多重残疾、重度残疾等特殊儿童的无能),面临压制个性、遗忘多样、抑制创造、扼杀活力的"现代性暴力"的指责。另一方面,基于教育学和医学科学主义精细描述的残疾缺陷的差异不断被隔离的安置形态、教学组织形态及其课程等强化和夸大,差异成为特殊儿童与其他健全儿童的本质不同。特别在安置形态上,隔离制特殊学校教育加大了特殊儿童的社会分层、隔离和歧视,使得教育学范式的特殊教育研究开始与教育学分离而转向社会学研究范式。

20世纪中叶在北欧出现"正常化"(normalization)运动,拉开了特殊儿童融合教育、全纳教育的序幕。这一时期,特殊教育研究者的共同信念是,从后现代主义视角,反思现代性特殊教育理念给特殊儿童权利、尊严等带来的问题,指责特殊教育给特殊儿童带来的人本关怀的疏离,认为特殊儿童生存境遇的窘迫及其生命意义的失落是特殊教育现代性的恶果,是以健全人为主导的社会群体的价值选择对残疾人弱势群体的压迫,是普通教育话语权对特殊教育地位的遮蔽。先后主张用融合、回归主流、全纳教育的理念重建特殊教育之于特殊儿童价值秩序的位移,防止特殊儿童生命价值被剥夺或篡越。特别是全纳教育明显将特殊教育作为一个社会学体系的概念,侧重用社会学的方法解决特殊儿童的发展问题。这一时期,确保特殊儿童的权利和尊严及其价值的实现是特殊教育研究的大前提。在研究规范上,面对教育学在解决歧视等一系列社会问题上的无能,特别是对回答平等问题、人的尊严问题、社会适应等问题的无能为力,这一时期的特殊教育注重人本主义的社会批判研究,其目的在于唤起人们对特殊儿童的理解关注,伸张特殊教育研究的社会学视野。在20世纪90年代后,全纳教育思潮迅速蔓延到整个教育领域,主张用民主、群体、合作的价值理念和方法论对特殊儿童进行教育,[9]并提出构建全纳社区和全纳文化,将博爱、仁慈、平等、人权、尊严、价值空前张扬到极致,以期望通过社会资源和力量进行特殊儿童教育。

这一时期主要围绕"什么是好特殊教育"、"特殊儿童怎样才更有尊严、更有权利"、"如何推进全纳教育"、"个别化教育计划制定实施"等问题展开研究。一是将全纳教育作为"好特殊教育"的解释框架,并研究探索了"个别化教育计划"等实践模式。美国首先从立法中推行"最少受限制环境"和"个别化教育计划",引导研究者开展个案的实证研究和行动研究,从微观的教育环节回应特殊儿童权利保障和全纳教育理念,建立确保特殊儿童真正获得实质公平的实践体系。美国著名特教专家柯克在其《特殊儿童教育》中提出了让特殊儿童尽可能多的回到普通学校学习的"回归主流"的瀑布式特殊教育服务体系,反映了全纳理念的特殊教育实践研究。我国在20世纪80年代实施随班就读实践研究,并确立了"以一定特殊学校为骨干,以大量的特教班和随班就读为主体的残疾儿童少年教育格局",借鉴美国的个别教育计划等理念,探讨建立了随班就读的管理与教学等一系列策略。90年代后中央教科所陈云英等学者在多年随班就读研究的基础上,对全纳教育体系、全纳学校、全纳课堂的元型进行了实践研究,许多观点方法在《随班就读课堂教学》、《特殊儿童的随班就读试验:农村的成功经验》等著作中进行了介绍。另外,在特殊儿童权利方面,主要以阐释全纳教育理念和实现平等权利为旨归,围绕特殊儿童有质量的学习、康复、社会适应能力、生活技能、劳动技能等问题开展研究。我国《中国特殊教育》杂志刊载的大量实证性研究以及《现代特殊教育》杂志刊载的叙事研究就反映了对这一领域的关注。

### 三、多元与冲突:特殊教育研究的后现代遭遇

特殊教育研究夯实和丰富了特殊教育基本理论,推动特殊教育科学化、体系化发展,但也面临着一系列困境。特别是现代以来,后现代思维的全纳教育与传统教育的抵牾,多学科的参与对特殊教育学科地位的质疑,丰富多样的特殊教育实践对特殊教育研究回应能力的质疑等,成为特殊教育研究不可逃避的遭遇。

(一)全纳教育与现代特殊教育的纠结

自20世纪中叶产生融合教育后,国际上逐步形成了隔离制特殊学校教育与融合教育(后为全纳教育)制度并存的两种教育体制。特殊学校教育属于现代教育的产物,是现代性思维特征的教育方式,以客观主义和实证为特点,遵循的是现代理性,"诉诸科学的、精确的方法,强调理性、权威、同一性、整体性、确定性和终极价值观,遵循实证科学研究的程序"[10]。它一方面怀有工具理性至上的价值崇尚,淡忘了特殊儿童个体的目的性价值,注重的是统一化、体制化、模式化和效率化的社会本位价值观,桎梏了特殊儿童的独立自主发展空间,淹没了特殊儿童的尊严和权利。另一方面,基于教育学范式的特殊教育研究,在追求学科化建设的过程中,借鉴甚至移植了普通教育和自然科学研究的一些科学实证主义的方法体系,建立概念、范畴和理论,尽管"制造"了一些特殊教育知识,但疏离了特殊儿童及其教育的实际,将特殊儿童客体化而抽空了鲜活独特的内容后,研究成果无法与丰富的实践对话,且难有独特的创新。

特殊学校教育为主的现代特殊教育研究忘却了特殊教育自身的根基与个性，其存在合理性不足的重要缺陷，为后现代思维的全纳教育进行批判和否定设置了空间和依据。但全纳教育激扬高涨的后现代话语和思维，决定了它在很长历史时期内只能是后现代主义的激情和义愤，是带有浓厚主观臆想色彩的"乌托邦"。[11]一是在价值层面具有高度的理想性质。全纳教育以人的尊严和权利为理由否定特殊儿童客观存在的"差异"，简单地认为"差异是正常的"，对差异存而不论，且反对现代特殊教育分类、诊断和教学体系，遗忘了基于客观事实的实证就是反对科学理性，从而也就失去存在的基础。二是在方法论方面具有忽视或超越科学实证理性的方法论缺陷。它强调将民主、平等、群体合作这些价值性质的应然之物作为实然的方法论，如通过民主、平等、合作建构全纳学校、全纳社区、全纳文化等，以民主、合作等价值论代替方法论或超越实证经验方法论，来解决客观存在的"差异"，存有方法论不足的致命缺陷，对解决特殊儿童教育问题毫无益处。三是在教育对象上具有高度张扬虚妄的激进性质。它追求实质平等，关注每一个特殊需要个体生存的境遇和命运，提出"满足所有儿童特殊教育需要"、"每个儿童获得成功"等，忽视了特殊儿童生理、心理及认知等差异对成长的制约，以及特殊儿童社会生存的现实，使得全纳教育方式和质量备受人们的质疑。四是全纳教育实践本身就是对其自身存在的否定过程。因为全纳教育一旦实施必然要运用实证的方法对特殊教育需要者的残疾缺陷进行鉴定、分类，而这些分类、鉴别本身就是全纳教育所反对的歧视和隔离；另外，对特殊需要的满足必然涉及个别教育方案的制定实施，无法绕开残疾缺陷的差异及建立在这一客观实在基础上的实证理性，且难以保证满足所有特殊需要儿童的特殊需要及其成功。可见，全纳教育存在本身极易被其理想性所否定，全纳教育就只能是这样一个悖论的存在——它自身充满矛盾对立性，又激发人们的理想张力。因此，如同后现代主义对现代性彻底的颠覆与反叛，全纳教育也仅仅是在彻底反思与批判现代性的隔离式特殊教育模式基础上发展起来的。它是一个社会批判的解构概念，而不是建构性的概念。

全纳教育与现代特殊教育的纠结，反映了后现代主义与现代性的抵牾。现代特殊教育的教育方式和思维以及现代特殊教育研究的本质主义宏大叙事，有利于大面积快速普及特殊教育，但它的弊端也显而易见。后现代主义的全纳教育则有利于对弱势的被边缘化的特殊儿童个体的保护和关注，有利于他们教育实质平等的实现，但是全纳教育极具理想性质，而且在本体存在上，全纳教育既然无法被一个本质所涵盖、为一个总体性所总结，其研究也就无法为其学科地位的存在而辩护。

（二）多学科的参与对特殊教育学科地位的质疑

特殊教育本身源起于基督教、医学、心理学、人权的进步与发展，具有医学、心理学的医疗、康复、训练以及基督教和人权思想的平等、博爱、仁慈等蕴涵[12]。也就是说，自其诞生起就在心理学、医学等多学科的交叉中缺失着自己自主的学科地位和意识。当前，随着经验学科的分化，医学、康复学、心理学等多学科渗入特殊教育研究，使得特殊教育单一的教育学研究范式或社会学研究范式面临新的挑战，甚至连特殊教育的学科性质和地位也面临质疑。

首先，多学科的参与使特殊教育的学科边界越来越模糊和不确定，教育研究的对象不再为教育学所独有，而是已经被其他学科所涵盖，成为具有多学科性的公共学科。特殊教育究竟是何种类型的知识？在学科分化日益加剧、学科边界日益森严的今天，特殊教育学科与其他学科之间的"边界"在哪里？特殊教育及其研究的独立性已遭到边缘化，与其说是一个学科倒不如说更是一个专业领域。其次，在多学科参与下的特殊教育领域，特殊教育逐渐失去了作为一个独立学科与相关学科对话而应有的基础性的语言、概念系统，身陷心理学、医学、康复等学科之中。当前，尽管特殊教育已从教育中分化出独特的社会活动方式、组织形式和人群，形成了一个建立在教育学、心理学、病理学等诸学科基础上的相对独立的分支研究领域，但一方面由于特殊教育研究者对价值研究的疏离，对实证主义的事实研究的偏执，使得特殊教育范畴、概念等根本性问题尚不明晰，特殊教育不能真正从其他学科中分离出来，获得独立。另一方面，由于研究人员缺少学科独立的主体意识，因而丧失了坚守和捍卫特殊教育话语规则的决心和信念。

在我国特殊教育作为一个事实的专业领域，特殊教育研究正处于内在的学科焦虑之中。一方面，特殊教育作为一个教育事实的存在，特别是近20年来，一系列愈来愈深入、愈来愈专业化的基于事实的研究，使得特殊教育日趋独立于普通教育，展现出一种学科分化的趋向；可另一方面，特殊教育仅仅立足于"事实"层面的研究，面对一系列新的实践问题和反身性的追问，显得局促不安、惶恐无奈。如"特殊教育属于教育学概念，可为什么心理学、医学和康复在特殊教育中占据相当大的空间和份额呢"，"特殊教育是教育事业，可为什么仅凭教育的专业支持解决不了特殊儿童教育问题呢"？这直接引发了对"特殊教育是什么"、"特殊教育应当是什么"、"特殊教育何以可能"、"什么才是更好的特殊教育"等根本性问题的思考。同时，由于本土化主体研究意识的丧失，我国特殊教育失去了话语权和自主能动性，特别是在西方移植来的"特殊教育需要"概念啃噬下，特殊教育对象也不再确定、独特，成了无所不包、无所不容的"收容所"。仅仅以移植、搬运为手段复制西方的特殊教育话语，不但难以满足我国特殊教育成长发展的渴望，而且使我国特殊教育产生身份的忘却和迷失。"我国特殊教育的根基在哪里？""何处是我国特殊教育的家园？"这些无疑是特殊教育研究学科化、专门化研究亟待回答的问题。也许研究者的"学科情结"会被讥讽为象牙塔的自娱自乐，可缺少学科研究的独立性也就失去了特殊教育研究存在的合理性基础。

（三）丰富多样的特殊教育实践对特殊教育研究回应能力的质疑

这主要是现代性思维的传统教育及其研究的矛盾在实践领域的显现。本质主义的特殊教育理论宏大叙事一直占据权威地位，但面对纷杂的教育实践和教育对象却无法有力回应特殊教育实践的多样性、特殊儿童的差异性等问题，许多理论失去了对实践的解释力、指导力、辩护力，引发着人们对本质主义特殊教育理论宏大叙事的合法地位的质疑："特殊教育有基本理论吗？""特殊教育基本理论研究为什么不受重视？""现有的特殊教育教科书经典理论为什么难以指导重度残疾儿童教育？""特殊教育研究中为什么充斥着大量的心理学、医学、康复学的研究而鲜有教育研究呢？"面对一系列疑问，人们开始怀疑穷尽真理的"绝对本质"，并呼唤真正的特殊教育基本理论研究的重建。特殊教育宏大理论对复杂教育现象和多学科参与的教育研究的统帅日觉无能为力。

其实，这些疑问揭示了特殊教育研究现代性思维面向复杂多样的特殊儿童教育实践的困境。一是它把复杂的教育现象，以及身心差异巨大、残疾程度差异显著的特殊儿童，抽象为一套本质主义的简明概念、教育原则和方法模式，甚至脱离实践和特殊儿童开始书斋式的教育研究，理论自然也就开始僵化，失去生机。如把特殊儿童定义为"与正常儿童在各方面有显著差异的各类儿童（广义）"和"身心发展上有各种缺陷的儿童（狭义）"，[13]把特殊教育定义为"适用一般或特别设计的课程、教材、教法、组织形式和设备对特殊儿童所进行的达到一般和特殊的培养目标的教育"[14]。在特殊儿童概念中，由于缺少对"正常儿童"以及"缺陷"的界定，使得特殊儿童概念因无具体所指而失去相应对象的实在意义；在特殊教育概念中，由于缺少对教育媒介和培养目标中的两个"一般"和"特别"的界定，使得特殊教育在失去特殊儿童这一教育对象的逻辑起点后，又失去了教育活动的范畴和边界，难以说明什么是特殊儿童，什么是特殊教育，自然也就失去了自身的独立地位和生命活力。二是在方法论上，特殊教育研究对实践的归纳和抽象，是建立在对多数基础上的抽象逻辑。其在归纳过程中，对宏大叙事和普遍规律的追求，本身就剔除了不具统计意义的少数个体，将之作为偶然因素排斥在必然性之外。归纳法是有缺点的。休谟早就指出，归纳法是建立在未来与过去相似的假定上，而这假定是靠不住的。教育研究不是预言，归纳法的最大缺点是，"所得结论都是单称命题，难以概括全体"[15]，它虽可用概率论方法作些补救，但很难适用于教育中的所有特殊儿童。这样，少数特殊儿童特别是重度、多重残疾的特殊儿童，由于他们具体的独特性不符合宏大、普遍的逻辑结构，被排斥在外，难以归纳到总体性、宏大性、普遍性叙事预设的逻辑结构。少数特殊儿童个体成了宏大叙事的本质主义"剩余"，他们的教育得不到教育研究的回应和关怀。例如，特殊学校中的重度智力落后儿童总是被作为可憎的、偶然因素剔除在现有的弱智儿童教育理论之外，随班就读中的智力落后儿童也常常被有意无意地遗忘而"随班混读"；多重残疾的盲童在盲校中也常常被作为"例外"，难以适用现有盲童教育的教育原则、教学方法和课程等。三是特殊教育宏大叙事逻辑对特殊儿童教育的理论"歪曲"。由于一切具体现象都要进入理论总体性结构中服从总体性的逻辑，也就是说，实践或现象仅仅是宏大理论叙事的注脚和佐证，只有符合理论需要的、一致性的材料，才能安排到理论结构中。因此，哪些特殊教育实践和对象值得研究，以及能不能进入逻辑结构，放在逻辑结构哪个位置等，都与特殊教育宏大叙事的本质主义需要紧密联系。那些不具普遍性的少数特殊儿童要么无法进入到宏大叙事中，要么被宏大叙事所胁迫，接受了不符合他们需要的教育方法原则，扭曲或制约了他们的成长发展。当前，特殊学校教学模式研究，很多就忽视了特殊儿童身心结构的不同，一方面被统一的班级授课制束缚在一定的班级中，另一方面被迫适用一个统一的教育原则或模式，使得他们不但可能成为本质主义的"剩余"，更可怕的是在本质主义整体划一的裁剪下贻误了他们的健康成长，扭曲了他们的个性发育。

### 四、特殊教育哲学研究：走出特殊教育研究困境的基本视野

上述困境揭示出特殊教育的许多根本性问题亟待廓清，特殊教育研究既要从特殊教育研究范式及其发展历程中汲取营养，明确本质主义对特殊教育研究的重要地位和意义，又要正视全纳教育的后现代思维对特殊教育研究的批判。特殊教育哲学作为思想的行动，能深刻反思特殊教育问题，思考特殊教育理念，以"爱智慧"的思想方式建构特殊教育"第一原理"，澄清"何为特殊教育"，询问"特殊教育何以可能"，回答"特殊教育何为"，探寻"特殊教育以何而为"等基本问题，从特殊教育哲学的关怀上，奠基特殊教育安身立命之所。

（一）坚持本质主义建构和后现代主义批判的统一

本质是一物之为此物而非他物的决定性的规定属性，是事物内部绝对不变的性质或结构。本质表达了人认识真理的理性能力，是对人的主体性思维能力的肯定。特殊教育学科的存在必然有着自己的本质属性和结构形式，这就必然要坚信这个本质被发现和描述的可能，也必然呼唤对特殊教育本质主义的研究。基于理性主义的"本质"是特殊教育学科建立的基石。特殊教育发展历程表明本质主义思维是特殊教育研究的基本方式。

后现代主义的全纳教育要找回现代特殊教育用本质主义抽象掉的具体性本身，拯救被逻辑吃掉的个性，把本质主义的"剩余"提升到至高地位，关注每一个特殊儿童个体境遇、权利，坚持从每个个体生动具体的、丰富多样的、鲜活实在的、生

成变化的现实出发,强调教育过程中人的主观能动的积极作用以及民主平等合作的价值理想等人本主义关怀。全纳教育不追求总体性的宏大叙事,反对对特殊儿童个体的理论"歪曲",坚持每个个体的具体呈现。它认为特殊儿童是怎样的,教育就应是什么样,提倡针对每个具体的特殊儿童制定实施个别化教育方案,开展个案研究、叙事研究,把每一个理论都作为个体性的理论,只适应于特定个体,没有重复和复制的特殊儿童个别化教育方案、教育模式或做法。特别在当代美国鲜明体现了这种后现代的思想。但是后现代标榜的反对本质、反对规律、反对逻辑概括、反对确定性,并没有现实中的实践存在。事实上,全纳教育的思想观点和理论体系(如个别教育计划、个案研究等)并不是所谓的碎片、不确定和无本质的。它只不过是把逻辑的理论"歪曲"减到最低,而着重凸显了个体的独特性,并预设了个别化教育和个体理论叙事对保障特殊儿童教育公平和质量的普遍信仰与承诺;同时,每一个特殊儿童个案研究也没有完全抵制和否定既有的特殊教育理论,而是相互容纳和借鉴,在叙事方式上都内含着一定的本质共性,体现出很浓的本质主义色彩的叙事结构。其实,个别教育计划存在本身就是本质主义的结果,个体的叙事方式不过是其本质存在的一种表达形式。可见,后现代的全纳教育并没有彻底抛弃本质主义而与之决裂,相反其必须依赖于本质主义而获得存在。正如后现代研究学者所言:"后现代其实是反思性的现代性,它反映了人的自我反思能力的提升和自我意识的进一步自觉。"[16]从后现代主义出发的全纳教育仅仅为研究特殊教育提供了一种理解特殊教育的思想方式,引发人们重新追问特殊教育是什么,什么是好的特殊教育,特殊教育目的和价值是什么。由此形成了叙事研究、特殊儿童个案研究、个别教育计划等,它们对特殊儿童个体的境遇、价值、尊严、权利的关注和肯定,并不能消解和否认特殊教育本质的所在。另外,后现代的批判让我们反思到,其实我们并没有把握特殊教育本质,只是对特殊儿童及其教育有了理性的认识,有了一个认识、理解和把握的工具,但远不是其本质,反映的也只是对特殊教育的不同描述和解释。也就是说,我们尚没有把握本质,只是我们所拥有的工具理性不足,但不能否定这种工具理性及其本质的存在。正如乌尔里希·贝壳所言:"工业现代性的病根不是理性过多而是理性缺乏、非理性的盛行。"[17]

特殊教育与普通教育相比,主要在于普通教育之教育对象的成长规律、身心特点、认知方式和结构可能具有普遍化、一致性。特殊儿童每个生命都是最真实、最鲜活、最独特的,且因为致残原因、程度、方面的不同,其他资质及成长环境的不同,每个人都有不同的身心特点和不同的缺陷。差异性、个体性、历史性是他们最鲜明的特点。从逻辑起点看,特殊教育之所以"特殊",其前提性条件就是建立在他们这种丰富巨大的差异性的基础上,特殊教育也前提性地预设了对他们这些特点及其价值的尊重和保护的承诺。[18]特殊教育实质就是因人而异的、个别的教育。这决定了特殊教育研究必须面向特殊儿童个体的具体性、独特性。但是也应看到，特殊儿童具有在生理或心理上的某些共性，有着一定程度的相似性，可能存在相似的规律或确定性。譬如在认知方式、身体体能和器官机能等方面存有稳定相同性或相似性，而与其他健全人相比具有一定范围、一定程度、一定视角上的稳定差异性或不相似性，这奠定了他们群体存在的基础，也奠定了特殊教育研究对普遍本质和规律把握的可能。这为坚持本质主义建构和后现代主义批判的统一，从教育对象上奠定了逻辑起点。

(二) 坚持马克思主义人学视阈的研究进路

特殊儿童是特殊教育的逻辑起点和基础。对特殊儿童的认识从前现代的"非人"到现代的"异质人"再到今天后现代思潮中的"同质人"，都无法很好地解决特殊儿童的存在与发展问题，体现在教育上就是无法找到适合的特殊儿童教育路径。[19]以科学(医学)主义为基础的"异质人"认识论，扩大了人的差异，这无疑异化了特殊儿童之为人的类本质存在，非但影响了他们应享有的人的平等权利，而且还造成了他们更多的"残疾缺陷"——心理障碍、人格亏损、社会适应障碍，等等。[20]后现代全纳教育的"同质人"认识观，视"差异是正常的"，将人的差异无限张扬为特殊教育需要的所有人，忽视了他们生理、心理及认知等明显不同的稳定的身心特征，也消解了特殊教育的存在。这些困惑表明，特殊教育研究必须面向"特殊儿童是什么"、"特殊儿童的自然存在和社会存在是什么"、"特殊儿童和其他儿童差异究竟在哪里"等根本性问题做出回答。人学是面向个体和世界、反思自我并提升自身的科学。它揭示整体的人的生存特征及发展规律，关注人的心灵世界，追寻生命的意义，要为个体找到最适合的存在方式。人学最主要的特征就是从"现实的人"出发，关注人真实的生存状态，关注人的现实需要，关注人的全面发展。马克思主义关于人的本质的理论，把人看做是一定社会条件的现实人，认为"人们的存在就是他们的实际生活过程"[21]，把现实的人的作用、人的命运、人的价值、人的自由解放视为所必须解决的最迫切和最根本的问题。[22]这为我们探讨特殊儿童本质打开了新视阈。因此有必要借鉴马克思主义人学理论从逻辑起点上为特殊教育研究廓清视野。

特殊教育研究坚持马克思主义人学观，就是要关注个体的生命和精神存在，确立和尊重特殊儿童的主体地位，重视他们的发展意义，真正以人为本，唤醒和激发他们作为人的本质力量的意识和能力。因此，回归特殊儿童生活世界，洞察现实中他们的生存体验，从特殊儿童存在的整体认识上来确定他们的内涵，从根本上明晰他们的本质、存在和发展规律是一条基本途径。尽管特殊儿童生活与存在等个体境遇是不确定的，但这不是排斥专门化的特殊教育研究的理由，其实专门化的特殊教育研究能为特殊儿童生活、存在与发展提供理性的力量。

马克思人学视阈的特殊教育研究,一是要保持足够的批判力量。坚守对特殊儿童之为人的存在的深邃思考,抵制体制化、制度化和技术理性的各种教育规范、知识体系、话语方式、逻辑结构、政策制度等,避免对特殊儿童的压抑或有意无意的遗忘,即胡塞尔所言的防止"科学世界对生活世界的殖民"。当前,特殊学校教育制度、理论中对本质主义"剩余"的多重残疾、重度残疾的特殊儿童的忘却,随班就读制度中对特殊儿童特殊需要满足的忽视,以及其他教育活动中对知识、技能和考试分数的关注而挤压特殊儿童生活世界等种种思想和行为,迫切需要人学的警醒和关注。二是要建构和敞开人学视阈的教育方式。胡塞尔提出,"我们的理性的唯一对象无非就是现象,那么,我们能够或者必须研究的唯有现象而已"[23]。他认为实在的并不是本质,而是现象。因此,他提出要"回到事情本身"。这是人学视阈建构和敞开教育的基本方式。马克思指出,"人的本质是人的真正的社会联系"[24],"人的本质不是单个人所固有的抽象物,实际上,它是一切社会关系的总和"[25]。而"社会关系的含义是指许多个人的合作"[26]。特殊儿童的教育作为一种社会关系(主要是教育要素中师生、生生的合作)的存在,必然要同教师、学生、自然和社会等外部世界及其自身的内部世界发生各种各样的关系。这些关系就是以他们为主体的一系列教育事件。这些教育事件是他们最为生动、最为稳定、最为常见、最为重要的境遇,是教育事实真相的表达。它虽然没有直接的真理或理论价值,但具有人的生命意义与精神的占据,具有实践的生机活力,是教育的血肉之躯,能超越时间和概念体系,说明教育实际中的真实情况。建构和敞开人学视阈的教育方式,必须重新认识教育事件在研究中的价值与地位。马克思指出,"思辨终止的地方,即在现实生活面前,正是描述人们实践活动和实际发展过程的真正实证的科学开始的地方"[27]。怀特海(A. N. Whitehead)甚至认为,"自然界的终极事实就是偶然的事件,宇宙就是事件之流"。[28]我们必须充分关注并体认特殊儿童在教育事件境遇中的生长,重视境遇的独特性。教育事件为意义存在的载体,相对逻辑证明而言,对教育事件进行研究是逼近特殊儿童成长与教育"本来面目"的最可能近的方式。

(三)坚持事实研究与价值研究的统一

无论是教育学研究范式,还是社会学研究范式,或者医学、康复等多学科参与的综合范式,这些都表明特殊教育研究不是一种范式或理论能穷尽的,特殊教育也不是单纯一个学科能完成的。尽管特殊教育因具有促进特殊儿童全面发展和培养人的本质力量的根本特点,被归属于教育领域,但事实上,特殊教育并非仅为教育"一家"的话语所专属。一方面,特殊教育需要基于教育学、康复学、医学、心理学等专业支持;同时,又丰富着这些学科的发展。另一方面,社会环境的合作作为一种公共资源,具有极大的外部性价值特征,它不但对特殊儿童而言是一种社会益品,而且是社会良知、社会正义和美德的孵化器,对推动广大社会力量参与特殊教育具有重要意义；反过来，特殊教育又极大促进了社会环境中社会良知、公平正义的发育，推动着人类文明的进步。可以说，特殊教育就是这样一种专业支持和社会参与的"大事业"，无论是从其本体的存在还是目的和价值层面上，都彰显出一种"大众"的"公共"特性。这样，特殊教育必然富含着各种基于事实的科学实证性和应然的价值规范性。价值研究和事实研究是特殊教育研究对特殊教育"是什么"和"应当是什么"研究的两个方面，也是人学视阈中对特殊儿童"实然存在是什么"和"应然存在是什么"研究必须关注的两个维度。

事实研究是建立在观察和实验的经验事实上，研究"是什么"或"什么样"，揭示变量之间的因果联系，按本来面目描述事物，考察其规律、客观性和普遍性。价值研究主要对"应该是什么"进行价值判断。特殊教育一方面通过实证研究弄清楚"是什么"，为价值研究提出理论假设或检验理论假设；另一方面，需要价值判断的统摄，引领实证的事实研究趋向，使之符合我们需要。事实研究和价值研究是不能截然分离的。譬如，特殊学校教育基于特殊儿童有相同或相似特征的基础，以及基于能大面积推进特殊教育、提高特殊儿童教育覆盖率的事实基础，进行隔离制教育，但这种基于事实客观性的结果未必是好的，由于它不符合时代的人本主义价值因而备受批判。特殊儿童是完整的生命存在，对他们的教育不可能割裂出一部分适用事实的实证研究来推进，而另一部分适用价值研究来引领，割裂的只有我们的研究范式。因此，特殊教育研究要基于上述两种研究的统一。

首先，特殊教育研究需要从侧重关注事实研究的窠臼中跳将出来。当前，基于问题的事实研究是特殊教育研究进程中的一个显著特色。从我国唯一一份介绍特殊教育研究情况的权威杂志《中国特殊教育》来看，特殊教育研究存在过度倾向心理学的实证化取向，重视以实证研究追求特殊教育"科学研究"范式、谋取"科学地位"，但这种"事实判断"离不开价值研究的价值性阐释。特殊教育研究要在事实研究建立起的问题域的基础上，重视以价值研究确立整体性的特殊教育分析框架，特别是以哲学社会学的视角为特殊教育敞亮视野，厘清特殊教育的逻辑起点、概念范畴，从形上思维上消解当前仅重视特殊教育事实的科学研究带来的碎片化、现象化。

其次，就价值研究而言，应避免研究偏颇。当前，社会价值本位仍是一个主流的认识，人们在审视和判断教育的价值时，总是以一定的利益和需要为根据，认为教育的根本价值在于成人，而教育是特有的培养和造就人才的基本方式。20世纪90年代陈桂生等学者就提出对教育主体的思考，提出研究教育本质必须关注教育主体的存在本质，关注人的存在。人的价值是第一性的，个人价值是社会价值的基础，社会价值是人的价值的投射。特殊儿童之为人的尊严、价值、权利永远是特殊教育的首要价值。因为这些价值的实现具有溢出价值，即特殊儿童的这些价值的实现本身就是为社会赋值的过程，能为社会增添社会公正、人道关怀等新内容、新价值。特殊教育永远是侧重特殊儿童个体需要与价值的教育。[29] 同时,人的潜能研究、加德纳多元智能理论等已揭示出,包括特殊儿童在内的每个人的生命都具有创造价值的无限可能。特殊教育的价值研究,就是要以一种价值关怀的视野,挖掘和明确"特殊教育到底蕴含着哪些提升特殊儿童生命质量的可能",并在此基础上,回归到特殊儿童真实的生活世界中,关注特殊儿童的需要,关注未来的各种可能性,不断拓展生命的存在空间,促进教育不断滋养他们的生命,丰富他们的生命内涵,促进个体生命成长。特别是要反思他们及对他们教育的价值意蕴,以应然的理想方式发掘进行理论思考的资源,不断体悟特殊儿童生命存在与成长之于教育的密切关系,敬畏和维护特殊儿童的生命存在,并不断开拓和丰富他们的价值意义,发现他们存在及其教育的更多的可能性,进而增强他们的生命力量。

**参考文献:**

[1] [英]怀特海.教育的目的[M].徐汝舟,译.北京:生活·读书·新知三联书店,2002:146.

[2] 刘旭东,吴原.教育研究的传统与科学化[J].教育研究,2011(4):10.

[3][12] 王培峰.西方特殊教育内涵的历史分析[J].现代教育科学,2011(3):156.

[4][7][8] 朴永馨.特殊教育[M].长春:吉林教育出版社,2000:51,18,34.

[5] 瞿葆奎.教育学文集:教育研究方法[C].北京:人民教育出版社,1988:178.

[6] 张应强.中国教育研究的范式和范式转换——兼论教育研究的文化学范式[J].教育研究,2010(10):3.

[9] 王培峰,于炳霞.教育公平是全纳教育的核心内涵[J].中国特殊教育,2002(3):3.

[10] 邓猛,肖非.全纳教育的哲学基础[J].教育研究与实验,2008(5):18.

[11][19] 王培峰.马克思主义人学视阈中的残疾儿童少年与教育[J].教育学报,2010(6):29.

[13] 朴永馨.特殊教育辞典[M].北京:华夏出版社,2006.

[14] 朴永馨.特殊教育学[M].福州:福建教育出版社,2007:4.

[15] 吴承明.论历史主义[J].中国经济史研究,1993(2):1.

[16][17] 韩震.本质范畴的重建及反思的现代性[J].新华文摘,2009(6):41.

[18] 王培峰.缺陷、缺陷补偿与教育:一个哲学的审思[J].学术探索,2011(5).

[20] 张茂聪,王培峰.现代特殊教育之素质教育观[J].现代特殊教育,2002(11):15.

[21][25][26][27] 马克思恩格斯全集(第3卷)[M].北京:人民出版社,1965:29,5,33,31.

[22] 崔自铎.马克思主义人学的定位[N].光明日报,2000-09-12.

[23] 符号.现象与现象学[EB/OL].人民网读书论坛.

[24] 马克思恩格斯全集(第42卷)[M].北京:人民出版社,1979:24.

[28] 转引自:扈中平.教育人学论纲[J].华东师范大学学报(教育科学版),2003(3):5.

[29] 王培峰.特殊教育内涵的概念分析[J].南京特教学院学报,2011(1).

# 试论特殊需要与特殊需要教育

盛永进

## 一、问题背景

"特殊需要"不仅是国际公平教育领域的新概念,也是我国特殊教育活动改革中使用最为广泛的词语之一,实施"特殊需要教育",满足学生的"特殊教育需要"亦成为当今特殊教育乃至整个教育改革活动的依据。可以说,基于"特殊需要"的教育思想不仅已经在当代特殊教育的思考与实践中不断地展现出来,而且已成为特殊教育理论建构过程中重要的核心性概念。但是学术界对什么是特殊需要,什么是特殊需要教育缺乏应有的关注和充分的学理阐述。"有一个很明显的事实,即关于特殊需要的正式文献并没有尝试去界定'特殊需要',也就是说,没有告诉我们'特殊需要'的意义。相反,它所关心的是放弃或指定什么是特殊需要,去将某些事物确定为特殊需要,以及去回答在实践中如何评价和满足特殊需要。"[1]这样,不可避免地带来理论上的尴尬和实践中的困惑,以至于误区。譬如,教育要满足学生的"特殊需要",这"需要"指的是什么?如果一位视觉障碍学生要求用轿车作为代步工具上学,我们是否满足他的这种"特殊需要"?这不仅涉及概念的澄清,还涉及需要条件的满足。再譬如,由"特殊教育"演进到"特殊需要教育",反映了怎样的时代特征?换言之,特殊教育的概念是否过时?如果不是,那么特殊教育的新角色是什么?特殊教育的新使命应是什么?这涉及谁有"特殊需要",又用什么标准来判断"特殊需要"的问题。我们认为,进一步搞清楚"特殊教育需要"的内涵是非常必要的,因为它既是研究"特殊需要教育"相关问题的起点和基础,也是在教育教学实践中贯彻落实"满足学生特殊教育需要"这一理念的前提条件。

总之,当代特殊教育理论以及"特殊教育中的政策、研究和实践都不可避免地由'特殊需要'的概念和我们对这个短语的理解来确定"。因此,"对于'特殊需要'的澄清和界定,是特殊教育的理论和实践都必须面对的任务,这也是对他们的工作进行价值评判的依据"[2]。本文正是基于以上的认识,尝试对特殊需要和特殊需要教育的概念、内涵作初步的探讨。

## 二、关于需要与特殊需要的理解

### （一）关于需要

什么是需要？不同的学科对需要的研究有不同的出发点，社会学、心理学、管理学等各有各的角度，所使用的范畴含义迥然有别。人们对"需要"的理解之所以意见纷呈，重要原因在于它本身的复杂性，正如怀特指出的那样，"如果认为'需要'这一概念可用理性来分析的话，那将是大错特错"[3]。这话虽然说得有点绝对，但不无根据。一般心理学认为："需要是有机体缺失什么或要求什么的状态。"[4] 就人来说，需要是指人对事物的一种欠缺状态及其心理体验，这一点，可从国内外的心理学教科书中对需要的定义及讲解中看出，限于篇幅，这里不再赘述。但是，"需要"一词在不同的学科中或不同的语境中又有不同的用法，有的被视为内驱力，有的被视为动机、诱因，有的又与愿望、理想甚至于欲望同义。为了避免歧义，本文根据立论阐述的要求，主要是在心理学视角中借鉴已有的成果进行探索，我们赞同这样的定义："需要是人对其生命的存在、延续和发展所不可缺少的条件的依赖性。"[5] 这就意味着需要是人为了求得生存和发展而产生的。对人来说，需要不仅有存在的必然性和合理性，而且有重要的功能：他既是生命发展的前提，也是社会生产的原动力。把需要看成是人对所不可缺少的条件的依赖性，这还意味着生命的成长是对一定条件的依赖，具有受动性；同时也意味着生命必然努力寻找甚至创造适宜的条件满足自身的发展，具有能动性，正如马克思指出的"任何人如果不同时为了自己的某种需要和为了这种需要的器官而做事，他就什么也不能做"，"他们的需要即他们的本性"[6]。同时，"不可缺少"说明了可有可无的东西不成为其需要的对象。就此而言，需要不同于愿望或欲望，愿望或欲望的对象并不一定是不可缺少的；需要也不同于奢侈，不能以需要为借口为奢侈辩护。从这个意义上说，需要的满足与生命的发展是同义语，"满足学生的特殊教育需要"是指合理的教育需要，而非失度的或是消极的教育需要，阐明这一点对于特殊需要教育的理解非常重要。

### （二）需要的满足与发展

需要的满足与发展必须依赖于一定的条件。马克思认为，"需要同满足需要的手段一同发展并依靠这些手段发展"[7]。满足需要的手段主要表现为两个方面：一是社会生产水平，社会生产水平低，就不能充分满足所有人的所有需要；二是社会文明程度，文明程度低，需要满足的水平亦低。这意味着，生产发展、科技进步和社会的文明是影响人的需要满足与发展的最重要的因素。同时也意味着，满足学生的教育需要也是有条件的，它与各国社会政治、经济、文化、科学等方面的发展水平有着直接的联系。如上面提到的，一位视觉障碍学生要求用轿车作为代步工具上学，这在欧美等发达国家普遍是能够满足的，这种特殊需要既是合理的也是适度的,但在中国等发展中国家,则是过度的,还不能普遍满足,只能是有待发展的"需要"。当然,需要的条件性,并不意味着"满足学生的特殊教育需要"只是一句空的口号,也不意味着教育工作者可以此为借口,减轻自己的责任与努力。需要条件的充分满足,必须通过人的创造才能实现。教育工作者必须具备的一个重要理念是:积极努力地创造条件以满足学生发展的需要,尤其是当具备了某种条件时,教育制度的设计、教育计划的制订和教育方法的选择要充分考虑到学生特性和需要的广泛差异。这是"满足学生的特殊教育需要"的精髓所在!

（三）关于特殊需要

理解了需要,再来探讨什么是特殊需要。根据前面我们对需要的定义,仅从词语所表达的逻辑概念上,我们可将其定义为:特殊需要是人基于个体差异的独特性对其生命存在、延续和发展的特殊条件的依赖性。那么,特殊需要的内涵又是什么呢?"特殊"一般与"普通"相对,具有"特别"、"专门"、"不同寻常"的语义,在一些语境中还具有"特别重要"的意思。显然,本文探讨的主要是前者,以此为依据,我们可把需要区分为普通需要与特殊需要。如果说,需要的满足与生命的发展是同义语,那么我们可以从人的生命发展角度,通过普通需要与特殊需要及其相互关系的对比探讨来加深对特殊需要的理解。普通需要与特殊需要体现的是共性与个性的关系,它们之间的区别性特征主要依据统计学的描述,所以人的普通需要在统计学意义上为群体每个成员均拥有的,体现了人与人的一致性,并与人的本性相对应;而特殊需要则为某个体所独有,体现了人与人之间的差异性。从功能学的角度看,人的普通需要反映的是共性需要,它关系到整个人类生命的发展活动;而特殊需要则体现了个体特征,关系到该个体生命机制的正常运行与发展,但并不直接影响群体的存在与发展。这样,人的普通需要不仅具有身心发展的共同性,也具有跨文化的共同性,正如摩尔根指出的,"人的经验所遵循的途径大体上是相通的;在类似的情况下,人类的需要基本是相同的,由于人类所有种族的大脑无不相同,因而,心理法则的作用也是一致的"[8]。相反,特殊需要的本原来自于个体生命的独特性,体现了群体生命中不同个体生命之间的差异性,因此,考察特殊需要必须以人的个体条件为依据,从身心差异开始,进而延伸到社会文化的差异。身心差异主要是指人的身心构成及其发展水平方面的差异,社会文化差异则是指个体之间的政治、经济、家庭背景和生活环境等方面的差异。这些差异性可通过所谓的"正常"与"异常"、"残疾"与"健全"、"弱势"与"优势"的比较来加以认识。人的特殊需要的差异性和普通需要的一致性体现了人的需要的辩证统一,也反映了人的本性的辩证统一。事实上,人的特殊需要是在追求满足普通需要的过程中产生的,而普通需要的满足在某些情境下又依赖于特殊需要的满足。譬如,就有特殊需要的学生来说,对于障碍儿童,由于身心有残疾、缺陷,普通的教育方式很难适应他们的需要,表现在学习上,往往是"吃不了",因为"吃不了",所以需要特别的"关照";同样,对于资赋优异的儿童,正是满足普通需要的过程中,因为"吃不饱",才需要"开小灶"给予特别的"对待"。这正是特殊教育需要的源头,也是我们理解特殊需要教育的关键所在。

### 三、关于特殊需要教育

(一)特殊需要教育概念的提出

需要,是人的生命存在与发展的永恒主题;特殊需要则是生命基于个体的差异性,所表现出对其生存发展的特殊条件的依赖。然而,"特殊需要"(Special Needs)作为特殊教育的一个重要概念,却是在20世纪中后期,在全民教育运动和融合教育理念的主导精神下,频繁出现于特殊教育领域的,这主要源于特殊教育的服务范式的不断转移。

20世纪70年代始,欧美等西方发达国家掀起了一场以融合为导向的"回归主流"(Main Streaming)、"一体化"(Integration)等特殊教育改革运动,伴随着对特殊教育的反思,以医学主导的隔离教育模式遭到了前所未有的批判。1978年英国的沃诺克委员会在对英国特殊教育进行广泛调查的基础上,向英国政府提交了《沃诺克报告》,该报告首次提出了特殊需要教育(Special Needs Education)的概念。此后,"特殊需要儿童"(Child with Special Needs)、"特殊教育需要儿童"(Child with Special Education Needs)或"特殊需要教育"的概念逐步取代了"特殊儿童"和"特殊教育"的概念,成为特殊教育理论中重要的专业性术语,并逐渐从西方主要发达国家传播到其他国家和地区。

1994年,联合国教科文组织在西班牙召开"世界特殊需要教育大会",发表《萨拉曼卡宣言》,声明:"每一个儿童都有接受教育的权利,必须有获得可达到并保持可接受的学习水平的机会;每一个儿童有其独特的个人特点、兴趣、能力和需要;教育制度的设计和教育计划的制订要考虑到这些特性和需要的广泛差异。"[9]会议通过了以"全纳"为导向的《特殊需要教育行动纲领》,强调指出:"特殊需要教育体现了所有儿童可以从中获益的已被证明是合理的教育学原理,并设想人的差异是正常的。学习必须据此来适应儿童的需要,而不是去适应预先规定的有关学习构成的速度和性质的假设。"[10]自此"特殊需要教育"亦成为联合国教科文组织文件中的重要概念,"满足学生的特殊需要"亦成为当今特殊教育乃至整个教育改革活动的依据甚至"旗号"。基于特殊需要教育的思想也在我国内地以及香港、台湾地区得到重视和传播并付诸以随班就读为主的实践探索。

(二)关于特殊需要教育的认识

关于特殊需要教育的认识,国外有关的研究主要集中在"特殊需要教育"提出的背景、原因及其合理性解释上,其主要论点如下:(1) 随着特殊教育对象的扩大,特殊儿童不再限于残疾儿童,超常儿童、问题儿童、边缘儿童等都是广义特殊教育关注的对象,因此"特殊需要"适应了更广的范围;(2) 以"残疾"、"缺陷"称呼特殊儿童,具有歧视性的标签效应,"特殊需要"是一个切当的中性词指称,以有特殊需要学生来称呼传统的残疾儿童,具有积极的心理意义和社会意义;(3) 每个儿童都有自己的独特需要,特殊儿童与普通儿童都有特殊需要,这些特殊的教育需要只是量上的区别,而没有本质的区别,从人的需要本质上看他们都应享有包括教育在内的一切平等权利;(4) 普通学校必须以一种满足其特殊需要的教育教学思想来接纳所有特殊需要儿童,实施"全纳教育"(Inclusive Education),以促进全民社会的实现。概而言之,国外的研究主要是通过概念的提出来解决特殊教育改革发展中,特殊教育服务对象的变化和服务范式的转移问题,并没有对"特殊需要教育"本身作深入系统的学理探讨;另外,对"特殊需要"也只是从日常生活、学习的一般需求上理解,对特殊需要与特殊教育的关系缺乏充分的认识和论证,更谈不上从学术的或者说从教育哲学的高度来审视、演绎和阐释特殊需要教育问题。从国内研究的现状来看,包括港台地区的有关文献中,虽然有不少题名带有"特殊需要教育"词语,但主要是对国外有关研究情况的介绍和宣传,有些文献也只是在提及此概念时做了一些零星的解释发挥,至今没有相关专题的系统性研究。同时,我们也看到对于"特殊需要"的理解非常模糊,最突出地表现在"特殊需要"概念的泛化上,进而导致特殊教育概念的泛化,模糊了学科的界限,隐含着特殊教育学科的危机。

(三) 特殊需要教育的内涵

理解"需要"与"特殊需要"是我们探讨特殊需要教育内涵的前提。依据我们上文对需要与特殊需要概念的理解,结合下定义的方法,我们认为在教育学意义上,对于特殊需要教育的概念可以作如下概括:特殊需要教育是基于个体差异的独特性,旨在满足其特殊的教育需要,促进个体身心发展的教育。其具体内涵包含如下几个层面的含义。

1. 个体学习条件的差异性是特殊需要教育的逻辑起点

"特殊教育需要"与"特殊需要教育"是两个紧密相关、不可分割的概念,从逻辑发生的意义上说,没有特殊教育需要的产生,就没有特殊需要教育的活动。因此要深入探讨特殊需要教育的内涵,首先必须对特殊教育需要及其本原进行分析。所谓特殊教育需要,顾名思义,是指人在教育上的特殊需要。依据我们上文对需要与特殊需要概念的理解,结合下定义的方法,我们可对特殊教育需要作如下界定:特殊教育需要是个体在其存在和发展过程中对特殊教育条件的依赖性。"'特殊教育需要'一词是指其需要来自残疾或学习困难的所有儿童和青年。许多儿童经历过某些学习困难,并因而在学校教育期间有时会有特殊教育需要。"[11]有关国际文件在提出特殊教育需要的概念时,虽然没有对之界定,但在相关的表述解释中表明:特殊教育需要产生于学习者的残疾或其他原因所导致的学习困难,也就是说学习者的学习条件的差异性是引发特殊教育需要的本源。个体学习条件的差异既包含着个体身心的差异,也包含着个体的社会文化背景差异。因此,特殊需要教育的对象泛指"一切身体的、智力的、社会的、情感的、语言的或其他任何有特殊教育需要的儿童和青年"[12]。根据个体学习条件的差异性来分析,我们可以把特殊需要教育对象分为两大类:一类是指因身心构成和发展水平差异形成的特殊教育需要的学生。这是基于传统医学、心理学特征进行评估,以身心发展的常模性标准进行区分,一般归属于异常范围,即我们通常所称的"低常儿童"和"超常儿童",也即传统意义上的特殊教育对象。另一类是指因社会文化背景差异引发的特殊需要学生,主要是指处境不利儿童。处境不利儿童是基于社会文化生态的特征进行划分的,主要是指受到社会排斥的儿童、青年。从社会学的视角看,具体主要是指因处于经济、文化、民族、地域等方面的弱势境遇而引发的特殊教育需要儿童,如中国城市下岗工人家庭中的儿童、随父母打工而生活在城市的农民工子弟等。

2. 促进全民教育、追求教育平等是特殊需要教育的核心价值取向

特殊需要教育的核心价值取向就是促进全民教育、追求教育平等。由于身心、经济、文化等因素的影响,有特殊教育需要的学生往往成为教育不平等的最大受害者。长期以来,对包括残疾儿童在内的处于社会弱势的处境不利儿童发展的偏见以及消极的教育期望是普遍的,也是国际性的。然而,"满足他们基本学习需要的受教育机会,是人们能生存下去、充分发展自己的能力、有尊严地生活和工作、充分参与发展、改善自己生活质量、做出有见识的决策并能继续学习所需要的"[13]。正因为如此,《萨拉曼卡宣言》在重申《世界人权宣言》和《联合国残疾人机会平等标准条例》的基础上申明:"每一个儿童都有接受教育的权利,必须有获得可达到并保持可接受的学习水平的机会;每一个儿童有其独特的个人特点、兴趣、能力和需要;教育制度的设计和教育计划的制订要考虑到这些特性和需要的广泛差异。"[14]从这一角度来看,满足特殊教育需要就不仅仅是一种权利,而且是一种极为重要的生命存在与发展的必需,也是促进全民教育,满足基本学习需要的重要手段。所以,特殊需要教育既是一个贯穿现代一切教育的理念,更是需要付诸实践的教育行为,它将使每个社会成员都享有受教育权利并借以促进社会平等的实现。

3. 融合与支持的原则是实施特殊需要教育的最有效途径

关注每个人的平等存在与发展是特殊需要教育的灵魂、核心和目标,而融合与支持既是特殊需要教育的两个核心概念,也是满足特殊教育需要应遵循的准则。首先,"接纳和参与对于人的尊严和人权的享有与形式是必不可少的"[15]。因此,

"有特殊需要的儿童必须有机会进入普通学校,而这些学校应以一种能满足其特殊需要的以儿童为中心的教育思想来接纳他们;以全纳性为导向的普通学校是反对歧视态度、创造受人欢迎的社区、建立全纳社会以及实现全民教育的最有效途径"[16]。其次,支持是实施特殊需要教育的重要保障。由于人的特殊需要有别于群体的一般需要,且并不直接影响到群体的存在与发展,因而,社会提供的资源模式也总是以人的"常模性"需要(即普通需要)为假设,以此来满足人的共性的基本需要,这往往忽视了人的特殊需要。这样,特殊教育需要的满足就必须通过特定的支持性措施才能实现。所谓支持就是在教育上给予的特定的帮助,以增强学生(不论残障与否)的学习能力,帮助他们从相对学习困难的环境中获得资源、信息和关系,进而促进其身心的有效发展。特殊需要教育既需要政策、制度、文化、经济等外部方面的支持,也需要课程安排、组织形式、教学策略、教辅用具等内部方面的支持。支持既是特殊需要教育本质的内在要求,也是从根本上实现教育平等的重要保障,因为对于人的基本尊严、基本价值和基本权利的确认和保证是公平公正的最基本要求或最基础的内容。

4. 确保每个人受到高质量的教育是特殊需要教育的显著特征

既要保证教育权利的平等,也要实现教育过程、教育效果的平等,这是当今世界教育公平领域的普遍追求,特殊需要教育理念正是与这种追求相呼应。近代以来,有特殊需要儿童已相继获得法律上接受教育的权利,应该说接受公共教育的机会是均等的,但问题是,如果不能以一种能满足其特殊教育需要的、以儿童为中心的教育思想来接纳他们,他们有多少机会和能力来参与这种学习和生活。《学会生存》一书认为:"给每个人平等的机会,并不是指名义上的平等,即对每一个人一视同仁,如目前许多人所认为的那样。机会平等是要肯定每一个人都能受到适当的教育,而且这种教育的进度和方法是适合个人特点的。"[17]特殊需要教育的目的就是在保障入学权利、机会的同时,也要创设公平的教育环境、公平的教育资源分配格局和公平的学习过程,以达到公平的教育效果,让每个学生在教育中获得自身发展的条件和机会。因而实施和推进特殊需要教育必须以全面提高教育教学质量为中心,具体而言,"必须认识到学生不同的需要并对此做出反应,并通过适当的课程、组织安排、教学策略、资源使用以及与社区的合作,来满足学生不同的学习风格和速度,并确保每个人受到高质量的教育"[18]。因此,建立在平等发展、关注个性基础上的特殊需要教育是实现从传统的"缺陷补偿"到"需要满足"的复归,是把特殊教育变成人的生命探寻、关注人的生命存在与发展、追求人的生命绽放与价值实现的一种特殊的教育活动。

**参考文献：**

[1][2] John Wilson. Defining'Special Needs'[J]. European Journal of Special Needs Education,2002,17(1):61.

[3] White,Alar. Modal Thinking[M].Oxford:Blackwell,1976:41.

[4] 顾明远.教育大辞典[M].上海:上海教育出版社,1998:1785.

[5] 黄鸣奋.需要理论及其应用[M].北京:中华书局.2004:2.

[6] 马克思恩格斯全集(第3卷)[M].北京:人民出版社,1960:342,514.

[7] 马克思恩格斯全集(第23卷)[M].北京:人民出版社,1972:559.

[8] [美]摩尔根.古代社会[M].杨东莼,等译.北京:商务印书馆,1977.

[9][10][11][12][13][14][15][16][18] 赵中建.教育的使命——面向二十一世纪的教育宣言和行动纲领[C].北京:教育科学出版社,1996:135,131,135,135,15—16,131,136,135,137.

[17] 联合国教科文组织教育发展委员会.学会生存[M].上海师大外国教育研究室,译.上海:上海译文出版社,1979:290.

# 当代特殊教育的性质、概念及其对象问题探讨

盛永进

对当代特殊教育性质、概念、对象的把握,是特殊教育学科建设的基础问题,也是学科研究中最根本、最核心的问题范畴。与特殊教育活动发展不相适应的是,目前我国特殊教育理论研究相对薄弱,特殊教育学科中的一些基本问题尚未提出令人信服的论述,尤其是当"特殊需要"代替"缺陷"、"残疾"成为当代特殊教育学科的重要概念时,特殊教育概念的内涵与外延方面模糊不清,有些方面甚至因为理解的偏差,导致"特殊教育概念的无限泛化,已使特殊教育学的多学科属性被泛化为无学科属性"[1]。因此从学科建设上,我们必须确立特殊教育核心概念、范畴的内涵与其中的逻辑关系。

## 一、关于特殊教育的"特殊"性

### (一)特殊教育语义的逻辑构成

特殊教育的特殊性是其区别于其他教育活动的特有属性。要理解特殊教育的概念,必须首先从它的语义逻辑构成分析入手,把握其"特殊"的本质属性,揭示其内涵,并界定特殊教育对象的范围。从逻辑构成的成分来分析,特殊教育是表明教育活动受到"特殊"的修饰和限定,是一种特殊的教育活动;从概念逻辑的角度分析,特殊教育从属于教育,是教育的下位概念,是教育的一个组成部分,与一般的教育或普通教育相对。那么我们要进一步追问:特殊教育"特殊"在何处?如何理解它的"特殊性"?通常我们把一些特殊学生的教育称之为特殊教育,习惯上我们一般把他们称为特殊儿童。也就是说特殊教育与普通教育的关键区别在于教育对象的不同,即学习者有其特殊性,由此而引起教育者和教育影响等诸要素的一些特殊性。那么我们要进一步追问:特殊教育对象"特殊"在何处?如果把"特殊"仅理解为有特点、有个性的意思,那么任何人都是特殊教育的对象,因为每个人都有自己独特的个性。如果将"特殊"理解为人的特长、兴趣,那么体校、艺校乃至普通学校特长班或兴趣班的学生都是特殊教育对象。显然,这是把特殊教育对象简单地泛

化了。

在语义构成上,特殊教育一词在英语中以"Special Education"或"Education of Exceptional Children"来表示,也就是说"Special"取决于"Exceptional"。"Exceptional"在英语中主要突出事物的例外性、异常性。汉语中"特殊"是特别、有特点的意思,有"超出一般"、"不同于同类的事物或平常的情况"之义,是相对于一般、普通或平常而言的。因此结合汉语和英语的语义,特殊教育的"特殊性"主要是教育对象的特殊性,而教育对象的特殊性关键在于个体自身显现出来的个体差异具有显著特征,即"与教育密切相关的身心某些指标异常或在常态之外(非常态)的儿童"[2]。也就是说,在统计学的意义上,这种个体差异疏离于一般的常模范围之外,体现了一种"异常"的特性,并且影响着学生的教育发展。需要说明的是,在当代特殊教育观念中,为了避免标签化的消极影响,使用"异常"一词只有描述意义,没有评价意义,它是指在统计学意义上与所确立的统计常模有显著差异(即在所测量的标准常模范围内与总体的平均值有偏差,并仅限于此意义)。这样,特殊教育的"特殊性"是指由学生个体差异的显著特征引发的特殊教育需要性。正是由于这种特殊性而引起教育者和教育影响等诸要素的一系列特殊性,并规定了特殊教育独有的学科特征。

(二) 特殊教育需要的条件性

"特殊教育需要"概念的确立,"不仅反应了特殊教育改革发展的轨迹和走向,更重要的是它从生命生存与发展的意义上也隐含了特殊教育的内在逻辑和本质特征,表明了以满足学生特殊教育需要为价值取向的学科立场和时代特征"[3]。但是,什么是学生的特殊教育需要?对"特殊教育需要"的理解,直接关乎特殊教育的性质与对象的基本定位问题。我们认为特殊教育需要是学生基于个体差异的显著特征在其身心发展上对特殊教育条件的依赖性。这里的"条件性依赖"意味着,缺少某种条件,个体就无法顺利学习,也无法顺利发展。譬如,盲童由于视觉障碍,普通的汉字课本无法适应他们的学习,必须提供盲文课本或其他的条件来替代,因此盲文对于一个全盲的学生来说,就是他在学习过程中不可缺少的一个特殊教育条件;同样,聋童因为听觉障碍,一般无法感知有声语言,以手语来传递教学信息,进行沟通交流也是一种特殊教育需要。

个体差异的"显著性"意味着,个体是否具有特殊教育需要也是有条件的。[4]首先,只有影响教育教学的个体差异才有教育意义,才会引发特殊教育需要。譬如生理方面的容貌长相差异,一般不具有教育意义,因为它们不会影响到学生学习,自然也就不会引起特殊教育需要,而生理方面的视力差异则肯定会影响学习,对教育教学来讲就有意义了。其次,具有教育意义的个别差异必须到一定的程度,即具有显著性,才具有区别性的意义,也才能引发特殊教育需要。轻微的差别并不引起特殊教育需要,比如一般性的近视与正常视力之间虽然存有差异,但对教育教学产生影响很少,但是若是全盲或视力低于正常之间的差异就具有重要的教育意义。

把握特殊教育的"特殊"性,是我们界定特殊教育概念、对象的基础。

### 二、关于特殊教育的定义

（一）现有的定义及其不足

早期特殊教育的定义很简单,就是从教育对象出发,把有关残疾儿童（或称之为缺陷儿童、损伤儿童）的教育称之为特殊教育,后来逐渐结合教育方法进行定义。如1948年出版的《第二次中国教育年鉴》认为:"特殊教育系对于精神或身体之一方或双方感有异常者所施之教育……因其必须用特殊教学方法,与常人教育不同故称特殊教育。"不过,仅从特殊教育对象和方法来理解特殊教育,并未能对特殊教育的本质进行全面的概括。

目前,国内对特殊教育的定义大多采用描述性的定义。影响比较广泛的是朴永馨教授的定义。朴永馨先生是新中国成立后特殊教育理论的奠基者,他分别从教育对象、形式、方法等多角度下定义:"特殊教育是教育的一个组成部分,是指使用一般的或经过特别设计的课程、教材、教法、教学组织形式和教学设备,对有特殊需要的儿童进行的旨在达到一般或特殊培养目标的教育。"[5]这个定义主要采取描述方法,从教育影响着手,强调了特殊教育对象、方法和任务的特殊性,比较明晰地说明了特殊教育与教育的关系,因而得到了我国大多数特殊教育工作者的认同,为许多特殊教育工作者广为引用。此外,方俊明教授对特殊教育的定义也是比较有代表性的一种。他认为,"特殊教育,是根据特殊儿童的身心特点和教育需要,采用一般或特殊的教学方法和手段,最大限度地发挥受教育者的潜能,使他们增长知识,获得技能,拥有良好品德,提高适应能力的一种教育"[6]。以上各种表述,具体的说法不尽相同,切入的角度也不完全一样,大体涉及特殊教育的对象、目标、任务和方法等几个方面。其中,共同的地方都指向了教育对象——特殊儿童或特殊需要儿童。

我们认为,在特殊教育发展的新形势下,这些定义还没能更好地、全面地概括出当代特殊教育的本质特征。从教育影响的角度强调它的"一般或经过特别设计"的特点,并不是特殊教育区别于其他教育的根本属性。例如,高等教育相对于初等教育,它也可以是"使用一般的或经过特别设计的课程、教材、教法、教学组织形式和教学设备"。因此仅以这种表述不能区分特殊教育与其他教育的关系。更为重要的是随着全纳教育思想的影响,特别是尊重学生多样性的"特殊需要教育"概念的提出,特殊教育对象发生了很大的变化,一些国际组织文件和学者所作的阐释既有共同之处又有差别,有的甚至把尊重学生多样性的理念当做概念,把特殊教育对象理解为"每个人的特殊需要教育"。[7]这显然混淆了特殊教育的本质属性与其一般属性,以及所涉及的相关范畴和知识领域。因此,在特殊教育对象本身性质、范围不确定的情况下,用特殊教育对象来定义区别特殊教育和其他教育的关系,其概念的内涵和外延本身也就不能确定,学科研究的范围也就模糊不清,特殊教育学科也就缺乏独立的范畴和相对严密科学的逻辑体系。

(二)对当代特殊教育的逻辑规定

综合以上有关特殊教育概念的表述,根据我们前面对特殊教育"特殊"性的认识,我们尝试对特殊教育做出新的逻辑规定:特殊教育是基于学习者个体身心差异的显著特征,根据其不同的身心特点,旨在满足其特殊的教育需要,促进其最大程度发展的教育。依据此界定,当代特殊教育的内涵具有如下特征:

首先,从属性上按照种概念加属差的方法,规定了特殊教育具有教育活动的普遍特征,同时也是人类教育活动的重要组成部分,是国家教育体系的重要组成部分。因此特殊教育是一个相对的概念,其"特殊"是相对于整个教育系统而言的。

其次,从起因上阐明了人的个体差异的显著性所引发的教育需要是特殊教育研究的起点,即特殊教育是基于个体差异的教育活动,而不是因为其他的"特殊"原因或"特殊"形式所进行的教育活动。因此,尽管有些教育活动也有它们的"特殊性",如职业教育、艺术教育、军校教育等,但都不能称之为特殊教育。

再次,从对象上强调了特殊教育活动的条件性。一是个体差异具有显著特征,必须达到一定的度;二是由个体差异引发的特殊教育需要是他们学习发展不可缺少的基本条件,离开这些特殊条件他们就无法获得最大程度的发展,甚至完成不了学习。特殊教育对象的条件性意味着:每一个个体都有自己独特的身心特点,但不是每个个体都是特殊教育对象。一般的"兴趣教育"、"特长教育"不能算是特殊教育,因为兴趣、特长等差异并不是影响个体最大程度发展的必要条件,也不构成特殊教育需要的必要前提。

最后,从目标上强调了特殊教育的主要任务就是满足特殊教育需要,促进学生最大程度的发展。体现了当代特殊教育的理念:特殊教育对象作为个体差异的存在,与普通教育对象没有本质的区别,是人的生命普遍性与特殊性的统一,只不过他们在身心发展中有着特殊的教育需要,这种特殊的教育需要表现在教育者和教育影响的所有方面。因此要满足学生的特殊教育需要就必须在教育师资、教育内容、教育方法、教育手段等方面做出具有个别化的适应性调整。

### 三、关于特殊教育的对象

如前所述,对特殊教育对象的定位,决定着对特殊教育概念的内涵与外延的限定,也是确定特殊教育学科研究对象与范围的依据。受全纳教育思潮的影响,以及对"特殊教育需要"的不同理解，人们往往会从教育、医学、心理、社会文化等不同的方面来界定和描述。特殊教育对象的范围采用往往也不够明确，使得当代特殊教育对象处于一种飘移不定的状态。

（一）当代特殊教育对象的定位及其争论

20世纪中期以前特殊教育对象基本定位于残疾儿童，也没有什么争议。直到20世纪70年代，伴随着民权运动的深入和对特殊教育的反思，欧美等西方发达国家掀起了一场以融合为导向的"回归主流"（Main Streaming）、"一体化"（Integration）的特殊教育改革运动，借对以医学主导的标签、隔离式教育模式的批判，提出了特殊需要教育（Special Needs Education）的概念，认为每个儿童都有自己的独特需要，特殊儿童与普通儿童的特殊需要只是量上的区别，而没有本质的区别；以残疾、缺陷来称谓特殊儿童不仅具有标签的歧视作用，也强化了对他们的隔离与不平等。自此，特殊教育领域开始有了对教育对象重新定位的主张，主要分为两个阶段。

1. 特殊教育对象是因学习困难而有特殊需要的儿童

1978年，英国发布《沃诺克报告》，首次提出"特殊教育需要"的概念，认为学生在成长过程中不同阶段可能有不同的学习困难，既包括轻微、暂时性的学习困难，也包括严重的、永久性的残疾造成的学习困难，这些都是学生的特殊教育需要。[8]以学习困难看待残疾儿童学习问题这当然是特殊教育观的进步。但是，把轻微、暂时性学习困难的学生归入特殊教育对象范畴，就很值得商榷，它实际上是把所有学习者都归入特殊教育对象。因为任何学习者在学习过程中都存着学习困难，譬如轻度的近视、偶发的感冒都可能造成学习上的困难。困难如果没有达到一定的度，就不宜看做是特殊教育对象。正如柯克强调的，"教育学中的'特殊儿童'术语的应用不同于生物学、心理学以及其他学科和专业的情况。如果儿童发展偏常的性质和程度到了这样的情况，为使其取得最大限度的发展而需要绝大多数儿童所不需要的教育措施，那么，从教育上说，这样的儿童就是特殊儿童"[9]。比如，人人都有情绪行为失控现象，但不是说人人都是特殊教育对象，因为"情绪行为障碍"和"情绪行为现象"虽然有联系，但是不同的概念。只有当情绪行为障碍长期影响到学习和发展，才需要特殊的教育服务和措施。其后2001年英国公布的"特殊教育需要实践准则"中，也强调了"度"的规定性：如果儿童在学龄阶段具有相较于同龄儿童来说非常显著的学习困难，或者具有阻碍他们像普通儿童一样学习的残疾，即为特殊教育需要儿童。

需要强调的是，特殊需要概念的提出对于特殊教育理论建设有着积极重大的理论意义。它超越了传统的以医学为基础的缺陷补偿观，以及隐藏在背后的"慈善"、"怜悯"意识，而从人的特殊需要视角出发，通过对生命存在、发展的透视来重新审视特殊教育价值,把普通教育和特殊教育儿童在生命发展需要的概念上密切地联系在一起,为"我们重新认识特殊教育中的个别差异、教育平等诸问题提供方法论的指导,也为我们研究教育平等、资源融合共享的教育政策提供了分析原则"[10]。正因为此"特殊需要教育"概念的价值取向,此后被国际教育文件所引用。

2. 特殊教育对象包括因文化背景差异而有特殊需要的学生

1994年,联合国教科文组织为了倡导和深化全民教育,召开"世界特殊需要教育大会",会议文件《萨拉曼卡宣言》和《特殊需要教育行动纲领》正式借用了"特殊需要教育"并提出了"全纳教育"的概念,指出:特殊需要学生泛指"一切身体的、智力的、社会的、情感的、语言的或其他的任何有特殊教育需要的儿童和青年","这就包括残疾儿童和天才儿童、流浪儿童和童工、偏远地区或游牧人口的儿童、语言或种族或文化方面属少数民族的儿童,以及来自其他不利处境或边际区域或群体的儿童"[11]。自此,特殊需要教育与全纳教育成了国际性的议题。需要指出的是,无论是世界特殊需要教育大会,还是后来召开的多届国际全纳教育大会,其会议的目的、主题以及特殊需要教育概念的指向都不是专指特殊教育。会议借用特殊需要概念的目的主要是为了强调消除歧视、反对排斥的理念,以及实现全民教育发展目标应关注的重点对象。因此就国际文件本身来说,"特殊需要教育"、"全纳教育"与特殊教育是不同的概念,虽然在思想的渊源上有着密切的联系。

在全纳走向下,许多研究者和实践者把特殊教育与以回应广泛多样性差异为目标的全纳教育思想联系起来,"把特殊教育置于多样性的保护伞下","通过'歧视'、'边缘化'的话语描述,使得残疾与种族、性别、语言、年龄、宗教、移民等遭受不公的现象,在'多样性'的话语系统中统一起来"[12]。这些西方学者提出特殊教育重新定位的问题。较有代表性的人物是加拿大加劳德特大学教授Winzer,他提出了"多文化、语言特殊教育"的概念,认为"特殊教育不能再只被认为是关于残疾及其相应的干预策略的事情,由于学生群体构成转向更多元的文化背景、双语之家以及经济不利家庭,学校的特殊服务需要增加,特殊教育者必须考虑到包括(而绝不能只限制于)具体文化、语言差异的服务对象范围的广泛性。当今以及未来,学校必须改进规划、教学方式和资源去教育多样性的学生,完善多元文化和语言背景下特殊需要学习者的特殊教育服务"[13]。Winzer的定位观引起了激烈的争论,就连Winzer本人也承认,"虽然在特殊教育中发现多样性是很容易的,但是这概念基础本身还是很成问题的"[14]。美国特殊教育专家Kauffman指出,基于权利平等的角度,残疾与文化差异都是人的多样性的社会存在,但是把特殊教育称之为文化的多样性是一个消极的"鸵鸟"策略,因为"回应残疾需求的差异与肤色、种族、性别以及许多其他形式的差异有着截然不同"[15]。的确,由于教育的效果会因受教育者个人的天赋、机会与机遇而不同,基于教育公平的原则,必须给予包括残疾儿童在内的处境不利儿童特殊的教育政策和措施,从而使他们获得和其他儿童同等的利益,满足其特殊的教育需要。但是在实现平等的教育权利、机会的前提下,"残疾"与"多样性"两者的教育在内容、手段、方式及与心理学的联系上,是属于截然不同层面的问题。在教育学上,前者主要涉及的是教育政策问题,后者则主要涉及教育的特殊干预、补偿等问题。

把特殊教育的定位扩大到以文化背景差异为基础的观点得到我国一些学者的支持。有学者认为这是一种大特教观。[16]有学者更是把特殊教育的概念与特殊需要教育和全纳教育等同起来,认为"特殊需要教育(Special Needs Education)及全纳教育(Inclusive Education),替代了特殊教育的概念","特殊教育是指残疾人的教育,也可以是促进每个人发展的特殊需要教育"。[17]还有的学者进一步具体泛化,主张"更新特教观念,扩大特教范围",把特殊教育拓展到普教系统的特长教育、个性教育、青春期教育、性教育,乃至于社会非常时期教育、环境教育、安全健康教育等。[18]特殊教育有了越来越多的意义,特殊教育范畴已无限扩大,以至于只要我们愿意,似乎任何活动我们都可以称为特殊教育,而任何与"特殊"有关系的教育研究都可以称之为特殊教育研究。

(二)当代特殊教育对象范围的限定

纵观目前国内外有关特殊教育对象的观点,我们可以按范围的大小把它们分为五个梯次。

第一梯次是从人的多样性出发,把特殊教育需要等同于每个人的特殊需要教育,即"人人都有特殊需要,人人都需要特殊教育"[19]。这实际上是异化了特殊教育的属性,也虚无了特殊教育。

第二个梯次是从人的社会、文化差异性出发,把包括身心障碍儿童在内的社会处境不利儿童归入特殊教育。处境不利儿童主要是指个体因为经济、文化、民族、地域等弱势境遇而引发在学习上的特殊教育需要的儿童,如城市下岗工人家庭中的儿童、随父母打工而生活在城市的农民工子弟等。这个梯次是把"残疾"、"障碍"等归于"多样性"之中。

第三个梯次是以个体身心差异引发的特殊教育需要来划分,既包括超常儿童或某些特殊才能儿童,也包括身心障碍儿童。

第四个梯次就是指身心障碍儿童,又可分为残疾儿童和问题儿童。残疾儿童是指身心有各种残疾的儿童,传统上又称缺陷儿童、损伤儿童。问题儿童是指没有生理残疾,但在情绪、行为或学习等方面存在着明显问题导致发展障碍的儿童。

第五个梯次是传统狭义的残疾儿童,不包括问题和其他情绪、行为障碍儿童。

基于前面对特殊教育特殊性的判断,以及我们对特殊教育的定义,我们认为:特殊教育对象是基于个体身心差异的显著特征,为了获得最大限度的发展,在学习上有着特殊需要的学生。也就是上面我们论及的"第三梯次"划分。笔者个人认为这种限定对于特殊教育学科建设来讲,既具理论价值,又有实践意义。因为"概念的内涵与外延如果不确定,教育命题及命题之间的关系也将随之不确定,其立论便带有随意性"[20]。我们只有明确划定当代特殊教育概念的内涵和外延范围,才能正确运用这一概念,也才能正确地运用逻辑原理来进行研究工作。在理论建设上,首先,这种限定明确地划分了特殊教育对象的范围,确立了自己相对独立的学科分支地位;其次,这种限定确定了特殊教育自身的研究角度,进而把特殊教育与全纳教育、公平教育、特长教育、艺术教育、个性教育、差异教育等相对区别开来,使之与其他学科或其他领域的研究有所区别,有助于相关教育自身的各自研究,有助于理顺它们之间的关系,促进各自领域的研究和发展。从实践的操作层面,它更符合当代特殊教育发展的客观现实,以及当代历史阶段特殊教育所能承载的任务。因为,以残疾儿童为主的特殊教育需要学生与处境不利儿童(无身心障碍)所采取的教育措施有天壤之别,无论是内容还是方法、手段乃至技术和策略都不能相提并论。我们不能用价值判断来替代事实判断,用理念代替概念。实际上,即使在"全纳已被日益广泛地视为一种为支持和欢迎实现学习者的多样性而进行的改革"[21]的今天,许多国家(包括美国)和地区尽管在理念上倡导特殊需要的思想,但在实践上(也包括法规层面)也是把特殊教育对象定位于上面我们所述的范畴,这是不无道理的。

**参考文献:**

[1] 盛永进,甘昭良."全纳"走向下特殊教育本体的认知定位[J].外国教育研究,2009(9):52.

[2] 朴永馨.特殊教育概论[M].北京:华夏出版社,1999:8.

[3][10] 盛永进.特殊需要视野中对特殊教育研究的思考[J].中国特殊教育,2007(12):20—21.

[4] 刘全礼.特殊教育导论[M].北京:教育科学出版社,2003:6.

[5] 朴永馨.特殊教育辞典[Z].北京:华夏出版社,1996:32.

[6] 方俊明.特殊教育学[M].北京:人民教育出版社,2005:3.

[7][17] 陈云英.特殊需要教育是教育的保障工程[J].中国残疾人,2004(3):35.

[8] O'Hanlon, C. Special Education Integration in Europe [M]. London: David Fulton Publishers, 1993:39.

[9] [美]柯克,加拉赫.特殊儿童心理与教育[M].汤盛钦,银春铭,等编译.天津:天津教育出版社,1989:2.

[11] 联合国教科文组织.特殊需要教育行动纲领[A]//赵中建.教育的使命——面向21世纪的教育宣言和行动纲领[C].北京:教育科学出版社,1996:135.

[12][14] Winzer, M. A. From Integration to Inclusion: A History of Special Education in

the 20th Century[M]. Washington,DC.:Gallaudet University Press,2009:207.

[13] Winzer,M. A & Mazurek, k. Special Education in Multicultural Contexts[M]. New Jersey:Prentice-Hall,1998:1.

[15] Kauffman,J. M. Reflections on the Field[J]. Behavioral Disorders,2003(28):207.

[16] 许家成.试论大特殊教育观[J].中国特殊教育,1999(2):1.

[18] 孟万金.坚持科学发展观,开创特殊教育研究新局面[J].中国特殊教育,2006(1):1.

[19] 孟万金.人本特教宣言[J].中国特殊教育,2008(10):3.

[20] 陈桂生.略论"教育"概念演变的轨迹[J].杭州师范学院学报(社会科学版).2005(1):87.

[21] 联合国教科文组织.关于全纳教育的初步报告[R].巴黎:联合国教科文组织,2001.

# "全纳"走向下特殊教育本体的认知定位
## ——兼论特殊教育概念的泛化

盛永进　甘昭良

自 20 世纪 90 年代中期以来,受全纳教育(Inclusive Education)思想的影响,特殊教育研究领域出现了许多新的重要概念和理念。全纳教育以其更广的视角以及对教育深刻的变革预期,赋予了特殊教育许多新的意义和内容,既推动了特殊教育改革的不断深化,也丰富了我们对特殊教育的认识。

如何认识特殊教育概念,如何定位特殊教育的本体,不仅是一个重要的理论问题,而且也是一个重要的实践问题。因为"'教育'概念的泛化,不只是一个孤立的词义问题。这个概念的内涵与外延如果不确定,教育命题及命题之间的关系也将随之不确定,其立论便带有随意性"[1]。特殊教育概念的过度泛化,一方面造成了特殊教育理论研究的混乱,另一方面也会导致特殊教育实践的"迷茫"。

因此,确立"全纳"走向下特殊教育的本体定位,是特殊教育理论领域和实践领域共同的迫切需要。

## 一、"全纳"走向下特殊教育本体的认知迷茫

(一)特殊教育概念的演变

1. 从"残疾儿童"到传统广义的"特殊儿童"

众所周知,特殊教育概念最早应用的对象是指狭义的残疾人教育。早期特殊教育学校也是专门招收残疾儿童的学校,所以说,特殊教育的初始概念多半是作为残疾人教育的简称和同义语。随着时代和特殊教育实践活动的发展,人们把超常儿童也纳入特殊教育范围,这样在继承初始特殊教育概念基本内涵的基础上,形成了传统广义的特殊儿童概念,即基于身心特征的显著差异,把超出常模标准学生的教育称为特殊教育。它既包括对身体或心理发展有障碍学生的教育,也包括高于常态(正常)发展的超常学生的教育。

2. 从传统广义的"特殊儿童"到"特殊教育需要儿童"

1994 年联合国教科文组织(UNESCO)召开"世界特殊需要教育大会",会议发

表的《萨拉曼卡宣言》,正式提出了"特殊需要教育"和"全纳教育"的概念,同时通过了以"全纳"为导向的《特殊需要教育行动纲领》。全纳教育是基于教育的人权观,反对社会排斥和歧视,主张普通学校必须以一种满足其特殊需要的教育教学思想来接纳所有儿童接受教育。其重点关注的教育对象是在传统的学校制度和教育观念的影响下不能很好地获得教育机会的儿童,泛指"一切身体的、智力的、社会的、情感的、语言的或其他的任何有特殊教育需要的儿童和青年……这就包括残疾儿童和天才儿童、流浪儿童和童工、偏远地区或游牧人口的儿童、语言或种族或文化方面属少数民族的儿童,以及来自其他不利处境或边际区域或群体的儿童"[2]。自此,"特殊需要儿童"(Child with Special Needs)、"特殊教育需要儿童"(Child with Special Education Needs)或"特殊需要教育"逐步取代了"特殊儿童"和"特殊教育",成为特殊教育领域中重要的专业性术语。"满足学生的特殊需要"亦成为特殊教育乃至整个教育改革活动的依据甚至"旗号"。这样,特殊教育的外延扩大到除了传统广义特殊儿童之外,还包括所有处境不利儿童的教育。有学者把这一概念的扩大称为"大特教观"。[3]

3. 从"特殊教育需要儿童"到"人人都需要特殊教育"

受全纳教育思潮的影响,特别是基于"特殊需要"的思想,近几年来特殊教育概念在我国迅速泛化。最为典型的就是在倡导"人本特教"理念的同时,提出"人人都有特殊需要,人人都需特殊教育"[4]的口号,并主张"更新特教观念,扩大特教范围","拓展普教系统的特殊教育研究,诸如特殊能力教育(如体育特长、文艺特长等)、特殊时期教育(如青春期、脑发育关键期、社会非常时期等)、特殊领域教育(如安全健康、艾滋病预防、性教育、环境教育等)、特殊方式教育(如惩罚、隔离、劳教等)、特殊家庭教育(如离异家庭、单亲家庭、祖亲家庭、父母不和家庭、环境不良家庭等)、特殊群体教育(如留守儿童、流动儿童、孤儿、小团伙、网络成瘾儿童、工读学生)以及'随班就读'、'超常教育'、'问题儿童'、'后进生'、'学习不良'等个性化教育方面的研究"[5]。由此,特殊教育的范围进一步扩大,扩大到所有人的教育,特殊教育有了越来越多的意义,特殊教育范畴已被无限扩大,以至于只要我们愿意,似乎任何活动我们都可以称为特殊教育,而任何与"特殊"有关系的教育研究都可以称之为特殊教育研究。尽管这一观点的提出者仍然称之为"大特教观",实际上远远要超出前者。因此,我们不如称之为一种"泛特教观"更为贴切。

(二)特殊教育本体认知的迷茫

1. "大特教观"的难题

首先,在全纳视野下,"大特教观"主要从社会学的视角,把"社会排斥"理论引入教育领域,并以此作为重要的分析框架,来考察学生的社会文化背景差异,"其本身的兴趣并不在特殊教育领域……而只是把特殊教育作为一个平台来探究差异结构和文化、不平等和处境不利等问题,关注机构在'复制'差异中的关键角色"[6]。这种社会学批判模式"已超出了特殊教育的范畴"。因此,社会学视角中的"特殊需要"与教育学中的"特殊需要"在内涵上是不尽相同的。"大特教"把包括残疾学生在内的所有弱势或处境不利儿童归入特殊教育范畴,只是在教育平等的意义上找到"交集"。其要探讨的主要是公平教育的问题。诚然,特殊教育也涉及公平教育,但公平教育与特殊教育是相对独立、不可互相替代的两个概念。

其次,在实践上也是难题。正如社会上人们所质疑的那样,"社会学的批判只是一种洞察,其对学校和社会的分析不能给教师和学生带来直接的、实际的影响"[7]。由于全纳概念在性质上是不分类的,所以,从社会学来探讨"特殊需要"的概念并没有"度"的限定。但是,避免消极的标签的分类不等于取消具体的特殊教育需要的诊断和评估。对于特殊教育而言,我们可以秉持消除"标签"似的分类理念,但在具体的教育过程中,则必须对学生的特殊需要的性质、类别和程度等进行具体的评估,这样才能更好地促进他们的发展。把所有处境不利儿童的教育纳入特殊教育范畴,从表面上看似乎并无大碍,但一旦涉及实施的途径和方法,就会发生问题。譬如,下岗工人、农民工子弟(如果不存在着身心残疾或障碍)的教育与特殊儿童教育,在内容、手段、方式及与心理学的联系上有许多不同,是属于截然不同的层面的问题。在教育学上,前者主要涉及的是教育政策问题,后者则主要涉及教育方法和手段的特殊性。

2."泛特教观"的虚无

"泛特教观"从"人人都有特殊需要",推演到"人人都需要特殊教育"。实际上是把特殊教育的本质属性与其一般属性以及所涉及的相关范畴、知识领域等相混淆。也就是把我们通常所称的"差异教育"、"特长教育"、"个性教育"、"青春期教育"等凡是具有相对差异的都等同于特殊教育。这是一种变相的特殊教育本体虚无论。

首先,在概念的语义上,给人一种望文生义的感觉。即把"特殊"等同为"差异",并使之绝对化。只要冠以"特殊",就是"特殊教育"。循此逻辑,我们也可以把"特殊专业教育"、"特殊地区教育"、"特殊学科教育"称之为特殊教育。这样,军校教育、职业教育、东西部地区教育、每一学科之间的教育(如语文与数学)等都可算是特殊教育。其次,在逻辑上,也引人误解。譬如"特殊时期教育",什么是特殊时期?"文革"、"非典"时期也是社会非常时期,那么"文革"、"非典"时期的基础教育、高等教育也都是特殊教育?如果说"惩罚"也是一种"特殊方式教育",那么"奖励"也应是"特殊方式教育"。总之,照此逻辑,特殊教育无所不包,无所不能。特殊教育已经等同于整个教育领域。我们不禁要追问,在"全纳"走向中,到底什么才是特殊教育?特殊教育无论是作为一种活动还是作为一门学科,还有其存在的价值吗?

换言之，是否像有人所宣称的那样将被全纳教育所替代？或在全纳走向下特殊教育将逐步走向消亡？也就是说，在学科的意义上，特殊教育实际上已面临着学科身份认证的危机。[8]因为，特殊教育概念的泛化已使特殊教育学的多学科属性被泛化为无学科属性，这无异于取消了特殊教育学作为独立学科的地位，也虚无了特殊教育本体。

## 二、"全纳"走向下相关问题的澄清与讨论

对全纳走向下特殊教育与全纳教育相互关系及其相关问题的澄清与讨论，有助于我们寻找概念泛化的深层原因，并为全纳走向下的特殊教育进行适当的本体定位。

### （一）全纳教育不等同于特殊教育

全纳教育的思想起源于特殊教育，但其内涵远远大于特殊教育，两者不是同一概念。"全纳"理念起源于对特殊教育隔离措施造成排斥、歧视的批判，而全纳教育的实践又首先发轫于特殊教育领域的变革，且其关注的教育对象也主要集中于特殊儿童，因而当全纳教育提出要满足每一个儿童在学习上的特殊需要时，这在一定的程度上被视为特殊教育的同义语。

诚然，特殊教育是全纳教育的重要组成部分和实践领域的重点，它的改革发展亦为全纳教育理念的形成和发展奠定了实证基础。同时，特殊教育的变革发展不仅构成了全纳教育发展的必要条件和重要标志，而且其变革发展的水平在很大程度上决定了全纳教育走向的社会效能。然而，特殊教育是仅仅针对特定的教育对象的教育形态，并不涵盖全纳教育的全部领域。"全纳教育概念的核心在于消除所有学习者参与学习的障碍"[9]，因此，全纳"可视为一个过程，旨在通过所有学生对学习、文化和社区的积极参与来满足其需求的多样性，以便减少教育体制内和由教育体制引起的排斥现象"[10]。所以，在推进全纳教育的发展过程中，若只把发展重点局限于特殊教育，那就会造成对全纳教育的片面理解及体系建构的缺失与断裂。

一言以蔽之，全纳教育思想是在特殊教育的基础上发展而成的，但全纳教育绝不等同于特殊教育，也不能取代特殊教育学科本身。在两者概念的逻辑关系上，全纳教育的内涵要比特殊教育更广泛和丰富，两者体现的是上下位的附属关系。同时，全纳教育理论的建立，对特殊教育的改革和发展亦具有科学定位和宏观指导的作用。

### （二）取消特殊学校不等于取消特殊教育

从发展方向而言，全纳教育试图通过对整个教育系统的变更，彻底改变普通教育与特殊教育二元结构系统，建立起能支持并满足所有学生发展需要的全纳学校，即全纳教育系统。因此，"全纳意味着发展主流学校，而不是重组特殊教育学校。其目标在于提升所有主流学校的能力，直至能满足所有儿童的需要，同时保证儿童

能有学习的权利与机会。其所牵涉的影响将是,就中期而言,让特殊教育学校的作用发生转变,而就长期而言,则是让这些特殊教育学校彻底消失,但其专门知识和资源不至于流失"[11]。特殊学校能否消失,这本身还有许多疑问。但即使特殊教育学校消失,也不等于特殊教育消失。不可否认,特殊教育学校是近代以来特殊教育诞生与发展的重要象征,但实质上它是特殊教育作为组织机构形态的一种表现。如果把它融入普通教育机构,并不意味着作为一个相对独立领域的特殊教育活动丧失了它存在的价值,也不意味着作为一门独立的学科地位的丧失,只意味着"其专门知识和资源"及其活动场所的转移。特殊教育在事实上作为一项特殊的教育活动仍有不可动摇的地位、功能和作用,其对于特殊学生的学习发展的重要性只会增加不会减少。同样,特殊教育学作为一门独立的学科及其知识体系,也不会因为特殊学校的消失而丧失它应有的研究领域。因此,仅以特殊教育活动场所的转移来取消特殊教育的学科地位,不仅不符合事实,也不符合逻辑。

(三)"特殊需要教育"表述的是理念,而不是概念

在"全纳"视野中,"特殊需要教育"表达的是一种教育思想,亦即特殊教育的价值取向,而非指称特殊教育的概念。换句话说,"特殊教育就是特殊需要教育"是一个理念命题而非概念命题。用理念来代替概念,是导致特殊教育概念无限泛化的一个重要原因。

全纳教育倡导的核心理念就是教育要满足每一个学生的"特殊需要"。认为"每一个儿童有其独特的个人特点、兴趣、能力和需要;教育制度的设计和教育计划的制订要考虑到这些特性和需要的广泛差异"[12],这种理念也恰恰是特殊教育应遵循的理念。因此,"人人都有特殊教育需要"其本质表达的是教育理念,而非教育的概念。或者说表达的是教育思想,而非教育事态。从"特殊需要"提出的原点背景来看,无论是20世纪70年代首次提出"特殊教育需要"的《沃洛克报告》,还是90年代正式确立这一用语的《萨拉曼卡宣言》,都是基于对医学模式和隔离服务范式所具有的歧视性标签作用的反思,从而倡导一种新的教育观念。即基于人的特殊需要出发,人与人之间的差异是客观存在的,个体差异反映了教育需要的差异性,而差异不是人与人之间高低贵贱的分野,恰恰是人的不同发展需要的表现。也就是说,"特殊需要教育"命题试图彻底改变传统的特殊儿童观念,消除教育中的歧视、排斥现象,从而把"普通教育和特殊教育在儿童生命发展的需要概念上密切地联系在一起"[13]。关于理念表述不等同于概念指称的判断,我们还可以从语言陈述的逻辑上进行分析。概念表述是一种事实判断,它表述的对象是"是什么";而理念表述则是一种价值判断,表述的是"应是什么"或"什么是好的"。确立"特殊教育就是特殊需要教育",这本身没有问题,因为在理念的意义上,这一命题是一种价值判断,亦即理念的判断。因为,它是从理念高度来审视特殊教育的应然追求,其本质

上是一种价值宣示。如果把一种价值判断误认为概念的属性,就会导致概念理解的泛化或异化。"泛特教观"就是借理念的契合来代替概念本身,从"人人都有特殊需要",推演到"人人都需特殊教育",从而把特殊教育对象扩大到所有人,这就异化了特殊教育的根本属性。

### 三、"全纳"走向下特殊教育本体的认知定位

#### (一) 本体及其概念变化的限定

本体的概念最初起源于哲学领域,亚里士多德(Aristotle)对本体的论述可概括为:"一个东西,如果一切存在物都由它构成,最初都从其中产生,最后又都复归于它。"[14] 即所谓的"存在之作为存在"。尽管对本体定义各有不同,但其共性内涵是指对客观存在的一个概念化的解释或说明,关心的是客观现实的抽象本质。换言之,就是最能体现一个概念之所以能成为一个独立概念的抽象存在。因此,本体的"概念化"性质规定了概念在变化上有其限度,必须受限于本体的规定性。即围绕本体构成的概念容许其外延在一定范围内发生变化,使该概念能不断适应新的信息和资料,这样有助于扩大人们的视野、启发新思路。但本体始终有自己的核心,具有一种相对的稳定性,它为这些各具特点的众多外延组成一个整体提供基础。如果允许概念突破本体的范围无限地泛化,那么就会走到极端,导致喧宾夺主,本体反倒有被边缘化的危险。因此,在这种情况下必须以本体的规定性对概念的外延加以限制。

#### (二) 特殊教育本体的认知定位

我们说特殊教育对象就是特殊学生或特殊儿童。由于"特殊"含义的不同,人们对特殊教育的理解也不相同。如果把"特殊"仅理解为有特点、有个性的意思,那么任何人都是特殊教育的对象,因为每个人都有自己独特的个性。如果将"特殊"理解为人的特长、兴趣,那么体校、艺校乃至普通学校特长班或兴趣班的学生都是特殊教育对象。显然,这是把特殊教育对象简单地泛化了。之所以出现这样的情况,问题的关键在于仅从"特殊"的语义上去认知特殊教育,或是用理念代替概念,而异化了"特殊教育"的"特殊"本体性,把概念的本质含义与其一般属性及所涉及的相关范畴、知识领域等相混淆。

特殊教育一词在英语中以"Special Education"或"Education of Exceptional Children"来表示,也就是说"Special"的释义义项取决于"Exceptional"。"Exceptional"在英语中主要突出事物的例外性、异常性。汉语中"特殊"是特别、有特点的意思,有"超出一般"、"不同于同类的事物或平常的情况"之义,是相对于一般、普通或平常而言的。因此,结合汉语和英语的语义,特殊教育对象的特殊性主要在于个

体自身显现出来的个体差异具有显著特征,也就是说,在统计学的意义上,疏离于一般的常模范围之外,体现了一种"异常"的特性。特殊教育之所以"特殊"是因为教育对象的"特殊",而这种"特殊性"源自于学生显现出来的个体差异。但是,问题并不这么简单,即不能仅以个体差异特征作为判断特殊教育对象的标准。因为许多学科诸如心理学、社会学、生理学、医学等都研究儿童的个体差异,而每一学科研究的指向意义尽管有交叉的成分,但有着明显的区别。正如柯克(Samuel A. Kirk)所言:"教育学中的'特殊儿童'术语的应用不同于生物学、心理学以及其他学科和专业的情况。如果儿童发展偏常的性质和程度到了这样的情况,为使其取得最大限度的发展而需要绝大多数儿童所不需要的教育措施,那么,从教育上说,这样的儿童就是特殊儿童。"[15]如果我们把这种特殊的"教育措施"抽象为"特殊教育需要"的概念,那么,特殊教育的本体实际上隐含着下面的规定性判断:特殊教育对象是基于个体差异的显著特征,为了获得最大限度的发展,在学习上有着特殊需要的学生。由此,从教育学的角度来考察,个别差异引发特殊教育需要,或者说成为特殊教育对象有两个前提条件[16]:其一,个体差异具有教育意义。只有影响教育教学的个体差异才会引发特殊教育需要。譬如生理方面的容貌长相差异,一般不具有教育意义,而生理方面的视力差异则肯定会影响学习,对教育教学来讲就有意义了。其二,具有教育意义的个体差异必须达到一定的度,以至于影响学生最大限度的发展。比如,人人都有情绪行为失控现象,但不能说人人都是特殊教育对象,因为"情绪行为障碍"和"情绪行为现象"虽然有联系,但是不同的概念。只有当情绪行为障碍长期影响到学习和发展,才需要特殊的教育服务和措施。因此,"兴趣教育"、"特长教育"也不能算是特殊教育,因为兴趣、特长等不一定影响学生获得最大限度的发展,也就不构成特殊教育需要的必要前提。特殊教育需要的条件性告诉我们,仅以"特殊"的语言意义或人与人之间的"差异"来判断,就会导致特殊教育对象的极端泛化。在"全纳已被日益广泛地视为一种为支持与实现学习者的多样性而进行的改革"[17]的今天,许多国家(包括美国)和地区尽管在理念上倡导特殊需要的思想,但在实践上也是把特殊教育对象定位于上面我们所述的范畴,这是不无道理的。

## 四、结语

概念是反映对象的本质属性的思维形式,是随着社会历史和人类认识的发展而变化的。将从残疾到超常,以及由其他身心显著差异而引起特殊教育需要的学生纳入特殊教育范围都反映了概念变化的积极意义。但是概念变化是有限度的,有其内在的条件规定性。即无论概念如何演变都必须对概念对象的本质属性做出客观的、科学的事实判断,同时,必须明确划定某学科概念的内涵和外延范围,只有这样才能正确运用这一概念。把特殊教育概念的外延限定在因个体差异的显著特征,为了获得最大限度的发展而有着特殊教育需要的学生上,使之与全纳教育、特长教育、艺术教育、个性教育、差异教育等相对区别开来,这种限定不仅具有理论价值,而且具有实践意义。其理论价值在于,有助于相关教育自身的各自研究,理顺它们之间的关系,促进各自领域的研究和理论建设;实践意义在于,根据不同的需要条件实施不同的教育,使其切合实际。当然,与理论上进行区分不同,在实践中我们并不否认它们之间的联系。同样,强调特殊教育的本体的认知定位,也并不意味着排斥全纳教育的理念,更不意味着摒弃"特殊需要"的概念。相反,在特殊教育的研究中以"全纳"理念为指导,以"特殊需要"为视角,"不仅可以揭示传统特殊教育观对障碍、缺陷偏见的掩饰,也为创设特殊教育环境的公平、特殊教育资源分配的公平和有特殊教育需要的学生在教育中获得自身发展的条件和机会的公平提供理论依据"[18]。

**参考文献:**

[1] 陈桂生.略论"教育"概念演变的轨迹[J].杭州师范学院学报(社会科学版),2005(1):87—91.

[2] 联合国教科文组织.特殊需要教育行动纲领[A]//赵中建.教育的使命——面向21世纪的教育宣言和行动纲领[C].北京:教育科学出版社,1996:135.

[3] 许家成.试论大特殊教育观[J].中国特殊教育,1999(2):1—3.

[4] 孟万金.人本特教宣言[J].中国特殊教育,2008(10):3—6.

[5] 孟万金.坚持科学发展观,开创特殊教育研究新局面[J].中国特殊教育,2006(1):1.

[6][7] 黄志成,等.全纳教育——关注所有学生的学习和参与[M].上海:上海教育出版社,2004:16,16.

[8][13][18] 盛永进.特殊需要视野中对特殊教育研究的思考[J].中国特殊教育,2007(12):19—22.

[9][11] UNESCO. Inclusive Education:the Way of the Future [R]. Geneva:UNESCO,2008:8.

[10] UNESCO. Guidelines for Inclusion:Ensuring Access to Education for All[R]. Paris:UNESCO,2005:15.

[12] 联合国教科文组织.萨拉曼卡宣言[A]//赵中建.教育的使命——面向21世纪的教育宣言和行动纲领[C].北京:教育科学出版社,1996:131.

[14] 北京大学哲学系.古希腊罗马哲学[M].北京:生活·读书·新知三联书店,1957:4.

[15] [美]柯克,加拉赫.特殊儿童心理与教育[M].汤盛钦,银春铭,等编译.天津:天津教育出版社,1998:2—3.

[16] 刘全礼.特殊教育导论[M].北京:教育科学出版社,2003:6.

[17] UNESCO. Open File on Inclusive Education[R]. Paris:UNESCO,2001:2.

(原文发表于《外国教育研究》2009年第9期)

# 马克思主义人学视阈中的残疾儿童少年与教育

王培峰

关于残疾儿童少年的认识是特殊教育(本文指狭义的残疾儿童少年教育,下同)认识论的核心问题,也是解决特殊教育一系列基本理论与实践问题的逻辑起点和基础。以马克思人学视野观照残疾儿童少年的存在与教育,深刻把握这些问题背后的理论渊源,对厘清特殊教育理论与实践的各种纠葛,具有重要意义。

## 一、"非人"—"异质人"—"同质人":对残疾人认识的跃迁

人的本质问题是许多思想家、哲学家思考的重要内容。在古代,对人的探讨主要集中在人与动物的区别上。例如,孔子从儒家伦理角度提出"仁者,人也"(《礼记·中庸》);孟子提出"性善论",认为"人之性善也"(《孟子·告子上》);荀子的"性恶论",认为"人之性恶,其善者伪也"(《荀子·性恶》)。古代欧洲从直接存在、具体人性上探讨人。柏拉图提出人是"理性的生物",亚里士多德提出"人天生是政治动物",阐释人在世界中的主体地位。残疾人却并没有被列入这些人的主体地位的视野。古希腊和古罗马甚至采取"杀婴保种"、"遗弃"等做法,残疾人可以被任意再次伤害,连生存权利都得不到保障。残疾人活动被限制,其多被看做人类的异类,被抛入了"怪物"、"魔鬼"、"邪恶"、"报应"等非人境地。[1]

14~16世纪开始,启蒙思想家们冲破了神学世界观的束缚,用无神论和人道主义考察人,提出"天赋人权"论,突出了人的"自由意志"。卢梭提出,"人是生而自由平等的"。笛卡儿提出"我思故我在","我思"的实质就是理性。康德提出"知性为自然立法、理性为自由立法",把理性作为考察的对象,认为理性使人最充分地享有人的尊严。他们从超越现象世界的角度来规定人,寻找决定人的普遍性质和深层结构,把人的理性、伦理本质作为人别于动物的根本特征,形成了人的主体性形而上学。18世纪中叶,在启蒙思想的影响下,欧洲开始了对残疾人的教育训练,一些卓越的、具有创新精神的哲学家、医生、教师,开始开辟特殊教育的新时代。特别是洛克的认知理论和心理学观念改变了人们对残疾人的态度。残疾人获得了接受

教育的理论基础。[2]"残疾人的人权和价值被社会重新认识而得到尊重。"[3]残疾人开始取得人的资格和地位，他们的理性能力得到认可。这集中体现在18世纪，西方各国出现少量特殊教育机构，且不断被列入国民教育序列。但是人们从科学（医学）主义出发，认为他们是"身体病态"的异质的"另一类人"，不具备像健全人一样参与社会活动和实践的资格和条件。残疾缺陷成了他们不同于健全人的本质存在。"异质人"身份决定了他们在社会活动中与健全人的不同，残疾缺陷、分别对待成了他们社会存在中绕不过去的"门槛"。例如，在教育中，将残疾缺陷转移到对成长规律的认识上，由残疾缺陷推衍出成长规律的必然差异，认为他们有完全不同于健全人的身心成长特点和规律。这一假设已从逻辑起点上将残疾人划分为"另一类人"，从这一认识论出发的特殊教育自然也从逻辑本身上将残疾人的教育划分为"另一类人"的教育，只能适应专门的特殊教育学校的特殊教育方式、方法。这样残疾人不但不能得到平等的受教育权，还否定了他们做主流社会的"人"的资格。

近代以来，西方哲学家们出于人的现代性焦虑，特别是基于西方科学技术和资本主义制度对人的异化，以及"二战"的病态与疯狂，开始突破了对人性的抽象议论，转而对个体的生存状况和情感意志给予更多的关注。叔本华等哲学家对人的非理性非常关注，后经尼采、狄尔泰、柏格森的推崇强化，再经胡塞尔对人的本质主义的悬置而颠覆，最终形成了全球高涨的人本主义思潮。他们反思人类的生存状态，以及人生的意义、自由和价值问题，强调对生命意义的尊重与价值、潜能的展现，张扬个体的自由、权利等。海德格尔存在主义提出，"人成为存在者的尺度和中心，人是一切存在者的基础"[4]。作为继承和延续，利奥塔和福柯等哲学家以彻底的后现代主义反叛面目，以更彻底的理论，否定、怀疑和解构一切理性、宏大叙事，关注人的精神家园和意义世界。在人本主义思想洗礼下，残疾人的缺陷被视为人的正常差异而不是本质的差异。他们是人类正常差异中的同质人，即同一类人。"同质人"身份决定了他们像健全人一样享有参与社会生活和活动的合理性和合法性，并在人类社会共同体中共享和共造文明。残疾人的正义、关怀、尊严、价值和意义问题开始成为他们关注的核心。20世纪中后期残疾人的一体化教育以及90年代后全球兴起的全纳教育，就高度凸显了对残疾人的人本主义观照，认为他们应当也能够在主流的普通学校教育中与其他健全人一样接受教育，得到相应的发展。

### 二、类的同质人和群体的差异人的统一：马克思主义人学理论的启示

从"非人"到"异质人"再到"同质人"的跃迁，是对残疾儿童少年认识的极大进步。但是无论是"异质人"还是"同质人"的认识论，都无法很好地解决残疾儿童少年存在与发展的问题，体现在教育上就是无法找到合适的残疾儿童少年教育路径。以科学（医学）主义为基础的"异质人"认识论，扩大了人的差异，通过远不同于健全

人的价值观和方法论组织残疾群体的社会活动,如采取不同于健全人的隔离的特殊教育学校教育,等等。这无疑异化了残疾儿童少年之为人的类存在本质,非但影响了他们应享有的人的平等权利,而且还造成了他们更多的"残疾缺陷"——心理障碍、人格亏损、社会适应障碍,等等。[5] 以人本主义为基础的"同质人"认识论,如全纳教育,一方面以"差异是正常的"、"每个人都是差异的"的认识视角,将人的差异无限张扬,差异不但正常而且所有有特殊教育需要的人都应得到相应的特殊需要教育。这种深切关怀的教育视野迅速覆盖于整个教育领域,不但从价值上暗示了"教育本来就是特殊需要教育"的应然,还从理论上彻底消解了特殊教育特别是特殊学校教育的存在。另一方面,虽然突出了对残疾儿童少年的关怀,强调了生命意义和人的本质共性,但其简单地将差异视为正常存而不论,悬置了残疾儿童少年与健全人差异的客观存在,忽视了他们生理、心理及认知等方面稳定的明显不同的身心特征,无疑否认了残疾儿童少年差异存在这一客观实在。否定了客观事实就否定了基于实证、经验基础上的科学理性的存在。这一致命缺陷,从逻辑上注定了全纳教育在我国很长历史时期内只能是后现代主义的激情和义愤,是带有浓厚主观臆想色彩的"乌托邦"。它要么仅仅是遥望的"彼岸",要么在实践的无奈中逐渐被虚无化而消遁。

马克思、恩格斯认为,要真正认识人的本质,必须从社会实践和社会关系上去认识人。马克思、恩格斯创立并运用辩证唯物主义和历史唯物主义的科学世界观和方法论,提出了人的本质的理论,把人看做是一定社会条件的现实人,是一切社会关系的总和。马克思指出,"人的本质是人的真正的社会联系"[6]。这为我们开启了探寻残疾儿童少年存在本真与教育的旅途。

站在马克思主义人学视野,残疾儿童少年的存在既是一个事实命题,也是一个价值命题;既是一个现实的实体命题,又是一个发展的关系命题。既要看到残疾人客观实在的差异,又不能否定他们之为人的类本质;既要看到他们的差异对存在的制约性,又要看到他们在社会实践中实现自身潜在价值,超越差异制约的可能性。他们应是人的类存在意义上的同质人和群体存在意义上的差异人的统一。

人分为个体存在、群体存在和类存在。作为个体存在的每个人都具有自身的独特性、唯一性、不可重复性和不可取代性。人作为个体存在,同时又存在着与其他个体之间的共性,这种共性又从范围上将人分为群体存在和类存在。人作为群体存在可以包括一个家庭或家族、一个单位、一个社区、一个团体、一个组织、一个党派、一个社会、一个国家等。人在社会群体中从事各种劳动、承担各种角色与职能,受特定的社会关系制约和规定。人作为类存在指的是在类内的最大共性,任何人作为"人"类的一员,不论其社会地位、身份、职业、民族、国籍和肤色多么不同,都具有同等的作为"人"的内涵。

可见，残疾儿童少年并不是单个层面的存在。首先，残疾儿童少年作为类存在是群体存在和个体存在的反映，即通过一定的社团组织、单位、家庭等社会群体存在和个人不同于他人的能动的独特存在得以体现。如，他们立足群体存在和能动的个体存在，获得教育、社会福利和保障、社会实践以及劳动技能等最大化的社会组织层面的意义，满足自身需要和实现自身价值。马克思指出，"人的本质……实际上，它是一切社会关系的总和"[7]。如果失去群体或个体存在，类存在也就失去了可能。同时，他们作为人的类存在是其群体存在和个体存在的本质和前提性条件，残疾儿童少年借此获得人的意义和尊严，特殊教育也借此获得之于人的教育意义与性质。失去他们之为人的类存在，对残疾儿童少年的认识可能会回到"罪孽"、"报应"、"魔鬼"等非人化的认识观，人权、平等、尊严、教育等无从谈起。其次，其群体存在和个体存在是其类存在的基础和依据。他们作为群体存在是指由于其具有在生理或心理上的某些共性，譬如在智力、认知方式、身体体能和器官机能等方面存有稳定相同性或相似性，而与其他健全人相比具有一定范围、一定程度、一定视角上的稳定差异性或不相似性。残疾儿童少年的群体存在也蕴含着人类存在的相同本质。一是在自然存在的人"身"上，具有人"身"的本质和特性，具有人的需要和身心成长规律，且同样是独特的、不可重复的。生物科学研究已反复证明了这一点，"人的机体是一个完整的统一体……部分器官组织功能的损伤，将由其他组织的功能重新组合而补偿"[8]。残疾人自然存在的生命体器官缺损或资质、能力的不足，并没有改变其以生命形态自然存在的人"身"本真。也就是说残疾人自然存在的基础和根本没有变化，仍然具有作为生物学意义上的人所具有的形态、肉体结构、神经系统和脑等物质实体和生理属性。二是在社会存在的属性、价值意义上，他们作为人的差异性与同一性的统一，他们的差异性与同一性都具有显现于社会的内在合理性。任何把他们区别于人、疏离于人的观点和做法，都是对他们人的生存权的歧视、抑制或剥夺，是对他们做人资格的否定。这意味着，残疾儿童少年的类存在与健全人的类存在并没有本质的不同，都体现了"一个种的全部特性、种的类特性……自由的自觉的活动"[9]。

### 三、自然存在的特殊性与普遍性的矛盾运动：残疾儿童少年发展独具的内在动力

人的自然属性是指人与生俱来的生理和心理的要素、结构和功能，包括生理结构、生理机能和生理需要等。残疾儿童少年自然属性中存有生命体器官缺损或资质、能力的不足等差异。这主要是生物遗传性获得和环境因素的后天性获得。从群体存在意义上看，残疾儿童少年的特殊性主要是指自然存在的这些差异性。这是残疾儿童少年与健全人相比最显明、最稳定、最基本的差异。社会属性是人以

"自由的自觉的活动"而有别于动物的本质特征,它"是一切社会关系的总和"。这决定了残疾儿童少年的社会属性的差异,如态度、情感、价值观、素质、能力、社会行为等的不同,尽管受其自然存在差异的影响,但不是他们自然存在差异的必然结果;而是在社会实践、社会关系中,由社会分工及其活动、劳动(如隔离制特殊学校教育等)造成的,是社会实践的产物。同时,由于社会属性的差异是能动的、易变的、不稳定的,且不是残疾儿童少年独具的、稳定的差异,而是人类普遍共存的差异,因此,残疾儿童少年作为群体存在的特殊性或差异性不宜也不应标注为社会属性的差异。

残疾儿童少年在自然存在方面的特殊性与其作为人之本质的普遍性,是一个不可回避的矛盾对立的统一体。第一,他们自然存在的差异是在人的共同的身心结构、生命特征等这一普遍性的基础上变化或缺损而成的特殊性,失去了人"身"存在之普遍性这一基础,也就没有特殊性存在的本体,更重要的是从人"身"普遍性上抹杀了残疾儿童少年作为人的类存在。第二,差异这一特殊性是残疾儿童少年生理或心理的客观事实,失去了差异这一特殊性,也就否定了残疾儿童少年的事实存在,使得特殊教育等有关残疾人的社会组织与活动失去存在的合理依据。同时这些活动也是以他们之为人的普遍性为基础的,如果失去普遍存在的自然属性,就会使得特殊教育等有关残疾人的社会组织与活动无法以人为主体开展,并达成以人为主体的目的,特别是特殊教育将失去影响和作用于人的物质基础,失去作为教育内涵的本体存在。

但正是这一矛盾运动的存在,构成了残疾儿童少年存在与发展的基础和动力。残疾儿童少年自然存在的生命体器官缺损或资质、能力的不足,无疑会影响其生命正常活动,甚至影响潜在生命价值实现,制约其社会属性,成为他们的"门槛性障碍"。但正是出于对超越"门槛性障碍"这一特殊性的渴望,才使得残疾儿童少年产生提升自己存在品质、能力的内在驱动力。按照马斯洛提出的需要层次理论,人的需要是由低到高逐层级满足的,构成了人的行为的驱动力。残疾儿童少年的需要主要是生存需要与自我实现的发展性需要。他们基于社会歧视观念和自身超越缺陷障碍等原因,对自然存在的缺陷生来具有一定程度的厌恶感。以视觉障碍儿童为例,这种厌恶表现出两种不同的倾向性。[10]一是以残为荣,过度自尊,认为缺陷残疾使自己远不同于健全人,应当得到照顾;同时,忌讳自己的缺陷,时时掩饰残疾存在,厌恶他人过度关注残疾本身。表现在具体行为上,喜欢戴墨镜,厌恶并磨掉校服上"盲校"字样,吹嘘与"大人物"交往,在课桌上炫摆《资本论》等高深著作,等等。二是以残为悲,过度自卑,认为缺陷残疾失去了自己做人的尊严,事事消沉,卑言畏缩,不善或回避与健全人交往,缺少自信和理想。表现在具体行为上还有自残甚至自杀的倾向。这两种截然不同的倾向,实质上内含着一个共同的本质,即对残疾缺陷的厌恶。根据马斯洛的需要层次理论,特殊儿童对残疾缺陷的厌恶感,实质上是对安全需要满足的焦虑和对归属与爱的需要、尊重需要的向往。面对主流社会健全人群体,特殊儿童被自觉或不自觉地化为一个不同的弱势群体,且封闭隔离制的教育、社团活动等社会组织形态,以自觉的人为社会分类的方式强化或默认支持了这一群体的特殊存在。残疾儿童少年对残疾缺陷的厌恶感,反映出残疾儿童少年期望获得平等的"社会身份"的愿望。这从另一个意义上说明,残疾儿童少年也生来具有趋向完美、谋求自身充分发展的基本动机。他们对发展性需要的渴望,虽然可能窘迫于现实生存困境,有过短时间的中断,但从没有丧失。由此可见,残疾儿童少年自然存在的特殊性与普遍性的矛盾运动构成着他们存在与发展独具的内在动力之一。

**四、促进残疾儿童少年超越有限障碍和敞开无限发展可能:特殊教育独具的人性光辉**

特殊教育是满足残疾儿童少年发展需要、促进其实现发展的最为本质的力量和最为可靠的强大资源。残疾儿童少年的存在与发展,必然要求特殊教育担起这一使命。特殊教育必须将促进残疾儿童少年的潜在价值实现作为无条件的、不需要预设任何前提的价值观,坚持残疾儿童少年是类的同质人和群体的差异人的统一的认识论,注重残疾儿童少年自我实现的方法论,促进残疾儿童少年发展。

特殊教育是促进残疾儿童少年超越自然存在的障碍(缺陷)的教育。当前,随着基因医疗等生物科技和其他自然科技的进步,残疾儿童少年对科技的依赖日益增强,即通过科技解决缺陷补偿,提供其生存发展的"器具"凭借问题。但科技不是万能的,仍不能很好地解决其缺陷补偿问题,更不能解决其知识、能力体系建构和良好的情感、态度、价值观等人格发展问题。残疾儿童少年依靠教育满足其身心健康成长的精神层面的需求,实现潜在价值,减少自身自然存在对发展的制约,是必不可少的。然而残疾人生命体器官缺损或资质、能力的不足这一特殊的"非正常状态",使得面向人的普遍特点的教育在他们身上不适应。教育与残疾儿童少年的差异有着先天的隔阂和距离。由此使得残疾儿童少年生命体器官缺损或资质、能力的不足这一特殊性与教育成为矛盾体。这是残疾儿童少年自然存在的特殊性与普遍性的矛盾运动的产物。但正是这对矛盾体的对立统一运动,带来了教育不断自我调整、自我改造,能动地适应和改变着残疾儿童少年的特殊性,而对特殊性的适应、改造又不断丰富、提升和推动着教育的进步,成为特殊教育存在与发展的又一动力。看来,正是基于残疾儿童少年的这一"门槛性障碍"及其系列矛盾运动,才彰显出特殊教育的独特本质,即把残疾儿童少年从受制于和被动适应自然存在的缺陷,提升到超越自然存在的缺陷之上,使外在世界和自身内在的各种发展的可能性向残疾儿童少年本身无限敞开,使其能自由地把握世界和自己。在这里,对缺陷不是悬置或回避,而是在充分承认尊重并适应和改造缺陷的基础上,经个体努力,摧毁缺陷对成长发展的制约而达成的"自由状态"或"新自我"。

特殊教育是指满足残疾儿童少年发展性需要的教育。从根本上看,教育本身应是以知识经验传递和人格培育为主的精神性的实践活动,满足残疾儿童少年成长的发展性的精神渴望,是其本应使命,也是其作为教育事业存在的真谛之所在。残疾儿童少年较其他健全人在发展需要上面临的危机和困境远远大于生存需要。我国在很长的历史时期中,由于经济落后贫困等原因,长期关注对残疾儿童少年的生存需要的满足,从解决温饱问题出发,强调残疾儿童少年的生存权,注重从解决物质层面的生存入手保障残疾儿童少年的教育,忽视发展需要及其价值。在教育目标上,强调劳动技能的获得,注重"掌握一定的日常生活、劳动、生产的知识和技能;初步掌握补偿自身缺陷的基本方法,身心缺陷得到一定程度的康复"(《特殊教育学校暂行规程》第五条);在教育内容上,"特别重视劳动教育、劳动技术教育和职业教育"(《特殊教育学校暂行规程》第二十七条)。康复训练、生活技能和劳动技能训练、职业教育等占据特殊教育学校课程的"大半壁江山"。同时,特殊教育学校实践中采取培训班、速成班等急功近利的方式强化职业技能,甚至存在学生小学尚未毕业就匆匆接受中等职业教育的现象。生存需要的关注固然不可缺,但它毕竟是人成长的低级需要,且是特定历史条件下的无奈。对残疾儿童少年发展需要的满足和自我实现内驱力的激发培育是指向他们未来可能生活必不可少的最为重要的因素。缺少残疾儿童少年发展需要的潜在价值的关怀与开发,使得特殊教育缺乏指向残疾儿童少年可能生活的超越精神、引领功能,非但造成残疾儿童少年超越性精神的不足,还使得特殊教育自身几乎等同于残疾儿童少年生存教育,旨在促进残疾儿童少年发展的教育属性极为匮乏。特殊教育面向残疾儿童少年可能生活,就是指满足他们实现潜在价值的需要。潜在价值,即主体所具有的潜能之于自己、他人和社会的价值。一般说来,其主要表现在个人价值和社会价值两个方面。其中个人价值是当前社会对残疾儿童少年也是其自身最大的期望。主要包括:增强主体能力,丰富提升改造世界的理性能力;提高平等参与社会、公平享有和创造社会文明的机会,增强他们社会存在的尊严;提高改造自我特别是超越个体生理、心理缺陷等自然存在方面的差异的能力,逐渐摆脱缺陷对他们社会存在的制约、支配和奴役,获得主体进一步独立和解放;增强占有知识、财富的能力,在自理、自立的劳动中,改善个体生存境遇,创造社会财富,服务社会发展。

特殊教育是基于正确理解、尊重和运用残疾儿童少年差异的教育。残疾儿童少年是类的同质人和群体的差异人的统一。教育不但要坚持他们身心成长规律在人的类存在上的一致性,还要坚持他们身心特点在群体存在上的差异性。教育不但要面向他们生命体器官缺损或资质、能力的不足等自然存在的差异,还要面向他们社会存在的差异。残疾儿童少年社会差异,从文化层面看,有价值观念的不同、进步与落后的差别;从历史角度看,有社会心理、行为的成熟和未成熟之分;从素质结构来看,有知识层次、能力水平的高低和结构差异之别;从人格方面看,有道德高尚和卑劣的不同、人性优劣之分;从社会生活来看,有社会地位、职位的高低,等等。更为重要的差异体现在超越自我的自为性的差异,即对理想的追求,对自由发展的向往,对潜在价值的"新自我"的实现。正确理解、尊重和运用残疾儿童少年的这些差异,始终是特殊教育变革需要紧紧把握的一个主题。正确理解残疾儿童少年的差异,就是既要坚持残疾儿童少年群体存在的差异为客观事实的科学理性态度,又要坚持残疾儿童少年类存在的共性是主体的人、目的的人、自由的人的人本精神,实现二者的统一。尊重运用残疾儿童少年的差异,就是把人类社会作为一个差异普遍存在的社会,并把残疾儿童少年差异的多样性作为促进他们之间、与健全人之间、与教师之间等进行合作、创造的重要源泉。特别是把促进他们超越自我、实现潜在价值与"新自我"作为教育的新视野、新命题。无论是制度安排、课程设置,还是教学方式和活动设计等,都体现和顺应这一特点。当前,全纳教育提出尊重人的差异和尊严,维护所有人的人权,正是尊重残疾儿童少年差异的一个进步表现。然而,正如前面分析指出的那样,全纳教育完全以人文的态度、方法,遮蔽和代替基于客观事实的科学理性,忽视残疾儿童少年差异的事实存在,就令人遗憾。

　　特殊教育是面向残疾儿童少年生活世界的开放的教育。其实这是基于正确理解、尊重和运用残疾儿童少年差异教育的必然结果。差异无论表现在自然存在还是社会存在上,根本上是人的生活世界的不同。这些差异构成了残疾儿童少年丰富多彩的生活世界。生活世界本身是人的世界、意义的世界、主体际交往的世界。面向生活世界的教育,就是要立足残疾儿童少年生活意义本身,将学习与残疾儿童少年的生活世界和社会现实有机融合起来、协调起来。通过师生及生生间彼此主体间性的教育,使学习成为一种生活方式,即在生活中学习,在学习中生活。同时,由于残疾儿童少年生理或心理缺陷的制约,其实践活动范围、性质表现出与之相宜的一致性,具有一定的局限。特殊教育按照生活的逻辑,就蕴含着其必须是面向残疾儿童少年生活世界而开放的大教育。无论在制度安排和政策设计上,还是在课程、教学、手段等教育要素方面,都必须是能促进和保障教育超越单面的、线性的既成知识体系的简单组合,而面向广阔的社会巨系统。一方面在制度安排和政策设计上构建宽松的环境空间,消除歧视和压制残疾儿童少年自我自由发展的不利因素,淡化规章制度、纪律等在管理中的决定性地位和作用,重视管理过程中对人格的尊重,通过满足残疾儿童少年的精神需求保持他们积极的心态。同时充分运用自我实现需要对人格发展的驱动力,引导他们从注重自我价值需要向注重自我与他人、社会价值需要的转变,实现自我价值与道德同步增长。另一方面,要特别注重充分利用社区各种文化基地、普通教育学校及其他社会实践活动,为舒展残疾儿童少年主体能力提供广阔空间。"实践活动是价值关系形成、发展的现实基础,是价值的源泉"[11],也是人的潜在价值向现实价值转化的根本基础。任何孤立或疏离于主流社会之外的特殊教育,注定是压抑和剥夺残疾儿童少年本质存在的"恶势力"。

**参考文献:**

[1][2] 张福娟,等.特殊教育史[M].上海:华东师范大学出版社,2000:3—5,25—28.

[3][8] 顾定倩.特殊教育导论[M].大连:辽宁师范大学出版社,2005:88,97.

[4] 转引自:俞吾金.形而上学发展史上的三次翻转——海德格尔形而上学之思的启迪[J].中国社会科学,2009(6):5.

[5] 张茂聪,王培峰.现代特殊教育之素质教育观[J].现代特殊教育,2002(11):15.

[6][9] 马克思恩格斯全集(第42卷)[M].北京:人民出版社,1979:24,96.

[7] 马克思恩格斯全集(第3卷)[M].北京:人民出版社,1960:5.

[10] 王培峰.试谈少年期盲生的个性心理特点[J].山东特教,1994(3):21.

[11] 陈志尚.人学原理[M].北京:北京出版社,2005:412.

(原文发表于《教育学报》2010年第6期)

# 略论基于"特殊需要"的特殊儿童观

盛永进

特殊儿童观是人们对特殊儿童的总的看法和基本观点。特殊儿童是人类群体中的一部分,所以说,特殊儿童观问题实质也是一种关于人的观念的问题。与人类对自身的认识相伴随,人类对特殊儿童的认识也经历了一个长期的演进过程。在历史发展的不同时期,受当时社会思想、文化、科学的发展和人类自我意识发展水平的制约,人们表现出对特殊儿童的不同认识水平,即不同的特殊儿童观。

在远古时代,由于生产力水平低下和科学的蒙昧,有残疾的儿童往往被视为"无用之人",或是"魔怪"、"恶毒精神"的化身,而超常儿童则视为神灵下凡的超然之"物"。随着宗教的产生,"慈悲为怀"成为宗教怜悯、同情有残疾特殊儿童的主流意识,残疾儿童成为受照顾的对象。近现代以来,科学的发展,尤其是医学的进步,为人类认识"残疾"、"超常"等提供了坚实的生理学、心理学基础。但是,由于"现代性"的唯理性和工具性,在医学—心理学模式的视野中,把个体看成有"缺陷"的人,赋予了特殊儿童许多消极的标签意义,使他们受到社会排斥、歧视。在当代,根植于人文精神的"特殊需要"观,从社会学、生态学的视角,以人的生命存在为基点,把特殊儿童看成是生命发展过程中有特殊需要的群体,从而确立了面向未来并体现时代精神的特殊儿童观。

从特殊儿童观的演变,我们可以透视出一个时代、一种文化对具有特殊需要个体的地位和价值的基本看法。可以说,特殊儿童观是人类自我意识中的重要内容,是人类自我意识发展成熟的表现。正确理解基于特殊需要的当代特殊儿童观,是我们面对特殊需要生命个体、认识特殊需要生命个体本质的过程,也是我们进行特殊教育的思想基础。基于特殊需要的特殊儿童观可以简要地归纳为以下几个方面。

## 一、特殊儿童首先是基于生命存在的人

特殊儿童首先是儿童,是有生命的人。基于人的生命存在,特殊儿童有着人的

生命价值、意义和尊严，享有作为人的一切权利。这应是建构科学的特殊儿童观的基点。作为人的存在，具有绝对性的价值，它是一切价值（当然也包括特殊教育的价值）的基础、依据和目标。在这个意义上，特殊儿童（尤其是残疾儿童）作为人的存在，其生命发展权是任何人、任何理由都不能剥夺的。长期以来，对特殊儿童发展的偏见以及消极的教育期望是普遍的，也是国际性的。特殊儿童往往被视为没有独立性、主体性的存在，他们在社会上处于弱势、从属和依附地位，被当做家庭和社会的负担，受到许多歧视，甚至被剥夺生命。整个社会，忽视特殊儿童的教育权、发展权的现象屡见不鲜。即使在今天，我们给予他们教育，许多人也只是从慈善、怜悯的角度来看待认识，没有把他们看做有独立价值存在的生命体。所以，强调特殊儿童是有着生命的人，意味着强调特殊儿童同样是社会未来的主人，有着独立的人格，并依法享有个人的社会权利。

作为特殊教育工作者，我们不仅要意识到"作为特殊儿童的学生"，而且要意识到他们是"作为人的学生"。这就是说"特殊儿童"和"我们"同样既享有人类的尊严，又遭遇着"人作为人的存在"的问题。因此，教育特殊儿童和教育其他儿童一样，不仅要帮助他们提高生存的能力，而且要帮助他们提高存在的智慧；不能仅以功利的眼光看待特殊教育的对象，看待特殊教育活动本身，还应该以存在的眼光来打量我们的教育对象。

## 二、特殊儿童是人的生命的独特性存在

生命存在的独特性是人作为人的存在的重要特征之一。正如世界上没有两片完全相同的树叶，世界上也没有完全相同的两个人，即便是孪生兄弟，相同的基因遗传也会因后天生活环境、实践活动以及教育的不同，而出现不同的发展，形成各自独特的生命体。特殊儿童身心差异体现出的显著特征，集中地体现了人基于生命存在的这种独特性。无论是"超常"还是"低常"，都决定于人的生命系统特征。

因为人的生命属于生物体，作为生命的自然存在，人具有生物属性。生物学上的生命是一个系统，这个系统由不同的组织器官所构成，它们以各种方式相互联系、互相结合，聚合在一起，发挥着整体的功能。生命系统在其自身的生长、代谢和对外环境的开放的相互作用中，是互动可变的。任何与生命相关的活动因素都会造成生命个体的独特性，表现出与众不同的"异常"性。如因基因、环境、活动等原因都会造成人的生命常态的改变，产生缺陷和障碍。因此，对生命系统特征的认识，就是对人的身心差异的特殊性作为人的自然生命存在的认识。生命系统决定了物种的多样性、差异的普遍性、生命的变异性。这也就决定了人的身心差异的必然性。从这个意义上，人的身心差异的特殊性，无论是"超常"还是"低常"，其产生与存在都是绝对的、不可避免的，是不以人的意志为转移的。

### 三、特殊儿童的特殊性是人的未完成性的特殊表现

从哲学人类学的角度看,人类在漫长的生命进化过程中,形成了遗传结构上的未特定化特征,即人的未完成性。这是人和其他生物的主要不同点。人的未完成性"包含着某种不完美性"[1],这意味着"人永远不会变成一个成人,他的生存是一个无止境的完善过程和学习过程"[2]。以此来看特殊儿童的"特殊",其同样是一种特殊的未完成性或"不完美性"。或者说,在人的未完成性意义上,我们可以得出这样的结论:人的未完成性既是先天既定的,又是后天在生命发展过程中展现的,而障碍是人的未完成性以"低常"的特殊形式表现;"天才"则是人的未完成性以"超常"特殊的形式表现。两者均是人的未特定化决定的,反映了人的未完成性。一句话,特殊儿童个体差异具有的显著特征是人的未完成性的特殊表现。

正是这种未完成性,赋予人以巨大的潜能和无限发展的可能性,也因此使特殊儿童具有接受教育的必要性和可能性。可以说,在人的未完成性意义上,特殊教育是最典型的不断挖掘生命潜能、追求生命完善发展的教育。因此,对特殊儿童发展可能性的充分信心,以及对特殊儿童实现发展过程中重要条件的高度重视,特别是对特殊教育在其发展中的价值的清醒认识,是每个特殊教育教师必须具备的教育信念。

### 四、"残疾"是人的生命面临的"存在问题"

作为人的存在必须面临生存、发展和死亡等问题。这些问题在不同人的不同阶段都会以不同的形式表现出来,哲学上把它称为人的"存在问题"。这里所说的"存在问题"区别于"生存问题","生存问题"一般只涉及人的具体存在方式,而"存在问题"是人生的根本问题,关系到存在本身的意义、价值和根据。对存在问题的触及和思考,会更有益于人对生存问题的认识和解决。[3]

残疾、障碍也是人的"存在问题"的特殊表现形式,是人类必须共同面临的"存在问题"。人与动物不同,作为人的社会存在,人的生命既是个体的存在又是群体的存在,人的身心差异的特殊性还表现为它的社会学意义。一般而言,大多数人对于超常儿童往往抱着羡慕、赞赏的积极态度,但对残疾儿童则多半会怀有歧视、排斥的思想意识。如果我们从人的存在意义上,从社会学的角度、哲学的深度去分析残疾现象,就会有更深刻的理性认识。残疾作为一种消极的身心差异而存在,不仅阻碍了个体身心的顺利发展,同时也是人类群体生命存在发展中必须面对的问题。从残疾发生的角度看,残疾现象的发生对于个体而言,是随机的,具有偶然性,但对于整个人类社会群体则是一种必然,是无可逃避的,即使某个个体在当下是健康的,也并不能保证未来或后代不会发生残疾。从残疾与健康的关系分析,残疾与健康既对立又统一,各以自己对立面的存在而相互影响着。这就意味着,在人类社会

的生存和发展过程中,个体的残疾与群体的健康构成了人类生命发展相互作用影响的"共同体"。换句话说,没有个体残疾所做出的牺牲,就没有群体的健康发展。古往今来,人类得以战胜种种疾病困苦、维持并促进生命的发展,正是基于对残疾问题存在的不断研究和残疾个体的痛苦和牺牲。因此对包括残疾在内的特殊儿童进行教育的问题,既是人类社会生存发展的过程中所不可回避的事实,也是人类社会必须共同面对并且需要克服的问题。因此,对特殊儿童,我们施以教育,不仅仅是一种慈善的道德义务,也不仅仅是因为他们的需要,而是包括他们在内的"我们"人类生命存在发展的共同需要和责任。

### 五、特殊儿童是有特殊教育需要的儿童

特殊儿童个体差异的特殊性决定了除了一般的教育需要以外,还有着特殊的教育需要。正如柯克等所言,"教育学中的'特殊儿童'术语的应用不同于生物学、心理学以及其他学科和专业的情况。如果儿童发展偏常的性质和程度到了这样的情况,为使其取得最大限度的发展而需要绝大多数儿童所不需要的教育措施,那么,从教育上说,这样的儿童就是特殊儿童"[4]。如果我们把这种特殊的"教育措施"抽象为"特殊教育需要"的概念,那么,特殊儿童是基于个体差异的显著特征,为了获得最大限度的发展,在学习上有着特殊需要的学生。而特殊教育需要则是人基于个体生命差异的独特性,对其生命存在、延续和发展的特殊条件的一种欠缺状态及其反映。基于人的特殊需要出发,教育是人的生命存在与发展的需要,教育的需要体现在每一个生命发展的进程中。人与人之间的差异是客观存在的,个体差异决定了人的教育需要的差异性,因差异不同而教育需要亦不同。因此差异不是人与人之间高低贵贱的分野,恰恰是人的不同个性发展需要的表现。因而,充分认识特殊儿童特殊教育需要存在的事实和价值,积极创造条件满足他们的特殊教育需要,尽可能地发挥他们的潜能,是特殊教育工作者应努力追求的目标。

教育总是以一定的学生观为前提的。由于特殊儿童是学习者,是教育过程中的重要因素,是教育目标指向结果的反应者。因此,对特殊儿童的看法、态度的不同,会导致对构成教育过程中的其他要素的认识上的差异,会导致不同的教育目标、教育策略、教育行为。可以说,有什么样的特殊儿童观,必然会产生什么样的特殊教育观。因此,树立正确的特殊儿童观是我们做好特殊教育工作的前提。特殊儿童个体差异具有不同于一般的显著性特征,如果忽视他们特殊的身心活动条件和发展需要那是错误的,但是看不到"特殊儿童"与"普通学生"之间作为人而存在的共同性,那也是不对的。作为人的生命存在,他们与"普通儿童"是没有差别的。特殊儿童首先是儿童,是有着生命的人,本应享有作为人的一切权利。理解特殊儿童"作为人的生命存在"是深入理解他们"作为特殊儿童存在"的一个思想前提,更

是我们开展特殊教育活动的前提。

**参考文献：**

[1] [德]米夏埃尔·兰德曼.哲学人类学[M].张乐天,译.上海:上海译文出版社,1988:202.

[2] 联合国教科文组织.学会生存[M].华东师范大学比较研究所,译.北京:教育科学出版社,1996:196.

[3] 石中英.教育哲学导论[M].北京:北京师范大学出版社,2004:87.

[4] [美]柯克,加拉赫.特殊儿童心理与教育[M].汤胜钦,银春铭,等编译.天津:天津教育出版社,1998:2—3.

（原文发表于《现代特殊教育》2009年第5期）

# 特殊教育价值认识的反思与重建

王培峰

特殊教育价值是特殊教育理论和实践建构的前提,而关于特殊教育价值的研究通常被浅薄地认为"没有必要",以至于失去了对价值认识的批判和反思。当前,我们大多注重于特殊教育的事实研究,以求真的眼光看待特殊教育,然而对于"为什么需要特殊教育"、"特殊儿童值得教育吗"、"特殊教育有什么用"等一系列根本性问题,是无法用实证的逻辑思维来回答的。因此,这还需要用价值认识的思维来看待和解答特殊教育的有关问题。

## 一、特殊教育价值认识的批判

### (一)特殊教育本体认识不清带来特殊教育根本价值和外在价值的错位

特殊教育价值认识离不开特殊教育本体的基础。价值论与本体论是以应然与实然的纽带相联系的,本体论的事实为价值论的"应该"奠定了一定的本体依据,尽管价值论并不是本体论的逻辑必然,本体事实的价值反映的也不是价值的全部,但没有本体论价值论就可能处于无根状态,成为随意言说的"空中楼阁"。当前,特殊教育价值论认识论的重大缺陷是,对特殊教育本体论的认识不清,使得特殊教育价值成为任意附加的东西,甚至本末倒置,以外在的非本体价值遮蔽了根本的内在价值。例如,许多学者直接演绎了普通教育的价值,给特殊教育冠以政治、经济、文化等价值意蕴。其实,这种价值认识思维实质上就是由于失去对特殊教育本体论范畴的界定,出让和置换了特殊教育作为培养特殊儿童的教育活动本体之真,而暗含着对"特殊教育是社会政治、经济、文化活动"的体认。这显然遗忘了特殊教育的本体存在特性。特殊教育本体的教育属性规定了特殊教育是一项教育活动,特殊儿童是教育的价值原点,也是特殊教育的逻辑前提,是特殊教育内在的根本价值核心。至于经济、政治、文化等价值充其量仅仅是特殊教育的外在价值或溢出价值,或者说是特殊教育的间接价值。任何追求特殊教育政治、经济、文化等价值的教育行为,都是对特殊教育舍本逐末的倒置,是对特殊教育价值的"正确"误读;且对外在价值的追求,可能使得特殊教育价值无限扩张,无法确定,在遮蔽其本质内涵的同时,消解特殊教育自身的存在。事实上,特殊教育从没有按照这个价值理论模型去追求这些价值而成为政治、经济、文化活动。上述这些荒唐的观点之所以长期占据着特殊教育的重要地位,还跟时代的需要特别是普通教育背景下的演绎有着直接的关系,同时也反映了特殊教育研究者有意或无意的"多数者暴政"。

(二)特殊教育工具替代特殊教育价值的悖谬

许多特殊教育实践者完全遗忘了特殊教育之善的价值理想,直接从特殊教育"是"的事实命题,以演绎的逻辑方式,确立"应是"的价值命题。例如,从医学对特殊儿童身心康复的工具作用出发,认为医教结合是特殊教育的理想形态,就是把特殊教育价值等同于有价值的特殊教育,以特殊教育工具存在的功用、益处等客体属性作为解释特殊教育价值的根由。在这里,"是"向"应是"的跃升,带来"休谟问题的谬误",[1]即由于价值之善的问题与事实之真的问题分属不同的领域,尽管特殊教育的"真"和"善"有逻辑关联,"真"有转化成"善"的可能,但从本体"是什么"之"真"逻辑规则中并不必然推导出"应是"之"善"的价值问题;且特殊教育的价值在特殊教育本体之"真"的"善"之外,还存在着一个属于自己的不受特殊教育本体之"真"制约的自由领域,这个自由领域以主体意志的纯粹的超验的"善",在"头顶上"改造和引领着特殊教育价值。也就说,特殊教育价值存在着本体的"真"之善与主体意志的纯粹善。自然特殊教育价值不等于特殊教育工具本身,特殊教育作为工具本身的事实,有善的,也可能有恶的。例如,尽管特殊教育有着政治、经济、文化等益处,也有着医疗康复等有益的工具存在,但结果并不必然都是善的,因为缺少价值理性的关照,则可能带来"恶之花"。现实中,医学鉴定的分类、教育活动的产业化等,一旦缺少特殊教育纯粹善的价值审视,就会导致社会排斥和歧视以及特殊教育经济化、非公益品化。这说明,不能从事实认识出发来解决特殊教育价值问题,特殊教育价值的应然形态,不可能用事实来规定。特殊教育价值研究作为求善的研究,与作为求真的特殊教育事实研究不同,它只能通过价值哲学的命题来揭示。

(三)特殊教育人道价值遮蔽特殊教育与特殊儿童的具体存在价值

有的学者几乎抛弃了特殊教育本体论的存在,仅仅以人道之善的价值理想言说特殊教育价值,把特殊教育价值作为纯粹的超验的人道之"善"的存在,完全悬置于特殊教育自身之上。如葛新斌等人就强调把人道价值确立为特殊教育"唯一的价值标准"、"根本性和最优先的价值尺度"。[2]这显然抽空了特殊教育及特殊儿童的具体存在,忽略了特殊教育与特殊儿童具体价值的空间和地位,使得特殊教育本身在实践中被降低为人道主义的"形象事业"、"面子事业",教育的品性被掏空,丧失了教育的"地平线",导致许多特殊教育学校和随班就读学校普遍存在教学质量严重低下等问题。这不但有违"存在先于本质"的人本主义关怀,而且极易使特殊儿童和特殊教育迷失在空泛的美丽"赞歌"中失去自我存在,或规约在一个既定的"花瓶"中失去能动的自为存在,对揭示特殊教育与特殊儿童的存在意义、具体创造价值毫无意义。

## 二、马克思主义实践观对特殊教育价值认识的启示

### (一)价值来自实践

马克思站在唯物主义立场,把实践作为人及其世界存在的基础,打通了主体与客体的壁垒,成为认识论的重要视野。他从现实的具体的人出发,用实践唯物主义理解人的存在,把实践作为人的类存在特性;且以实践对理论的唯物主义态度,改变了理论对实践具有的绝对的优越性。马克思的实践观突破了唯心主义哲学的"意识内在性"(吴晓明),突破了对"我思"之外的东西不能确证的困境,以人的感性实践的对象性活动代替了意识优先性基础上的抽象关系,确立了实践作为人类存在与发展的根本方式和途径。[3]在马克思看来,人是在实践过程中实现自我发展的,实践才是构成人的生命之根、立命之本,是人的根本存在方式和生存本体。同时,人借由实践改造自然、创造社会,构成了整个人类世界存在的本体。这样,无论人的存在还是属人世界的一切活动的存在,其存在的本体可能及其价值无不是实践的存在。也就说,正是借着实践,才确立了人及其活动的存在价值源泉。马克思指出,"人的思维是否具有客观真理性,这不是一个理论的问题,而是一个实践的问题。人应该在实践中证明自己思维的真理性,及自己思维的现实性和力量,自己思维的此岸性"[4]。由此,我们可以厘定人类活动的价值来自实践的基本认识视野。同时,凭借实践作为对象性活动的类存在特性,也使得我们对价值论认识论避开主客体二分的局限,将主体与客体统一起来。主客之间不再是彼此的工具,而是互为目的,即人的创造价值不再仅仅是人的工具性价值也是人的目的性价值,是人的本质存在。凭着实践,人把自身的目的和价值体现在对象之中,因为人在实践中创造了对象世界,并从对象世界中直观到自己的本质力量。对象世界既是"他者"的,也是"我的",既是"他者"的本质,也体现了"我"的价值。也就是说,实践既把"我"的价值外化于"他者",也把"他者"的本质内化于"我"中,实现了两者统一。这样,价值就统一在主体实践之中,实践成了价值的源泉。

### (二)特殊教育价值蕴涵在培养特殊儿童的实践活动中

从马克思实践观出发,特殊教育价值来自于特殊教育实践。它尽管不同于物质生产的感性活动,但仍是一种以师生、生生以及师生与知识和世界为主的、以认

识和人格的交往为主的对象性活动。(特殊教育实践包括特殊教育中教师、特殊儿童以及其他相关者等各主体的实践,其中,特殊儿童作为特殊教育中学习实践的主体和价值旨归,成为主要的实践主体。)师生在这种对象性活动交往中改变自身和世界,走出形而上学建制的"内在意识性"。一方面,教师把自己的本质力量通过教育实践外化于特殊儿童成长和知识创造中;同时,特殊儿童与知识的存在也在教师实践中被内化于教师存在本身,以特殊教育的独特品性以及教师教育教学与研究能力、人格风范和精神境界的形式,规定着教师的存在特性和品质。另一方面,特殊儿童在学习为主的实践活动中将本质力量外化于知识掌握与创造中;同时,知识的积累和创造也改变着他们自身的存在品质。这样,特殊教育实践活动本身,就不再是外在于特殊儿童和教育者的异己存在,其存在本身就是之于特殊儿童和教育者的价值体现。对特殊儿童而言,其存在本身也不再仅仅是特殊教育的对象,其学习为主的实践及其存在价值本身就是特殊教育的价值。对于特殊儿童,特殊教育就是生成"我"的本质力量、规定"我"的存在品质和特性的活动,"我"的存在就在特殊教育实践活动中。特殊教育实践以教师实践作用的方式和知识经验的中介施加于"我","我"则以"我"的创造价值和身心积极改变,展现特殊教育价值所在。借此,我们可以厘定特殊教育价值就恰在这样一种培养特殊儿童的实践活动中,以实践转化特殊教育培养特殊儿童的本体之"真"的善,又生成特殊教育主体之于特殊儿童成长的自由理想的纯粹善,共同展现着特殊教育价值。有什么样的特殊教育实践,就有什么样的特殊儿童存在及其价值。无论隔离制教育还是全纳教育,其实都蕴含着对特殊儿童培养的价值承诺,但不同的是他们分别以"隔离"和"全纳"的不同实践方式体现了特殊教育的价值就是特殊儿童的价值内涵。

  当然,特殊教育实践之于特殊儿童的价值是受特殊儿童主体身心缺陷及其特殊需要的选择而制约的。也就说,特殊教育价值并不是无限的,特殊儿童身心奠定了特殊教育价值实现的基础和条件。但是毕竟特殊儿童身心是一个悖论性存在,即特殊儿童既是有限的、受动的、客观的客体,也是无限的、能动的、主观的主体。这种悖论存在特性既给予特殊教育价值以限制,也给予其无限可能。前者注定了他们要受到自身客观缺陷和自然规律的制约,后者则使其具有发挥自身主观能动性,以自由意志超越自然或自在因素制约的可能。这两者的任何分裂都可能导致特殊儿童实践存在的不完整性,或者身心缺陷成为自由意志的限制而陷入客体化中失去自我,或者精神意识彻底脱离于自身客体实在基础而虚无化。特殊教育价值就在于把这种存在的悖论性变成悖论性的存在,以"是其所是"的存在方式统一于他们自身,而这些存在的悖论性之所以可能变成悖论性的存在而统一于他们自身,就是由于实践的存在。且由于这种悖论的内在性,实践不仅仅是特殊教育者的实践,根本上是特殊儿童身心本质力量参与的特殊儿童主体实践。特殊儿童作为一种严重未完善、未完成的存在，脱离了他们自身的实践活动，任何抽象意义上的人道肯定和赞美，都不能解释和实现其具体价值，更不能推进其走出未完成性的步伐。可见，特殊儿童存在及其价值和意义之所以能够显现出来，是通过特殊教育实践特别是特殊儿童的主体实践来实现的。这样，特殊教育价值的实现根本上还是特殊儿童的主体实践，无论特殊儿童本身的目的性价值还是工具性价值，只有经过实践才能回归其本身。

### 三、特殊儿童存在论价值论：特殊教育价值认识论的重建

#### （一）特殊教育价值认识的基本视野

上述批判分析与马克思主义实践观的启示奠定了特殊教育价值认识的基本视野，即必须回归特殊教育作为教育活动的本体论认识，且在实践的平台上构建特殊教育价值论认识论。首先，本体论的"是"奠定了价值论"应是"的基础，特殊教育价值的"应为"和"能为"绕不开特殊教育本体之"真"，因此，从本体论出发是我们在多元的价值认识冲突中厘定特殊教育价值认识的必要方式。在特殊教育众多相对主体中，绝对的、基础的、本源性的是特殊儿童价值主体。特殊教育的价值自然就在特殊儿童自身之内，特别是在特殊儿童内在的身心结构中。特殊教育价值正是以特殊儿童存在为价值基础而不至于流为随意言说和任意附加的东西。其次，马克思实践观的启示，让我们深刻认识到，价值来自实践，主体意志出发的"纯粹善"与客体的"真之善"就统一在实践中。只有在实践中，特殊教育才能一方面把自身属性不断转化为特殊儿童的尺度，以特殊儿童价值体现自身价值；另一方面又把特殊儿童等主体的尺度不断转化为自身属性，以特殊儿童等主体价值理想射程度量自身价值。以实践形态转换价值，以价值形态贯穿实践，是特殊教育张扬特殊儿童价值并以之确认自身价值的主要形式。可见，朝向特殊儿童存在及其实践，是揭示特殊教育价值的根源。"为何要教育特殊儿童"、"特殊儿童何为"、"特殊教育何为"等根本性问题就是特殊教育价值追问的基本问题。特殊教育之于特殊儿童的价值意义是特殊教育活动合理性与合法性的根本标准。这是基于特殊儿童存在论的价值论，是笔者所欲分析特殊教育价值的认识视野和逻辑依据。借此确立的特殊儿童存在论价值论是特殊教育价值认识的基本原则，是我们解释特殊教育价值和改造特殊教育品性的原点。我们对好特殊教育的追寻，对特殊教育的变革创新，无不是基于这一价值的追问。在这里，我们既不迷信特殊教育客体属性本身会自动产生价值，也不简单地撇开特殊教育者、国家和社会的愿望对特殊教育价值的投射，而是意在回归特殊教育本体，从实践平台上确立特殊儿童是"教育的目的"、是"教育的尺度"这一价值中心，为其他价值选择提供依据。

（二）特殊儿童的实践存在与特殊教育价值

实践作为自由自觉的类本质活动，既体现为理性的工具特性，也体现为自由的价值特性。这表明，特殊教育实践既按照特殊教育规律必然性又以自己的目的、需要和理想对特殊教育属性进行价值分析、批判、改造或赋予。可见，特殊教育价值认识就是合特殊教育规律性与合特殊儿童及社会需要的目的性的统一的认识。后者是主体价值的自由维度，前者是必然性的自然维度。从自由维度出发，要求特殊教育保持对自身实践品性的价值思考和批判，且只有保持对实践目的性的价值审视，才能确保自身价值向特殊儿童本身的回归，而不至于沦为外在于特殊儿童之外的异化人的其他赘物。从自然维度出发，要求特殊教育借助科学理性的认识功能来认识自身，不断开辟和丰富实践的科学手段和技术，提高特殊儿童的主体认识能力。其中，遵循特殊儿童的身心成长规律和缺陷特点，遵循知识和能力形成规律与特性，才能促进特殊教育自身价值属性功能向特殊儿童的开放。

但是一方面由于特殊儿童身心缺陷的差异是多样的，特殊需要的满足因人而异，难以使特殊教育价值形成一个恒定的统一标准和尺度。（譬如轻度残疾的特殊儿童渴望特殊教育满足自身创造实践价值，而极重度残疾的特殊儿童可能仅需要特殊教育满足自身社会基本生存的人道尊严价值。）另一方面，由于特殊教育主体构成是多元的，对特殊教育合目的性与合规律性的认识和把握并不是一致的。一是特殊教育者作为特殊教育价值的实施者，不可避免地以"特殊儿童代言人"的身份代替特殊儿童的理想愿望来认识特殊教育属性及其关系，并对其作出判断和评价；同时，还要作为"国家和社会代言人"来理解特殊教育，并以相应的国家意志和社会需求来改造或赋予特殊教育某些属性；另外，还要作为"特殊教育实践的主体本身"，以自身的知识能力、情感意志，赋予特殊教育相应的结构特点。二是特殊儿童自身作为能动的受教育者主体，他们主体的需要和愿望必然对特殊教育属性结构产生影响。可见，特殊教育本身合目的性与合规律性的属性结构矛盾，以及特殊教育中多元主体的价值认识矛盾，难以为特殊教育价值认识提供一个稳定的、可把捉的认识结构。这为回到特殊儿童具体的实践存在中去认识特殊教育价值设下了必然，唯有此，方能使特殊教育价值认识不致在多元冲突中碎片化、缥缈化。因为，特殊儿童不仅是特殊教育本体最绝对的存在依据，还是特殊教育实践最绝对的价值主体，也是实现特殊教育价值的重要实践主体。

那么，特殊儿童的实践存在何以关涉特殊教育价值呢？从实践看，根据上述对实践的工具特性和价值特性的划分，特殊儿童的实践存在亦可分为事实性存在与价值性存在。即一方面蕴涵着特殊儿童"是什么"所指向的事实规定和性质，既包括自然存在的身心事实，也包括社会存在条件与环境事实；另一方面，蕴含着特殊儿童"应当是什么"的价值追问，主要体现为社会存在的价值层面。这也就是说，我们通常关注的单纯事实性存在并不能概括特殊儿童实践具体存在的全部属性,价值性存在也是其具体存在的品格,而这种价值性存在并不是外在的附加,它同样内在于特殊儿童本身,是他们对自身不完满性、有限性的否定而能动的表现。特殊儿童实践的事实性存在与价值性存在应是相互关联而统一于特殊儿童自身的。

事实性存在决定他们实践的需要、目的和愿望等价值性存在取向,不同身心缺陷或不同生存条件的特殊儿童,其追求的价值性存在也不相同。价值性存在又规定和制约着他们的事实性存在特性和品质。由于价值性存在的能动性,在一定意义上,正是由于他们应然趋向的价值理想不同,才使得本来事实存在相同或相近的特殊儿童表现出截然不同的生存方式和境遇。这两者真实地、具体地、完整地统一于他们的实践存在。特殊儿童的这种存在特性奠定了特殊教育价值的存在依据和方式。特殊教育对特殊儿童的影响,既要立足其事实性存在,又要面向他们的价值性存在。在这里,特殊儿童的事实性存在是特殊教育价值发挥的基础,是客观的依据;而价值性存在则是特殊教育的终极关怀,是特殊教育以创造价值体现自身合法性的重要内容。因此,任何好的特殊教育总是不断追求以自身属性最大化地满足特殊儿童实践存在需要;只有特殊儿童实践的价值得到充分彰显和实现,特殊教育的价值才能达到最大化。然而现实实践中,特殊儿童实践的事实性存在和价值性存在经常在教育中分离,要么特殊教育仅仅关注了特殊儿童实践的事实性存在所依赖的身心现状和条件,将特殊教育自身作为客观事实的经验活动,进行科学主义的实证研究,只注重了特殊儿童当下的生存需要满足;要么仅看到了特殊儿童的价值性存在,将特殊教育自身作为人文事业,以民主、平等、博爱涵盖一切。

(三)特殊教育的人道价值与创造价值

根据特殊儿童实践存在方式及其存在关系,从特殊儿童存在论价值论出发,特殊教育价值可以分为以下两个层面:一是特殊教育人道价值层面;二是特殊教育创造价值层面。

特殊教育人道价值,既来自于特殊儿童实践的存在,更来自于特殊教育对特殊儿童生命尊严、自由、权利的天然推崇。首先,特殊儿童作为实践的存在,其本质上绝不同于其他自然之物的存在。自西方文艺复兴以来,特殊儿童的存在本身就被"天赋人权"确立为"生而自由平等"。在西方,特殊教育正是基于此才确立了自身形成与发展的基础。特殊儿童抽象意义上的人道价值是平等的。相应的,特殊教育无论作为社会活动还是培养人的专业性活动,其在维护和确立特殊儿童人道主义价值的作用上也是平等的,不会因特殊儿童身心机能情况、家庭背景情况和学习表现等情况的差异而对他们的人道尊严做出不同的规定,这是特殊教育任何宏大逻辑的价值前提。其次,特殊教育人道价值不但体现为特殊儿童类存在的本质,而且也是特殊教育本身教育特性的使然。特殊教育从本体论上蕴含着把特殊儿童作为身心能动的有受教育能力的认识实践主体和享有自由、尊严的受教育资格的价值实践主体的体认和尊重,并以促进他们的这些实践能力为旨归。这是特殊教育存在与发生的前提。可见,特殊教育人道价值是以必然和应然的形态蕴涵于自身之内,成为自身的一个价值维度。它是从特殊儿童作为实践主体的事实存在和价值存在本身出发确立的目的性价值,是特殊教育的最基础的价值。它不但以抽象的形式为特殊教育设定了逻辑大前提,而且特殊教育以自己特有的教育形态和观点、行为体系,现实地增强了其人道价值的内涵。在这里,特殊教育人道价值强调的是特殊儿童在价值存在的抽象意义上的至高无上性。在抽象存在上,特殊儿童存在具有绝对平等的主体价值地位,不依附于任何条件或他物而自成目的,是康德指出的不被任何工具价值欺凌和僭越的"绝对命令",当然亦是特殊教育的绝对尺度。任何否定这一价值前提的特殊教育,无论其逻辑多么完美,结构多么严谨,个别结果多么辉煌,它都是恶的。特殊教育作为人类文明一书中最能绽放人性光辉的那一页,其光辉首先就来自于人道价值的观照。

　　特殊教育创造价值,从特殊教育作为教育活动的内在规定性看,是指特殊教育之于特殊儿童成长和创造的价值。它包括特殊教育促进特殊儿童健康成长的价值和特殊儿童自身实践创造的价值,因这两者都统一于特殊儿童实践存在之中,所以都是特殊教育的创造价值。特殊教育创造价值来自于特殊儿童实践存在特性。根据康德在《实践理性批判》中的揭示,实践体现为自由意志特性,其指向的是"作为自由所导致的可能结果"。[5]马克思的实践则指向现实的人的对象活动,体现了人的主体本质特性。可见,实践作为一种主体的本质力量,无论以意志和意识的超越性还是以主体对象化活动的能动性,都为特殊儿童超越缺陷、创造价值奠定了基础。当然,特殊教育创造价值的实现不仅来自于特殊儿童的主体能动性,还来自于特殊教育者等主体的实践。但它无论是由教育者创造还是其他力量促进,最终都以特殊儿童能动的实践存在品质与改变体现出来。如教师实践的教育教学、社会参与者的影响等,其价值都必然以特殊儿童身心发展以及他们自身的自为创造显现出来,否则就可能流于抽象的人道价值。所以说,特殊教育创造价值是对特殊儿童具体实践存在的规定,它以具体的实践方式规定和丰富了特殊儿童存在价值,展现着特殊儿童存在方式和特点,对确立和维护他们社会存在中的尊严和价值地位具有重要作用。特别是特殊教育对特殊儿童身心能动性(特别是潜在优势能力)在教育活动中优先地位的天然眷顾,使得特殊儿童实践创造价值成为可能。这虽然要根据特殊儿童身心存在的差异因人而异,但无论如何都不能忽视,否则可能失去特殊教育价值的本真。对特殊儿童实践存在而言,无论是事实性存在还是价值性存在,特殊教育创造价值实质上就是特殊儿童工具性生存中之于社会、他人的工具性价值与其目的性生存中之于自身的目的性价值的统一。首先,特殊儿童的实践存在,尽管竭力拒绝工具性生存,但工具性生存是人不可逃避的"厄运",(事实上,人就是在目的性与工具性生存的张力中得以生成无限的超越性、能动性,创造着人类文明,演绎着其他动物所不能的历史和传奇)且是必须的、合理的存在。事实上,实践本身就是人类存在中独有的工具性生存活动,是人自由自觉的意识存在使人的工具性实践与目的性实践统一起来,并以目的性实践价值为旨归。其次,仅靠抽象的人道价值认识特殊儿童和特殊教育必然带来对特殊儿童成长发展及其教育活动意义的贬斥,无助于揭示特殊教育及特殊儿童存在的意义。且特殊教育和特殊儿童的品质也有好、坏之分,显然特殊教育和特殊儿童存在不可能都是善的。因此,对特殊儿童抽象的价值设定并不能说明他们具体存在的任何价值。也就是说,在抽象的人道价值之外,特殊教育还必须看到他们在具体存在层面上的创造价值,必须保持对他们人道价值的批判,防止各种恶的存在对人道价值的否定。

创造价值不同于人道价值,一方面,特殊儿童的成长品质和水平有好坏高低之分,另一方面,特殊儿童在社会实践中的创造也有高有低,有大有小。特殊教育对其自身的创造价值不能做出任何平等的承诺。因为这种创造价值是以自然、社会和自我自然存在的身心特性以及社会存在的理想愿望等为条件和背景,是特殊儿童先天素质和后天努力的结果,它反映了特殊儿童自为性的能力与品质。尽管特殊教育在促进他们增强主体能力、提升自由意志、实现充分发展方面具有机会平等的可能,但创造价值毕竟是建立在个体能动性基础上的自为创造,不可能人人平等。当然,无论特殊儿童创造价值大小,其都会有创造和贡献。这不仅是信念层面的,事实上,即使是重度的多重残疾儿童也有以不同形式贡献社会的可能,只是我们没有发现或没有做好教育的促进与开发。对特殊儿童而言,他们正是以自身创造价值区分了他们社会存在的主体价值的不同。特殊教育价值认识直接关涉特殊教育实践的观念和行为品质。特殊教育价值不仅仅是人道价值的体现,还是创造价值的存在。特殊教育必须在人道价值之外,以创造价值奠定自身存在合法性的另一个重要价值基础。

从特殊儿童存在论看,特殊教育的价值必须统一于特殊儿童的存在之中。一方面,特殊儿童作为主体自成目的的价值,超越于特殊教育事实和必然性之外,特殊教育活动都是主体价值的展开;另一方面,特殊儿童作为客体是为社会、他人创造价值的工具性存在,必须遵循特殊教育规律来提高他们工具性生存的能力(主要是主体创造能力),其价值的发挥就是特殊教育价值的反映。在这里,特殊教育人道价值和创造价值是特殊教育之于特殊儿童主体价值的两个重要方面。人道价值以目的性价值方式,展示和确证着特殊儿童的尊严、自由和权利;创造价值则以工具性价值方式,反映着特殊儿童的社会实践和贡献。它们共同构成着特殊儿童的主体价值,是特殊教育价值的重要体现。可见,以创造价值和人道价值的统一来认识和建构特殊教育自身价值,既可以避免对单纯人道价值的抽象和虚无,又可以借着实践特别是特殊儿童自为性实践开发特殊教育价值的源泉。

综上所述,特殊儿童存在论价值论是审视和批判特殊教育价值的基本尺度,也是特殊教育价值建构的基本视野。基于特殊儿童存在论价值论的特殊教育价值,既要以自身客观存在的科学理性属性,即以特殊儿童身心特点、成长规律、知识经验生成规律及环境存在的属性为依据,以一系列教育规律、教育规则等各种因果逻辑,面向特殊儿童的事实性存在;又要以特殊儿童特殊需要和自身的主观价值特性,面向特殊儿童的价值性存在,超然于特殊教育科学理性之外,通过自身意志改造特殊教育自然属性,以期更好地为特殊儿童成长服务。特殊教育既要以其自身人道价值奠定特殊教育逻辑前提,并以此进行价值反思与批判,时刻以自由超越的精神保持对好特殊教育的追求;又要以其自身的创造价值,激发特殊儿童的生命自觉力量,促进特殊儿童不断超越缺陷及环境条件的制约,在自身"不可能"中创造"可能",展现其生命的精彩。

**参考文献:**

[1] 张登巧.价值论视野中的社会认识论研究[J],齐鲁学刊,2009(2):68.

[2] 葛新斌.关于特殊教育价值问题的再探讨[J],中国特殊教育,2002(2):12.

[3] 王仕民.简论马克思的实践范畴[J].哲学研究,2008(7):12.

[4] 马克思恩格斯选集(第1卷)[M].北京:人民出版社,1972:16.

[5] [德]康德.实践理性批判[M].邓晓芒,译.北京:人民出版社,2003:78.

# 特殊教育价值：文化哲学的审视

盛永进

## 一、引言

文化与教育具有十分紧密的关系，特殊教育作为教育的一个重要方面，其文化价值在当代社会中日益突出。正如罗尔斯指出的："教育的价值不应当仅仅根据经济效益和社会福利来评价。教育的一个作用是使一个人欣赏他的社会文化，介入社会的事务，从而以这种方式提供给每一个人以一种对自我价值的确信。教育的这一作用即使不比其他作用重要，至少也是同等重要的。"[1]罗尔斯强调的正是教育的文化价值。"文化的本质就是人的自我生命存在及其活动，文化世界的本体就是人的自为的生命存在。"[2]而文化哲学的根本旨趣是以人为中心，以人与文化的关系为内容，凭借其对人性探讨的独特视角和"人化即文化"的精辟分析，对人的本质和文化的本质进行深入的探究和把握，从而揭示文化与人的生命存在及其活动的本质联系。教育要以人为本，就是要从人的生命本性出发，突出人的本体价值。特殊教育对象身心差异体现出的显著特征，决定了特殊教育文化活动的特殊性。无论是"超常"还是"低常"，都集中地体现了人基于生命存在的一种独特性。因此在文化哲学的意义上，"超常"与"低常"，或者"残疾"与"障碍"都是人自我生命存在的一种特殊表现，也是人的生命活动中面临的"存在问题"，而"存在问题"是人生的根本问题，关系到生命存在本身的意义、价值和根据。[3]这是特殊教育文化哲学思考的逻辑起点。在文化哲学视野下，特殊教育价值的核心问题：一是特殊教育的文化哲学意义是什么？二是特殊教育亚文化具有什么样的文化特征？因此，从教育文化学的视角对特殊教育的价值功能进行研究，可以使我们从一个更高的层次去把握和理解它的意义和作用，尤其是理解"人本特教"的理念及其意蕴。

## 二、特殊教育的文化哲学意义

### （一）特殊教育文化精神的构建使命

教育对人和社会的意义或作用构成了教育价值的核心内涵，对特殊教育进行意义判断,反映了人们对特殊教育价值的认识追求。特殊教育之所以必要,之所以发生和发展,都源于人和社会发展的需要。就个人的发展层次上看,特殊教育既是确保每个特殊学生享有受教育的权利并借以促进社会平等的根本保证,也是个人获得生存发展能力的基本手段;在社会或国家发展的层次上,特殊教育既是社会进步带来的必然结果,也是社会走向文明、和谐,实现繁荣的必然选择,也是促进全人类走向和谐、繁荣的需要。

作为一种文化现象,特殊教育同样面临人和社会两个基本要素,需要处理人的发展需要和社会发展需要的基本矛盾。人的发展和社会发展的基本矛盾从本质上说,就是人与文化发展的矛盾。因此在文化的意义上,特殊教育发生和发展的基本依据,也都源于人和社会文化精神构建的需要。而教育的双重文化属性,又决定了特殊教育在传递、深化文化与构成文化本体方面具有十分重要而特殊的地位,即在弘扬人类的文化精神,进行文化精神建构的同时也建构自身:体认和追求以人为本与文化的整合统一。表面上看,特殊教育最直接的作用在于它的个体谋生功能,比如教会特殊儿童拥有一技之长,获得生存的基本能力,并借以不断地改善和促进人自身(包括个体和类)生存质量的提高。更深层的则是在教育过程中超越人的生命局限,对个体乃至整个人类生命存在、发展价值的确认和探寻,以求最大限度地实现人的发展,并在此过程中体现出一种精神力量和人性光辉——对人的尊重、理解、关怀与援助!后者所衍生的作用与意义远远超过前者。正是鉴于特殊教育的特殊性及其文化精神对于人的重要性,无论从个体还是类的角度看,特殊教育目的价值论主要在于它是"一种精神性价值,而非物质性价值"[4]。换言之,特殊教育更是一种文化精神构建的过程。这既是特殊教育活动的本质,也是特殊教育活动重要而特有的使命。

(二)特殊教育文化精神的本质

文化精神是"一种文化的特有精神,一种文化具有决定力的价值系统,由此价值系统所构文化模式在态度、评价及情绪倾向等方面表现出的精神品质"[5]。这就是说,文化精神即指一种文化中基本的、整合的、历史发展的价值观念和行为范式系统,它是在主体历史文化实践中形成的,内在于其整体精神心灵结构的价值观念、情操品质、行为范式的总和。就特殊教育活动来说,文化精神作为特殊教育活动的深层结构或思想基础,是特殊教育的灵魂和精髓,是其发生、发展的重要支柱。

我们认为特殊教育文化精神的本质就是特殊教育活动的人文化,这是对特殊教育价值进行文化哲学审视的基本判断。所谓特殊教育的人文化,就是在特殊教育的认识和实践上,特殊教育首先应该被看做是一种超越生命局限,探寻人的生命存在、发展与解放,促进所有人平等、和谐发展的精神文化,而不是单纯的功利性的实践活动。特殊教育活动人文化的核心内容就是人文精神的实践与张扬,即不仅要使学生获得一技之长的生存本领,更重要的是通过特殊教育活动展现一种以人为本、重视人的价值、尊重人的尊严和权利、关怀人的现实生活、追求人的生命自由、平等和解放的思想和行为。特殊教育从它诞生的那一天起,就深深地烙上了"人文"的印记,无论是伊塔德的个案教育尝试,还是莱佩、阿羽依的办学首创,都始于对人的特殊教育需要的关注和探究,而没有预设的功利回报。

特殊教育的人文价值尺度首先在于它对教育对象内在生命价值的确认和尊重,以及对其内在生命力量的发挥,体现了"人之为人"和"人皆为人"的价值起点。人的生命价值,是指人在世界中的地位得到肯定,人的作用(物质的、精神的)得到发挥,人的尊严得到保证。教育权是一项基本人权,教育作为人的生存方式使得"教育权的重要性超越了其他所有权利,因为人类通过教育更容易获得其他的经济、社会和文化权利"[6]。特殊教育正是通过教育平等的实践,确认和保障每一个个体(尤其是社会弱势个体)的受教育权、学习权和发展权。另一方面,特殊教育的人文价值还集中地体现在它对生命发展意识独具的唤醒作用。人的生命发展意识在逆境中往往受到遮蔽干扰,尤其是残疾、病痛有可能消解人的生存意志、降低人的生命发展意识,乃至于令人走向绝望。唤醒就是要使学生正视危机,鼓起勇气,树立希望,从而走出危机,走向生命潜能的发展之路。特殊教育的一个重要任务是通过引导个体的发展方向、激励个体与障碍作斗争的勇气,思考生命存在的意义,进而唤醒生命潜能发展的意识,实现自身生命发展的超越。从这个意义上说,特殊教育"本质上就是一种唤醒人的生命意识,启迪人的精神世界,建构人的生活方式,以实现人的价值生命的活动"[7]。

### 三、特殊教育文化的基本特征

特殊教育作为整个教育系统中的一个子系统,具有区别于其他类别教育的相对独立的亚文化内涵。特殊教育在整个社会中的地位及其特殊的内部要素结构决定了特殊教育文化的特殊性,特殊教育文化是以特殊教育学校为代表的教育机构在自身的发展过程中形成的独特的主体文化意识和文化人格、文化良知、文化使命。我们认为,人文关怀、博爱奉献、自强不息体现了特殊教育文化精神的基本特征。

#### (一)人文关怀——特殊教育文化精神的灵魂

人文关怀是特殊教育活动人文化的精神本质的首要表征,是特殊教育文化的灵魂。它既是特殊教育生存和发展的根基,也使得特殊教育文化更具有纯粹精神层面的意义。关怀不同于怜悯、同情,"关怀意味着对某事或某人负责,保护其利益,促进其发展"[8]。所谓人文关怀就是对人的生存状况的关怀、对人的尊严与符合人性的生活条件的肯定,对人类的解放与自由的追求。一句话,人文关怀就是关注人的生存与发展,就是关心人、爱护人、尊重人、发展人。人文关怀作为特殊教育文化的灵魂,意味着特殊教育的一切工作都应该紧紧围绕关心人、爱护人、尊重人、发展人这个中心来进行。具体地说,这种人文关怀的文化氛围必然通过以下四个方面表现出来。

首先,体现在特殊教育价值观上。即围绕为每一位有特殊需要学生的发展,把尽力满足学生的特殊需要作为特殊学校办学的核心理念,学校全体成员在对这些核心价值观达成共识的基础上,形成一种关怀奉献的专业信念和充满活力、有特色的学校发展思路。

其次,体现在教育制度上。即以人为本,关怀每一名学生的最佳发展的可能性,建立起相应的教育制度和教学计划,让所有学生都能充满发展的希望,也享受着成长的喜悦。

再次,体现在教育环境中。特殊学校校园环境的无障碍、可及性、便利性,以及校园建筑、学校标识、校容校貌、校园绿化等方面所体现的关爱呵护和激励警醒,都在努力创建富有人文关怀底蕴的教育环境。

最后,体现在教育行为上。人文关怀是理念,也是指一种行为。它体现在学校人际关系中,师生之间、同事之间以及学校与社会的互动中所展示的尊重、理解和关心,营造出一种以关怀为基础的对话、合作、共享的文化氛围,从而为教学服务、为学习服务,为师生的共同成长服务。

总之,人文关怀既是特殊教育学校的办学理念,也是特殊教育学精神文化的核心。它已成为特殊教育工作者的共同追求,渗透在学校的目标制度和行为实践中,并以此影响到学生、家长乃至整个社会成员,体现了促进人类进步、推动历史前进的求真、向善的一极力量。

(二)博爱奉献——教师文化的集中体现

博爱奉献是特殊教育教师角色的特点和风格在教师文化中的集中体现。教师文化是教师群体的价值取向、集体风气、人际关系、角色特点的总体特征。特殊教育教师在保障和实现特殊需要学生受教育权,传播人类的文明,促进社会进步方面起着重要的作用。他们自身就是一个人文关怀的实践者,职业的规定性,使他们担负起了以人道主义为基石的尊重生命差异、尊重生命权利的职业使命,具有强烈的社会奉献意识和高尚的人文情怀。

博爱是一种崇高的爱,既是无私的,又是广大的。特殊教育教师的博爱精神首先表现为一种价值观,即"教育要人人平等";其次则是他们的亲身实践行为,教师对学生的眼神、表情、语言、声调、动作都体现出一种不嫌不弃、耐心细心和关心。这些发自内心的真诚、尊重和珍爱,不是表演,不是敷衍,是真情的自然流露。特殊教育工作者所坚守的博爱氛围,造就的充满博爱精神的校园,感染着全社会,这是有目共睹的。

"奉献"指满怀感情地为他人服务,作出贡献,而不计较回报。奉献也是一种崇高的精神。当一个老师面对特殊儿童,尤其是面对重度障碍儿童时,其付出的教育关怀和爱护,并未指望在将来获得什么报偿,也不可能奢望未来有着"桃李满天下,学子皆英才"那样的成就感。他们所能期盼的主要是一种善尽人类职分的高尚情怀。对特殊儿童施以教育而非简单地弃之于不顾,正如我们上面提到的,这不仅体现了人类敢于挑战命运的勇气和超越局限发展生命的探索精神,更重要的还显示出人类不同于其他物种的人性光辉。所以,无论是对个体还是对社会而言,特殊教育文化都体现出一种同情与关爱的人类情怀,而这种关爱情怀需要的是一种无私的奉献精神,它不是空洞缥缈的,恰恰是由每一个特殊教育教师用自己的行为,生动而现实地阐释着人文精神的精髓!

### (三) 自强不息——学生文化的典型表征

自强不息,是特殊需要学生文化的典型特征。学生文化是学生群体的价值取向。中国古代即有"天行健,君子以自强不息"[9]的激励和赞叹!其意谓:天(即自然)的运动刚劲强健,相应于此,君子处世,应像天一样,自我力求进步,刚毅坚卓,发愤图强,永不停息。自强不息体现了人的一种超越自我的精神力量。著名精神分析学家阿德勒指出,人因缺陷而生的自卑感,能够使人产生一种摆脱自卑、补偿缺陷和在更高程度上完善自我的内在压力,"自卑感本身并不是变态的,它们是人类地位之所以增进的原因"[10]。人作为一种社会、文化、历史和精神的存在物,对于自身生存状态中的种种缺陷和不足的深刻体察与认知,以及由此而生的超越自身局限性的愿望,能够使人产生一种摆脱自卑、补偿缺陷和在更高程度上完善自我的内在动力。这种动力也就是人的精神力量的源泉。从这个意义上,特殊需要学生自强不息的精神风貌更加具有独特的文化价值。这是因为,由于特殊需要学生自身的种种局限,使其在创造与健全人同等的物质或精神财富时,要付出无数倍于健全人的痛苦和汗水。"特殊儿童超越局限奋斗不息的过程,本身就是一种警醒、感召和激励健全人奋发向上的牵引力量,这远比他们对社会的物质贡献更为重要。"[11]因此,特殊需要学生自强不息的精神文化是人类奋发向上、超越自我、追求发展的典型,它所蕴含的"感悟性价值"和精神性意义,是人类精神文化的宝贵财富。

**参考文献:**

[1] 转引自:联合国教科文组织国际教育发展委员会.学会生存[M].华东师范大学比较教育研究所,译.上海:上海译文出版社,1999:101.

[2] 李鹏程.当代文化哲学沉思[M].北京:人民出版社,1994:4.

[3] 石中英.教育哲学导论[M].北京:北京师范大学出版社,2004:87.

[4] 葛新斌.人的基本特征与特殊教育的开展——哲学人类学对特殊教育的启示[J].辽宁师范大学学报(社会科学版),1997(6):29.

[5] 覃光广,等.文化学辞典[Z].北京:中央民族学院出版社,1998:155.

[6] 联合国教科文组织国际教育局.教育展望·国际比较教育(中文版)[C].上海:上海教育出版社,2008:134.

[7] 郭元祥.生活与教育[M].武汉:华中师范大学出版社,2002:90.

[8] 侯晶晶.关怀德育论[M].北京:人民教育出版社,2005:65.

[9] 周易·乾卦.

[10] [奥]阿德勒.自卑与超越[M].黄光国,译.北京:作家出版社,1986:50.

[11] 葛新斌.关于特殊教育价值问题的再探讨[J].中国特殊教育,2002(2):14.

# 关于构建高等特殊教育学的初步探讨

丁 勇

随着高等教育大众化,高等特殊教育亦将迅速发展。然而,截至目前,国内有关高等特殊教育的理论研究文章并不多见,系统研究还是空白。因此,加强高等特殊教育的理论研究和系统建构就成为高等特殊教育发展迫切需要思考和回答的问题。从理论上开展对高等特殊教育的研究,探明高等特殊教育的内在规律,对于我们自觉地按照规律办事,提高高等特殊教育的人才培养质量,具有十分重要的意义。本文根据高等特殊教育实践发展的需要,从学科建设的角度对高等特殊教育学的建构做一些初步的探讨。

## 一、高等特殊教育学的性质和特点

一门学科的建立,首先必须从理论上对学科的性质和任务作出分析和界定。具体到高等特殊教育学这门学科的建构,就是要搞清楚这样几个基本理论问题:(1)高等特殊教育学是研究什么问题的一门学科?(2)高等特殊教育学是一门什么性质的学科?是独立的学科,还是交叉、综合性学科?是基础性学科,还是应用性学科?

### (一)高等特殊教育学是研究什么问题的一门学科

高等特殊教育学是研究高等特殊教育的一门学科。那么,什么是高等特殊教育?高等特殊教育主要包括两方面:一种高等特殊教育是指直接对残疾人(盲、聋、肢残等)所实施的高等教育;第二种是指为残疾人培养教师的高等特殊教师教育或为残疾人培养其他服务人员(如听力语言康复师、物理治疗师、手语翻译等)的高等教育。无论是残疾人高等教育,还是高等特殊师范教育,高等特殊教育与普通高等教育的本质共同点是:都是建立在普通中等教育(或基础教育)基础上的、以培养各种专门人才为目标的专业教育。但是,高等特殊教育又具有与普通高等教育不同的一些特殊性。这种特殊性主要体现在两方面:一是培养对象的特殊性。从培养对象看,普通高等教育的对象一般是18岁以上、身心发展已趋于成熟的正常青年人;而高等特殊教育的对象则主要是处在大学年龄段的残疾人。二是教育方式的特殊性。由于残疾人具有与正常人不同的一些身心特点,所以,在对残疾人进行教育时,要根据其不同的残疾情况和特殊需要,采取特殊的教育方式和策略,即高等特殊教育在方法上有其特殊性。这一特殊性也体现在特殊教育的教师培养上。对于从事残疾人教育的教师来说,尽管他们多为正常人,但因为职业的需要,他们对残疾人的身心特点及教育方式也应比较了解。所以,特殊教育的教师教育具有与普通教师教育不同的特殊性。高等特殊教育学就是研究高等特殊教育特殊性的一门学科。其主要任务有二:一是要通过对残疾人高等教育活动的研究,揭示残疾人高等教育的特殊规律,为残疾人高等教育实践活动提供正确的理论指导,提高残疾人高等教育质量;二是开展高等特殊教师教育研究,通过研究,揭示特殊教育教师专业化成长和培养的特殊规律,以为有效地开展残疾人教师的培养等活动提供理论依据和指导。

(二)高等特殊教育学是一门什么性质的学科

高等特殊教育学是高等教育学和特殊教育学的交叉学科。作为一门交叉学科,高等特殊教育学主要是特殊教育学和高等教育学两门学科知识的交织与融合。首先从高等教育学视角看,高等特殊教育学是高等教育学的分支学科,主要运用高等教育学的原理和方法对一种特殊的研究对象——残疾人高等教育和高等特殊教师教育进行研究。这种研究,一方面填补了高等教育研究的一个空白;另一方面,正是因为研究对象的特殊性,从而使得高等特殊教育学从教育学的学科群中进一步分化出来,成为一门相对独立的新学科。其次从特殊教育学的视角看,高等特殊教育学又是特殊教育学的分支,但不同的是,特殊教育学研究的是初等和中等残疾人教育,而高等特殊教育学则主要是研究残疾人高等教育,因此,高等特殊教育学的存在和发展,使特殊教育学的研究范围从特殊中小学教育拓展到高等教育领域,从而使学科体系变得更加丰富和完整。

高等特殊教育学是一门综合性学科。残疾人的高等教育和高等特殊教师教育涉及教育学、心理学、医学、康复学、伦理学、人类学、社会学、经济学和法学等多学科知识,存在着诸多需要进行综合性研究的问题,如残疾人的教育与其生存、发展和就业关系研究,等等。因此,高等特殊教育学应是一种多学科、多视角、多方法的综合性研究,具有明显的边缘、综合性的学科特点。

高等特殊教育学是一门人文学科。人文学科作为研究"人"的一门科学,其根本特点就是以人为本,以人的精神(文化)世界和人的发展作为研究对象。如果说,教育学是"人"学的话,那么,高等特殊教育学就是一个"人"学特点更为显著的人文学科。高等特殊教育的培养对象和服务对象是残疾人。由于残疾人身心存在着障碍,他们的生存、发展比起正常人来说要更困难、更艰辛,也正因如此,残疾人的生命历程更具有生命的张力,这或许就是残疾人与正常人的最大差异之处。但是,作为人,残疾人与正常人在类本质意义上又是无差别的。所以,对于他们,不仅要尊重、关爱,更要平等待之,要激励他们自强不息,以实现其自身的解放和发展。在高等特殊教育学的理论中,人是至高无上的,残疾人的命运是格外被关注的。所有的研究和论述都应围绕着人与人的生命、存在、差异、尊严、价值和个性充分自由发展而展开,以人为本,一切为了人和人的发展在这里不是一句口号,而是一条贯穿始终的理论主线,高等特殊教育学应通体充溢着人文主义的温馨,闪烁着人道主义的光芒。

高等特殊教育学是一门应用性学科。相对于教育学和高等教育学这些基础性特点更为鲜明的学科而言,高等特殊教育学无疑是这些理论的应用和具体化,因此,它是一门应用性学科。高等特殊教育学的应用性还体现在高等特殊教育具有很强的实践性上。无论是残疾人的高等教育,还是为残疾人培养师资的高等特殊师范教育,都不仅要教会学习者从事一门职业所必备的知识,而且还要教会学习者从事一门职业所必备的方法和技能。如残疾人的高等教育侧重通过职业技术教育培养残疾人生存和就业的一技之长,再如高等特殊师范教育(即残疾人的师资培养)注重培养师范生对残疾儿童身心缺陷进行诊断、评估及个别化教学的能力。因此,高等特殊教育学的理论建构,应坚持理论联系实际的原则,注重总结和归纳不同类型残疾人高等教育的实践经验,增强学科的针对性、可操作性和实用性。

### 二、高等特殊教育学的主要研究内容和基本框架

一门学科的建立,还必须从理论上进一步对学科的范围、内容和体系进行界定。根据上述对高等特殊教育学的性质和任务的分析,我们认为,高等特殊教育学应以马克思主义和以人为本的科学发展观为指导,采用多学科的视角和方法,从宏观、中观和微观三个层面对高等特殊教育的基本问题和具体规律进行研究和阐述。初步设想,高等特殊教育学学科体系主要包括以下八个方面内容。

(1) 高等特殊教育历史论。高等特殊教育虽仅有短暂百余年的发展历史,但是和所有事物一样,总有其发生、发展的历史必然性。高等特殊教育发展史亦表明:特殊教育是一项崇高的人道主义事业。历史论研究就是要通过对高等特殊教育发展历史轨迹、脉络、重大事件和人物、学术流变的梳理和归纳,揭示高等特殊教育思想、制度生成、流变的动因和机制,从而使我们对高等特殊教育的发展,知其所以然。(2) 高等特殊教育价值论。高等特殊教育是极有价值的。这种价值不仅体现在高等特殊教育所具有的共性功能(如知识创新、人才培养、社会服务)上,更体现在高等特殊教育在人的解放和实现方面具有的特殊功能上:一方面是通过高等特殊教育完成合理的社会分层和流动,改善残疾人的经济和政治地位,使他们从不

利的社会地位中解放出来;另一方面,通过高等特殊教育的创造和拓展精神之功能,进一步突破身心残疾对人的束缚,实现人的精神解放和自主、自由发展。价值论基于对残疾人命运的深切关注,从"人"(生命的存在)与教育(发展)的关系探讨入手,通过对生命的本质和差异、权利与义务、束缚(残疾)与解放(教育)、自立与自强、创造与自由、公平与正义、尊重与尊严、分离与融合等诸多范畴和矛盾的分析,深刻揭示高等特殊教育在"人"的实现(即如何从一个"被残疾奴役的人"向一个"精神自由人"的转化)中的独特而重要的作用。(3)高等特殊教育发展论。残疾人的高等特殊教育,不单是一个教育问题,更是一个社会问题。残疾人的教育发展水平是一个社会文明进步的标志。因此,研究高等特殊教育,既不能不顾社会条件和需要,就教育论教育,也不能不顾教育内部规律而将教育商品化或政治化。发展论运用唯物辩证法和历史唯物主义,从外部和内部两个方面对高等特殊教育与社会发展(经济、政治、文化因素)、高等特殊教育与人的发展两对基本关系进行整体概括,揭示影响高等特殊教育发展的内外部规律及互动机制。(4)高等特殊教育改革论。教育体制改革是教育发展的根本动力。优化教育结构,加快高等教育体制改革,合理配置教育资源,提高办学的质量和效益,这是高等教育改革与发展的大方向。教育改革论从改革的探讨入手,着力揭示优化教育资源配置、加快教育发展的动力机制:一方面是将高等特殊教育放置整个高等教育体系的全局中加以布局和谋篇,探讨教育结构优化和动态发展的内在机制,其中包括层次、科类、专业、布局结构和残疾人高等教育的安置形式等;另一方面是对高等特殊教育发展的机制——教育体制改革进行探讨,主要包括高等特殊教育的办学体制、管理体制和市场经济条件下的运行机制以及高等特殊教育的支持保障体系(主要是政策与法律、投入机制、残疾人设备和设施、残疾人就业指导、社区与家庭等支撑体系的建立)等问题。(5)高等特殊教育目的论。教育目的(即把受教育者培养成为什么样的人)是教育的根本性问题。它是一切教育活动的起点和归宿。高等特殊教育的目的既要体现我国的教育方针和社会发展对于人才培养规格(教育目的)的共性要求,还要体现残疾人的身心特点的个性要求。多元智能的理论为我们认识人的发展潜能和发展前景提供了新的视角和方向。目的论就是在坚持共性(一般性)与个性(多样化)相统一的原则上,以多元智能理论和人的全面发展理论为依据,以潜能开发为重点,以人的解放和个性多样化发展为根本宗旨,重新思考和建构高等特殊教育目的体系。(6)高等特殊教育教学论。这部分研究按照从具体到抽象的理论思维方式和路径,先分别从聋人高等教育、盲人高等教育、情绪障碍人高等教育、超常人高等教育、肢残人高等教育等方面开展研究,概括和归纳我国不同类型残疾人高等特殊教育的基本教学模式和具体规律;然后在此基础上进行更为抽象的理论概括和归纳,形成具有一般性特点的高等特殊教育教学方法论。(7)高等特殊教师教育论。高等特殊教师教育既与普通教师教育有着必须遵循的共性规律,也有其自身的特殊规律。教师论就是要在探讨残疾人教师教育特殊规律的同时,进一步对残疾人师资培养与培训的目标、内容与方法、途径及体系等具体问题进行探讨。

(8) 高等特殊教育未来论。在这部分研究里,要根据未来社会发展的特点如知识化、信息化、网络化和全球化的要求,着力通过对发达国家高等特殊教育的比较研究,揭示出高等特殊教育发展的一般趋势和基本特点。

### 三、高等特殊教育学的研究方法

作为一门新的学科,高等特殊教育学在明确了研究对象和主要问题之后,就要选择合适的研究方法。首先是在方法论上,必须坚持以马克思主义为指导。马克思主义是哲学社会科学的灵魂和方向。在新世纪,坚持马克思主义,就是要以当代中国马克思主义的最新成果——邓小平理论、"三个代表"重要思想为指导,坚持用马克思主义的立场、观点和方法分析中国高等特殊教育的现实及重大问题,认真总结和概括具有我国高等特殊教育特色的办学模式和实践经验,大力推进理论创新和方法创新,虚心学习和借鉴人类一切先进的经验和优秀成果,努力构建具有中国特色、中国风格、中国气派的高等特殊教育学体系。其次是在具体的研究方法上,要通过探索,逐步形成具有学科自身特点的研究方法。潘懋元教授指出:"人们认识教育规律不外乎三条途径:第一,综观教育历史的演变所推论出来的;第二,从国际教育比较研究所概括出来的;第三,从现实的教育实践总结出来的。"根据潘先生关于教育研究的一般性方法的论述和本文上面的分析,笔者认为,高等特殊教育学的理论研究和系统建构除了采用多学科综合研究的方式之外,还应注意实证研究与定性研究的有机使用:一方面是通过文献研究法、个案研究法、调查法和实验法等实证研究的方法,大量收集第一手资料和数据,进行经验的初步分类和整理,提出因果假设,明确研究方向,为理性认识的形成提供感性经验的基础;另一方面,通过分析与综合、概括和抽象、归纳与演绎等辩证思维的研究方式,揭示高等特殊教育的本质规律,形成基本理论。在残疾人高等教育中,还有许多"混沌模糊"的、非理性的、不确定的、非线性的问题,这就需要一种以解构"现代技术理性"和"人性复归"为目的的后现代研究方式和叙述语汇。包括生活体验研究——现象学的叙述研究法在内的后现代观点和方法,或许会为我们深入到残疾人的内心世界,找到彼此精神互动、建构的成长之路,提供新的研究方向和空间。

总之,高等特殊教育学(或者说"高等特殊教育论"更为合适)作为一门正在形成的年轻的学科,还需要通过多学科的系统研究和整体建构,才能逐步完善和成熟。胡锦涛同志在中共中央政治局第十三次集体学习时明确指出:哲学社会科学界要切实担负起自己的历史责任,瞄准学术发展前沿,打开认识视野,拓展思维空间,既立足当代又继承传统,既立足本国又学习外国,大力推进学术观点创新、学科体系创新和科研方法创新,努力建设具有中国特色、中国风格、中国气派的哲学社会科学。这为包括高等特殊教育学在内的社会科学指明了发展方向。建设具有中国特色、中国风格、中国气派的高等特殊教育学是我国高等特殊教育发展的现实需要,是我们高等特殊教育学学科建设的奋斗目标。而要实现这一目标,还有一段很长、很艰巨的路要走。本文只是抛砖引玉,希望吸引更多的有志者加入到高等特殊教育学的理论探索和建构中。

(原文发表于《中国特殊教育》2005年第3期)

# 第二篇
## 全纳教育

全纳教育的思想起源于特殊教育,但其内涵远远大于特殊教育,两者不是同一概念。作为建立在民主、平等、人权基础上的全纳教育,它的理念一提出,便得到了全世界的赞同与响应。然而,对于全纳教育的实施,世界各国却没有统一的模式,迄今为止还没有哪一个国家形成了成熟的、可资借鉴的经验与做法。甚至对于全纳教育的基本理念、全纳教育的实施模式等问题随着全纳研究的深入,其争论也越来越多。这同样说明了全纳教育还是一个在不断发展、不断深入探索的研究领域。

全纳教育进入我国之后,也引起了研究者们在理论与实践领域的积极探索。下面呈现的几篇文章分别从不同的角度对全纳教育的核心观点、价值观念,以及全纳教育与中国本土的随班就读实践之间的关系等问题作了细致的分析与探讨。《全纳教育——当代教育发展的方向、内涵与启示》一文从全纳教育发展的时代特征与全纳教育的文本释义的角度对全纳教育产生的必然性、全纳教育的内涵与特点进行了深刻的剖析,其目的是通过这种探索获得有益于我国教育特别是特殊教育发展的启示。《教育公平是全纳教育的核心内涵》一文借鉴教育公平思想理论,对全纳教育的起点、过程、结果进行了全方位的分析并指出,全纳教育是一种以教育的公平为本位的全新教育理念,教育公平是全纳教育的核心内涵。《后现代视野下的全纳教育及其对我国随班就读的启示》一文从后现代哲学观入手来分析全纳教育的哲学基础,认为全纳教育与后现代哲学思潮有着紧密的关系,在对这种关系进行揭示的同时,对全纳教育的内涵与特点作出了新的诠释,同时又将视野观照到我国的随班就读,阐述了全纳教育对我国随班就读的重要启示。《"全纳教育"与"融合教育"关系辨析》一文根据当前国内学术界对"全纳教育"与"融合教育"两个概念的混淆使用和争论不休的现状,从历史发展的视角解析了"全纳教育"与"融合教育"的产生历程、观照对象与研究领域,从而指出全纳教育与融合教育事实上并不是同一个概念的不同表述,二者之间是既有明显区别又有紧密联系的两个概念。《差异教学的开展与全纳教育的实施》一文从差异教学与全纳教育二者的内涵、产生背景、理论基础及价值取向等方面进行了全面的比较,从而对二者之间的关系作了细致的探讨。《当前随班就读研究需要澄清的几个问题》一文根据当前随班就读研究在理论范畴内存在的一些争议与困惑,分别剖析了随班就读的理论来源,随班就读与全纳教育的关系,以及随班就读与普通教育、特殊教育之间的关系等基本问题。

# 全纳教育
## ——当代教育发展的方向、内涵与启示

丁 勇

1994年,联合国教科文组织在西班牙萨拉曼卡市召开了"世界特殊教育需要大会",会上通过了著名的《萨拉曼卡宣言:关于特殊需要教育的原则、方针和实践》(以下简称《宣言》)和《特殊需要教育行动纲领》(以下简称《行动纲领》)两个文件。《宣言》提出的全纳教育新理念及行动纲领在特殊教育发展史上具有里程碑式的意义,它不仅标志着世界特殊教育,同时也标志着世界教育进入全纳教育新阶段。十多年过去了,尽管全纳教育在总体上的展开并不十分顺利(这也说明全纳教育在理论和实践层面仍有值得完善的地方),但当我们联系21世纪人类所面临的时代背景和我国建立社会主义和谐社会的目标要求重温《宣言》时,仍能强烈地感受到全纳教育理念的前瞻性与合理性。笔者联系我国实际,从时代特征和文本释义的角度对教育走向全纳的必然性和《宣言》的内涵重新作出了分析和解读,并力图从中得到有益于我国教育及特殊教育发展的启示。

### 一、全纳教育是当代教育发展的必然趋势

全纳教育自20世纪90年代中期提出后,已经成为当代世界教育及特殊教育发展的重要趋势之一。全纳教育的兴起及发展有着深刻的社会历史背景。

(一)全纳教育是人类社会走向多样化并存、矛盾统一("大同")发展趋势的客观要求

20世纪90年代后,随着全球化、民主化、知识化和信息化进程的加快,人类社会进一步呈现一体化和多元化的"二律背反"的发展态势:一方面,随着世界经济、政治日益形成相互依赖、不可或缺的紧密联系,诸多国家和地区正在加快一体化的进程,人类社会走向"大同"的趋势愈加明显;但另一方面,由于私有制和另一种世界霸权(由少数国际资本、金融寡头所控制)的存在,人对物的依赖关系尚在扩大之中,不同国家、地区和民族之间,特别是第三世界国家反对"西化"(同化)、捍卫国家独立和本民族文化及民族自然生态存在的斗争将更加激化。与此相关,一种经济、

政治与文化的多极化、多元化的世界格局正在形成。在这样一种历史条件下,人的生存方式正经历着从单子式主体向主体间性(类主体)的根本转型。因此,有学者明确提出培养具有共同、共容价值思维,"走向世界历史的人"这样一个重大命题,认为价值趋向的共同性和共容性是当代世界发展潮流,体现了时代前进的方向,必当成为当代教育追寻的方向与目标。[1]而全纳教育就是这样一种体现时代发展需要和当代教育发展方向及追求的教育新视野、新理念和教育改革实践。因此,一方面,全纳教育在积极倡导教育公平和全部接纳(即共同、共容),反对排斥,强调合作,反对歧视,主张全纳("同而不和")的同时,强调尊重个体差异的多样化存在("和而不同")及发展;另一方面,全纳教育力求通过行动纲领的实施和教育制度的根本变革——创设全纳性的学校教育制度,以促进人与人、人与社会、人与自然的和谐共处,进而建立一种无歧视、无排斥的平等、公正、和睦相处的全纳社会。全纳教育的这些理念和实践应该说顺应了世界从多极化走向大同的发展潮流,体现了时代前进的方向。因此,如同《宣言》所述,全纳教育代表着"21世纪世界教育"及特殊教育的发展趋势[2]。

(二)全纳教育是特殊教育发展的内在逻辑和必然规律

现代意义上的特殊教育大致经历着隔离教育、一体化教育和全纳教育三个发展阶段。[3]尽管这三个阶段在不同国家和不同时期呈现着交叉、渗透,甚至是多样并存的局面,但总体上看,特殊教育从隔离教育走向全纳教育是特殊教育理论和实践运动的内在逻辑和必然规律。

1. 隔离教育阶段

所谓隔离教育是将残疾儿童安置在与正常儿童相分离的专门教育机构(如聋校、盲校等),根据残疾儿童残疾程度和身心特点进行特殊教育。这种教育的长处是能根据不同类型残疾儿童的特点进行有针对性的教育,效率较高。但这种教育因为较为封闭且具贴标签效应,不利于残疾儿童的社会适应和身心健康发展,因而遭到部分学者和专家的尖锐批评,引发了一场回归主流和一体化教育运动。

2. 一体化教育阶段

一体化教育倡导者在强烈批评隔离教育不公正性和"贴标签"作用给残疾儿童自尊及身心发展带来的严重伤害后果的同时,主张对隔离教育"去机构化",建议通过建立"正常化"环境和"最少限制环境",使更多的残疾儿童回到普通教育体系中接受一体化教育,以利于他们"回归主流"社会。一体化教育运动对特殊教育的观念、安置模式和教学方法等产生了重大的影响。但是,由于一体化教育未能较好地解决普通教育体系对残疾儿童的实质性融合,如忽略残疾儿童特殊需要,从而使相当一部分残疾儿童实际处在"边缘化"状态,未能完全或实质性融入普通教育体系和主流社会,使得教育质量不高,因此从20世纪90年代开始,人们提出全纳教育思想。

3. 全纳教育阶段

从理论流变的渊源来看,全纳教育是一体化教育的延续,但又与一体化教育有着质的不同。这种不同首先表现在教育理念上。以前的特殊教育(无论是隔离教育,还是一体化教育)都是将残疾人看成是与我们不同的"另类"(或者说是"他们"),因此对于"他们"的教育,不是特殊的"隔离教育",就是残疾人向正常人社会的"回归教育"或"一体化教育"。这种将残疾人与正常人在思想认识上截然分开的形而上学的教育理念注定了二者在教育实践和社会生活上难以实现真正的"融合"。而全纳教育则是从主体间性的关系把握上把残疾人与正常人看成是共同的"人"(或者说是"我们"),这种"人"(即"我们")既是一种在类本质意义上相同的"人",又是一种存在种群差异和个别差异的"人",是一种主体间性的"人"。这种关于"人"的认识标志着人们对于"人"的认识已实现从单子式主体向主体间性的一次质的飞跃。因此,这次认识上的飞跃为消解隔离教育和一体化教育的片面性,实现残健、普(普通教育)特(特殊教育)融合提供了坚实的理论基础。其次是基于主体间性教育理论的假设,全纳教育力图通过探索,建立一种既能接纳和教育所有学生,又能适应不同学生的特性、差异和需要的主体间性的全纳学校教育制度体系,以使所有学生在共同的教育体系中增进融合、理解并实现多样化发展。很显然,这是教育理念、教育模式和教育制度崭新的综合、创新和超越,标志着教育已从隔离、对立开始走向全纳(融合、同一),进入一个新的发展阶段。

总之,从单子式主体走向主体间性,从隔离教育走向全纳教育,这是当代社会和教育发展的必然趋势。十多年来,尽管全纳教育由于资源不足等原因,在实施过程中遇到了许多困难和阻力,但是,作为体现时代发展方向和潮流要求的全纳教育理念及其运动,一定会在21世纪呈现出更加旺盛的生机与活力。

## 二、全纳教育的内涵和特征

《宣言》和《行动纲领》首次系统阐述了全纳教育的五个原则及诸多命题,从中我们可以归纳出全纳教育的内涵和特征。

(一) 全纳教育是面向全体学生、以实现教育公平为目标价值取向的全民教育,具有公平性与全民性的特点

全纳教育的理论假设首先是建立在其人权观的基础上的,即人从类本质意义上讲,无论是残疾人还是正常人,都是人;"人人享有受教育权利",且这种权利是平等的。

因此,"学校应该接纳所有的儿童,而不考虑其身体的、智力的、社会的、情感的、语言的或其他任何条件"。全纳教育必定是面向全体人民的。"零拒绝"是全纳

教育的基本原则,"每一所学校必须接受服务区内的所有儿童入学,为这些儿童都能受到自身所需要的教育提供各种条件,并通过合适的课程、学校管理、资源利用及与所在社区的合作,来确保教育质量。学校不能只为一部分正常儿童服务,而将另一部分儿童拒之门外"。"普通学校应向绝大多数儿童提供一种最有效的教育。"[4]从维护和保障人的平等受教育权利、实现全民教育的意义上讲,全纳教育是以人权观为理论基础、以教育公平为目标价值取向的全民教育。

(二)全纳教育是一种注重过程的融合教育,具有参与性与融合性的特点

1994年的《行动纲领》指出:"在过去20年中,社会政策的趋势一直是促进融合和参与,反对排斥。接纳和参与对于人的尊严和人权的享有与行使是必不可少的。"[5]"参与"、"融合"、"合作"是全纳教育最重要、最基本的概念和原则。所谓"参与"与"融合"是相对于"排斥"与"对立"(歧视)而言的。全纳教育认为,学校教育和社会生活现存的最大问题之一就是相当一部分残疾学生(其实还包括所谓的"落后学生")和残疾人处在被歧视、被排斥和被"边缘化"的状态之中,这是造成他们学业失败和社会不公正的重要原因之一。因此,全纳教育不仅把残疾人是否被社会所接纳、参与到社会生活中看成是实现社会公正和保障残疾人基本权利的重要标志和必要条件,而且强调通过全纳教育过程,"促进学生参与就近地区的文化、课程、社区活动,并减少学生被排斥的过程"[6]。"参与"与"融合"是目的和过程的统一,有了"参与"才可能有"融合","融合"是"参与"的理想境界和最终目标。"融合"的本质及其意义就是接纳、进入、共容、共同、共在、共享、共生与和谐发展。而"合作"既是目的之一,又是实现融合的主要方法。作为一种教育方法,"合作"注重主体间的平等对话、交往、沟通和互动;作为一种教育目的,"合作"强调通过对话与交往的过程,教会学生学会关心,学会合作,学会宽容,促进人与人之间的理解、认同(归属)、共识和融合。全纳教育认为,只有不断加强教育教学过程中教师合作、师生合作、学生合作、学校与家庭及社区的合作,才能减少排斥和对立,促进所有学生最大限度地参与、融入教育和社会生活。

(三)全纳教育是一种"以人为导向"的"回归生活世界"的教育,具有人本性与主体间性的特点

所谓"以人为导向",就是以"人"为本,这里包含三层含义:其一,教育要从以学科知识和教师为中心向以儿童为中心转变,回到儿童本来的、丰富的、感性的和充满活力的生活世界中去。全纳教育认为:"人的差异是正常的。学习必须据此来适应儿童的需要,而不是儿童去适应预先规定的、有关学习过程的速度和性质的假设。""每个儿童都有其独特的特性、兴趣、能力和学习需要",因此,"教育制度的设计和教育计划的实施要考虑儿童特性及需要的广泛差异"[7]。其二,在教育目的上,

全纳教育强调培养人的共同、共容价值思维和尊重个别差异、促进个性发展的辩证统一，主张通过全纳教育促进"全纳性社会"的建立。其三，在教育方式上要从主体式教育向主体间性教育转移。如前所述，全纳教育认为的"人"不是指某一类单一的主体（如残疾人或正常人），而是指通过拥有共同世界而形成的不可或缺的共同体关系或主体间性的"人"，是一种包含主体差异的"类存在"或"类主体"。正是因为在对"人"的认识上实现了从单子式主体向主体间性的转移，所以，全纳教育强调对于"人"的教育要在主体间性的情景（残疾人与正常人的共同体教育关系）中展开，既要坚持类主体发展的同一性和教育方式的统一安置，又要注意根据人的个体差异、身心特点及需要因材施教，主张通过全纳性（主体间性）学校教育体系促进学生个性多样化发展和融合。对于"有特殊教育需要的儿童"，全纳教育强调必须使他们"有机会进入普通学校，而这些学校应以一种能满足其特殊教育需要的儿童中心教育学思想接纳他们"。为此，全纳教育要求对"普通学校来一次重大的改革"，建构一种全新的能"容纳所有儿童"的"全纳性学校"教育制度。全纳性学校的基本原则是"只要可能，所有儿童就应一起学习，而不论他们可能有的困难或差异如何"；全纳性学校的中心任务是通过探索，"发展一种能成功地教育所有儿童，包括处境非常不利和严重残疾儿童的儿童中心教育学"。这种教育学及方法能"认识到学生的不同需要并对此做出反应，并通过适当的课程、组织安排、教学策略、资源利用以及与社区的合作，来满足学生不同的学习风格和学习速度，并确保每个人受到高质量的教育"。[8]

（四）全纳教育是一种面向社会的大教育，具有开放性与社会性的特点

与过去那种封闭的就教育论教育的传统教育相比，全纳教育表现出的最大的不同是教育观念、思维范式和实践方式的根本改变。首先，全纳教育是一种开放的大视野和大教育观，即全纳教育是从经济和社会发展的全局需要来考虑教育事业的发展的，因此，全纳教育认为教育既是整个社会文明进步的有机组成部分，又是支持和推动社会文明进步的动力和手段。诚如联合国教科文组织前总干事费德里科·马约所说："特殊需要教育不能孤立地得到发展，而必须成为全面教育战略的组成部分，并且确实要成为新的社会和经济政策的组成部分。"[9]其次，全纳教育在思维范式和实践方式上实现着从医疗模式向社会模式的转变[10]。与医疗模式认为残疾人的缺陷是障碍的根源不同的是，全纳教育认为社会环境的限制是障碍的根源。因此，全纳教育把改善社会环境、提高残疾人生存和发展质量作为政策制定和实施的重点，强调从社会方面（如立法、预算、环境设施、管理、家庭、社区、教师、课程等）建立全纳教育支持体系的必要性，认为没有支持，就没有全纳。《行动纲领》还就如何建立全纳教育支持体系提出了具体的政策和措施：政府在改善教育制

度方面给予政策和预算的最优先考虑,以使教育制度能容纳所有儿童;以法律或方针的形式通过全纳性教育原则,在普通学校招收所有儿童;形成自主管理分层参与机制,调动方方面面推进全纳教育的积极性;鼓励并促进家长、社区和残疾人组织参与有关特殊教育需要设施的规划和决策过程,建立劳动就业、社会保险等配套制度;加强全纳教育教师的培养、全纳教育的研究和国际交流等。[11]

### 三、全纳教育对我国教育及特殊教育发展的启示

走向全纳是21世纪世界教育发展的大趋势。因此联系我国的实际,笔者认为,全纳教育对于我国教育未来的发展有些许启示。

#### (一)在教育发展的价值取向上,应坚持公平优先

公平是全纳教育的价值取向和基本原则,也是我国建设社会主义和谐社会的本质要求和题中应有之义。但是近些年来,随着经济体制转型加快、社会结构的变动、利益关系的多元化,社会公平问题日益凸显出来,这些问题在教育领域集中表现为教育机会不均等,残疾人九年义务教育普及程度不高,教育条件不均衡,特别是城乡学生在分配教育公共教育资源上的差距在进一步拉大等。教育不公平问题对建设社会主义和谐社会进程将会造成严重阻碍。因此,解决教育不公平问题已成为当前教育领域贯彻落实科学发展观、建设社会主义和谐社会的一项十分紧迫和重要的任务。解决教育公平问题,有许多措施,但其中最关键的措施,应该是各级人民政府要切实履行政府管理公共事务、推进教育公平的基本职责。首先是政府要按照社会主义和谐社会的本质要求,在教育发展的重大政策制定和教育制度设计上,凸显和遵循"公平优先"的原则。只有制定公平的教育政策,才会有公平的教育。政府要充分运用政策、行政和法制等宏观调控手段,着力调整教育政策的城市化偏向、效率优先偏向和基础教育举办重点校和重点班的偏向,促进教育整体向着公平方向均衡、协调发展。其次是在资源配置上,政府要根据公平原则,加大对弱势地区、弱势学校和弱势人群的扶持和倾斜力度,努力通过教育资源的均衡配置,逐步消除城乡、地区、学校和各类教育之间的差距,使全体人民共享教育改革成果。再次是政府要加强对教育资源配置和教育政策执行情况的检查与督导,确保政策和资源的落实到位,以最大限度地实现教育公平。

#### (二)在教育理念和教育实践上,应坚持以人为本

以人为本是全纳教育的灵魂和精髓。在教育理念和教育实践上,坚持以人为本,就是要重新确立"人"在教育中的主体地位和中心地位,不是儿童去适应预先设定的学习内容和计划,而是教育要适应和满足儿童的特性和需要的广泛差异,促进"人"的解放、回归、实现和发展。为此,在教育目的上,要根据时代发展和人类本质

的发展要求反思和重构"人"的新形象及具体规格,突出共同、共容价值思维和个性发展、创造能力的培养,努力使学生学会生存、学会学习、学会创造、学会关心和学会共同生活。在课程上,要改变学科知识为中心的唯理性的片面倾向,努力通过基础教育课程改革,促进课程和教育的重心重新回到儿童生活世界和素质教育的轨道上来,切实以综合化、整体化、素质化和个性化的课程促进学生全面、和谐的发展。在教育方式上,要努力探索出一种主体间性的、既能面向全体学生又能满足不同学生个体多样化需求的全纳教育模式,促进"人"的个性发展得到真正的实现。总之,坚持以人为本,就是要坚持一切从儿童的实际出发,一切以人的发展为根本目的,一切要尽量在全纳教育的情景中根据不同儿童的特性和需要,因材施教,从而确保每一个儿童(学生)个性获得充分、和谐、自由的发展,成为"走向世界历史的人"。这些或许就是全纳教育的本质要求和对于我们最深刻的启示。

(三)在教育发展方式和策略的选择上,应坚持统一性和多样性的结合

我国是一个在经济、社会、文化、教育发展方面存在显著差异的国家。以特殊教育为例,在我国东部沿海发达地区,残疾人的九年义务教育已基本普及,但在中西部不发达地区,任务仍十分艰巨。因此,全纳教育在中国的发展应坚持统一性和多样性的结合。一方面,我们要按照教育发展共同规律的要求,坚定不移地推进中国特色的全纳教育——随班就读的实践和探索,加强随班就读支持体系的建设,促进教育逐步走向全纳;另一方面,必须根据我国的国情和残疾人身心发展的不同特点,采取多样化的教育安置模式和教育方法,以适应和满足不同地区、不同残疾人的特殊教育需要,促进他们发展。总之,在推进全纳教育的过程中,我们既要注意防止违背共性发展规律的历史虚无主义,又要注意避免不顾国情盲目跟风、"一刀切"的教条主义偏向。唯有这样,我们才能不断解决全纳教育发展过程中所面临的新问题,逐步将全纳教育推向新境界。

**参考文献:**

[1] 鲁洁.超越与创新[M].北京:人民教育出版社,2001:409—427.

[2][4][5][7][8][9][11] 赵中建.教育的使命——面向二十一世纪的教育宣言和行动纲领[C].北京:教育科学出版社,1996:129,129—131,136,131,137,128,139—140.

[3] 张福娟,等.特殊教育史[M].上海:华东师范大学出版社,2000:289.

[6] 黄志成,等.全纳教育——关注所有学生的学习和参与[M].上海:上海教育出版社,2004:62.

[10] 冼权锋,杜秀慧.融合教育:从认识到实践[M].香港:香港教育学院,2001:19—21.

(原文发表于《外国教育研究》2007年第8期)

# 教育公平是全纳教育的核心内涵

王培峰　于炳霞

1994年联合国教科文组织在西班牙召开"世界特殊需要教育大会",提出了全纳教育这一全新教育理念。目前,全纳教育已拓展到整个教育领域,并引起了教育理念、教育内容、教育技术等方面的一系列改革。全纳教育已成为国际教育发展的一个重要趋势。人们在实践全纳教育的同时,也渴望从理论上把握全纳教育的本质内涵,解决实践中面临的有关问题,并能回答实践中不断出现的新问题。然而,目前人们对全纳教育的认识缺少对其本质和核心内涵的深层理解与把握。本文将基于人们对教育公平问题的思考,借鉴教育公平思想理论,对全纳教育的内涵作一种新的阐释。

## 一、对教育公平问题的新思考

教育公平,从范畴意义上看,是一个反映教育质的范畴,而不是反映教育量的范畴;从教育本体角度看,教育公平是指教育活动中对待每个教育对象的公平和对教育对象评价的公平;从教育本质意义上看,教育公平包含教育平等及其合理性两重质的规定。[1]目前随着全纳教育研究的不断深入,教育公平问题已成为人们新的思考方向。

首先,从全纳教育产生的背景来看。法律基础方面,先后发表的一些国际性文件,如《世界全民教育宣言》、《萨拉曼卡宣言》等,以及各国相应的法律法规,如我国的《教育法》、《残疾人保障法》等都明确规定了包括残疾儿童少年在内的所有儿童少年平等的教育权利。思想基础方面,现代人权教育观、素质教育理念等都鲜明地提升了学生在教育中平等的价值主体地位。实践基础方面,国内外一体化教育的思想理论、方法与途径,为残疾儿童少年平等参与社会提供了成功的经验并指明了发展方向。这些都鲜明地体现出对教育公平的价值追求。

其次,从全纳教育的目的意义来看,全纳教育是立足于全体国民的全民教育,其主要通过全纳学校提供满足全体学生各自特殊需要的成功教育,让包括特殊需要学生在内的所有学生,在教育权利、教育机会、课程、教学评价等各方面,从形式到实质上都平等参与教育的全过程,享有满足其特殊需要的成功教育,实现学生潜能与个性最大程度的发挥。可见,全纳教育内在目的意义是保障所有学生平等民主的教育权利,提升所有学生的主体地位,最大化地发挥学生的潜能与个性。其外在目的意义是充分利用现代科技、经济、社区等条件,优化与开发教育资源,普及提高包括特殊需要学生在内的全民素质教育。全纳教育引发着人们对教育公平的思考。

另外,从全纳教育的实践来看,教育资源的有限引起人们对一系列问题的思考,包括对特殊需要学生与非特殊需要的学生如何公平分配资源问题的思考,以及在教育内容结构的设计及实施上,对教育对象获得利益的公平性及其获得方式的合理性等问题的思考。

## 二、全纳教育的起点是平等的

《特殊需要教育行动纲领》明确指出以全纳为导向的普通学校是反对歧视态度,创建受人欢迎的社区,建立全纳社会和实现全民教育的最有效的途径。可见,全纳教育关注所有儿童,旨在最终创建全纳社会和实现全民教育,社会性和民主性是其最基本的特点。[2]其反映的实质是所有儿童接受教育,享有教育资源的起始状态的一致性。其中主要反映出所有儿童接受教育的权利平等。教育权利的平等是教育起点平等的根本内容。[3]有了教育权利的平等,才有教育机会平等的可能。在具体的教育组织安置方面,全纳教育反对传统歧视性的社会观念和教育模式,将人类的差异视为正常的,并提出融合参与的观点,将特殊需要儿童少年就近吸纳在普通学校与多数非特殊需要学生共同学习。只有事实证明在普通班级里的教育无法满足他的教育需要时,或当这种安置不利于他及其他学生时,才会将他送入特殊学校或特殊班,其教育也不必是完全隔离式的,而应该鼓励安排这些学生部分时间去普通学校上学,以此来确保他们教育机会的平等。但这种平等是相对而不是绝对的平等。影响教育机会平等的因素,从来源看,大致主要有社会提供的机会、家庭提供的机会、个人天赋提供的机会。如家庭经济状况、家庭成员的职业文化修养、家庭所处的地理位置是否靠近条件优越的学校尤指义务教育普通学校等,都为他们提供了不同的教育机会。国家对不同地区实行的教育政策倾斜、社会对残疾人群的特殊照顾等,也带来了不同的机会。这些机会的不均等本身就是一种合理性的公平,体现了教育公平的本质含义。教育权利与教育机会的平等是体现全纳教育形式平等的主要内容。[4]

## 三、全纳教育的过程是平等的

全纳教育的基本原则是在一切可能的情况下,全体儿童应在一起学习,无论他们有任何困难或差异,学校教育必须认识到并照顾到他们的不同需要,顺应不同的学习类型和学习速度,通过适宜的课程、组织安排、教学策略、资源利用、社区合作及连续性的外部支持与服务,确保面向全体学生的教育质量。[5]可见,全纳教育强调以学生为中心的教育观,倡导的是用民主的力量、群体的力量、合作的力量来促进学生发展的方法论和价值观。以学生为中心意味着突出学生的教育价值主体地位及其在教育活动中的认识主体地位,而非传统的以教师为中心的客体地位,体现出教育活动中对待教育对象的公平,是教学活动公平的主要内容。民主则意味着教育活动中师生关系的平等和学生享有符合其需要的教育并获得最大充分发展的平等。其体现出在平等的基础上以不同的方式对待不同的对象的切合性原则,这是教育平等原则的一条基本原则。[6]它不同于我们一般意义上的因材施教,而更多反映的是对待教育对象的平等及教育对象获得最大化利益的切合性平等。群体则意味着个体的共同发展就是集体的发展、集体的发展就是个体的共同发展的理念。每个学生尤其是特殊需要学生的学习与发展不仅是他个人的问题,也是所有的同学、教师、家庭、社区等有关人员的共同责任。其体现出所有有关者提供教育、支持、帮助的权利和义务的平等。合作意味着教育活动中的每个人应该合理分工,协调配合,与兴趣、能力、性格等不同的人共同学习工作,共同解决问题,相互从合作中受益,共同获得发展。其体现出分享资源、分享成果的平等。合作主要包括师生合作、师师合作、生生合作、班班合作、校校合作、学校与家庭与社区相互合作等。

课程是学生素质发展的蓝图。它作为一种特定的文化资本形式的教育中介,其结构、内容的设计及实施,一定程度上反映出赋予学生内在的教育和发展机会及其获得教育和发展机会的满足程度。全纳教育在课程设计实施方面特别指出,学校应为不同能力不同需求的儿童提供相宜的课程机会,使课程适应儿童的需要,但并不是使用不同的课程,只是要为特殊需要儿童提供额外的指导与支持。[7]这明确体现出所有儿童享有同样课程的权利平等,也体现出每个儿童从课程中获得相应最大值充分发展的机会平等。另外这也体现出教育过程中分配教育资源的整体平等原则,[8]缩小了两类儿童身心不同而享有资源的差距,促进了两者之间的平等。另外,在教育评价方面,全纳教育着眼于学生潜能、个性充分发展的价值观,也体现出评价教育对象的公平。

总之,全纳教育过程本质上反映的是学生享有教育资源内部条件的一致性及享有的教育资源与其自身主客观条件的一致性。这是体现全纳教育平等的重要内容。

### 四、全纳教育的结果是平等的

传统隔离教育主张以医学和心理学的模式看待儿童,着眼于特殊需要儿童的生理缺陷或特殊需要,导致严重地扩大了特殊需要儿童与非特殊需要儿童发展的不平等。这不仅表现在教育起点、教育过程方面,在教育结果方面表现得更为突出。如,隔离式聋校毕业的许多学生不但没能补偿自身缺陷,反而增添了许多社会适应能力方面的障碍。

全纳教育主张社会学模式的教育观,着眼于特殊需要儿童与非特殊需要儿童发展的共同点,尤其是发展的潜能。反对隔离、提倡全纳参与、促进融合、实现特殊需要儿童的超越与回归是全纳教育追求的重要目标。即经过全纳教育的成功教育后,让特殊需要学生体验不到自身的障碍,体验不到自己与其他非特殊需要学生的不同。教育结果平等体现在教育活动中的价值趋向是强调学生潜能的充分开发,张扬学生个性的最大发挥,关注学生人格的自我完善,让每一个学生体验到成功。与传统隔离式教育相比,全纳教育尽可能地缩小了特殊需要儿童与非特殊需要儿童的差距,能最大限度地促进特殊需要儿童得到相应的不同程度的充分发展。

其本质反映出学生接受教育最终结果状态的一致性的公平。这种一致性的教育公平主要是与自身主客观条件相适应的合情合理。如,能力发展水平的不均等、个性形成发展的不均等,并非就是不公平的。只要个人的发展达到了与自身相应的充分最大化,就是公平的。相反,就是不公平的。

综上所述,全纳教育是一种以教育公平为本位的教育理念,教育公平是全纳教育的核心内涵。理解与把握全纳教育的深刻内涵,对推进我国特殊教育乃至全体国民的素质教育都将产生积极的意义。

**参考文献:**

[1][3][4] 郭元祥.对教育公平问题的理论思考[J].教育研究,2000(3):21.

[2] 黄志成.论全纳教育的价值取向[N].教育文摘周报,2001(33):6.

[5][7] 参见《特殊需要教育行动纲领》第7条、第29条,1994年6月.

[6][8] 许庆豫,卢乃桂.我国教育分流分析[J].教育研究,2001(3):19.

(原文发表于《中国特殊教育》2002年第3期)

# 后现代视野下的全纳教育及其
# 对我国随班就读的启示

丁 勇

全纳教育目前已经成为当代世界教育及特殊教育发展的重要趋势之一。全纳教育与后现代思潮有着密切的联系。本文从全纳教育与后现代思潮关系的分析入手,试图在分析研究的基础上,从后现代理论的角度对全纳教育的本质和特征作出一些新解。我们希望,通过这种探索而提出的新解能为推进我国随班就读工作的深入开展、提高随班就读质量提供有益的启示和借鉴。

## 一、全纳教育与后现代思潮

后现代思潮是20世纪后半叶流行于西方社会的哲学和文化思潮。作为与现代及现代主义相对应的一种主义(思潮),后现代更多地表现为对现代和现代主义的批判、反思、解构和重构。他们认为人类历史迄今最伟大的工业革命、工业化、现代化以及科技进步在给人类带来巨大进步和利益的同时,已经并仍在造成资源掠夺与战争、环境污染、人与自然生态关系恶化等严重后果;启蒙思想家反对封建"神性"而积极倡导的人类"理性"已经异化为唯科技的"工具理性",成为一种束缚和控制人发展的异己力量和精神枷锁,由此造成当代人精神贫乏、人文关怀缺失、道德滑坡和人性沦丧等。因此,他们提出"回归生活世界"(胡塞尔等)等理论,试图给陷于深刻意义危机、生存危机和唯理性困境的人们,找到一条回归人类精神家园的出路。与现代和现代主义的表征(譬如唯理性、同一性、中心性、普适性、封闭性和控制性等)比较而言,后现代思潮则表现出多元化、去中心、不规则、不确定、开放性和反本质等特征。[1]后现代对于教育的影响是巨大而深远的。尽管全纳教育并没有在理论上公开声明自己的后现代立场,但是,我们仍然可以从全纳教育的主要观点中看到后现代的深刻影响和印记:(1)全纳教育是反对教育的唯理性倾向的,因此它倡导教育要以人为本,以儿童为中心,强调教育回归儿童本来的生活世界,呈现人性和教育多元多样多彩的"返魅"景象。(2)全纳教育是反对主客二分的思维模式的,认为这种思维方式是与本质主义一脉相承的,是导致人与人、人与自然对立、排斥、控制与奴役、关系紧张和生态恶化的重要思想根源,因此,全纳教育特别强调要用一种和谐的、共生的、共容的、生态的、主体间性的(指人与人之间的)融合的观点取代现代性特殊教育观。(3)全纳教育是反对"宏大叙事"、"元叙事"和普遍主义的观点的,在他们看来,事物发展的过程性、复杂性、开放性、情景性、不确定性、不等称性和不可言喻性等[2],更接近事物的本来面目。因此,他们认为教育重在过程,主张通过参与、合作、对话,促进人与人心灵的立体互动、渗透、扩散、弥漫和融合。弄清楚全纳教育与后现代思潮之间所存在的这种密切关系是很有意义的,因为它不仅有利于我们从一种全新的(后现代)角度认识、把握和诠释全纳教育的内涵,而且后现代及其相关的新解亦将为我们解决特殊教育领域现代化进程中遇到的问题提供新的思路、方法和方向。

**二、后现代视角:全纳教育的内涵和特征**

《萨拉曼卡宣言》(以下简称《宣言》)和《特殊教育需要行动纲领》(以下简称《行动纲领》)是系统阐述全纳教育理论和实践纲领的经典文献。根据上述关于全纳教育与后现代思潮及其时代特征关系的分析,从后现代理论的角度对全纳教育两个经典文献做进一步的分析和归纳,我们认为,全纳教育的内涵和特征主要体现在以下几个方面。

第一,全纳教育是面向全体学生(包括残疾学生)、以实现教育公平为目标价值取向的全民教育,具有公平性与全民性的特点。全纳教育的理论假设首先是建立在其人权观的基础上的:人从类本质意义上讲,无论是残疾人,还是正常人,都是人;"人人享有受教育权利"(《世界人权宣言》),且这种权利是平等的,即无论你是谁,都有平等接受教育的权利。因此,"学校应该接纳所有的儿童,而不考虑其身体的、智力的、社会的、情感的、语言的或其他任何条件"。全纳教育必定是面向全体人民的,"零拒绝"是全纳教育的基本原则。"每一所学校必须接受服务区内的所有儿童入学,为这些儿童都能受到自身所需要的教育提供各种条件,并通过合适的课程、学校管理、资源利用及与所在社区的合作,来确保教育质量。学校不能只为一部分正常儿童服务,而将另一部分儿童拒之门外。"[3]"普通学校应向绝大多数儿童提供一种最有效的教育。"[4]从维护和保障人的平等受教育权利、实现全民教育的意义上讲,全纳教育是以人权观为理论基础、以教育公平为目标价值取向的全民教育。

第二,全纳教育是一种注重过程的融合教育,具有参与性与融合性的特点。《行动纲领》指出:"在过去20年中,社会政策的趋势一直是促进融合和参与,反对排斥。接纳和参与对于人的尊严和人权的享有与行使是必不可少的。"[5]"参与"、"融合"、"合作"是全纳教育最重要、最基本的概念和原则。所谓"参与"与"融合"是相对于"排斥"和"对立"(歧视)而言的。全纳教育认为,学校教育和社会生活现存的最大问题之一就是相当一部分残疾学生和残疾人处在被歧视、被排斥和被"边缘化"的状态之中,这是造成他们学业失败和社会不公正的重要原因之一。因此,全纳教育不仅把残疾人是否被社会所接纳或参与到社会生活中看成是实现社会公正和保障残疾人基本权利的重要标志和必要条件,而且还特别强调通过全纳教育过程,"促进学生参与就近地区的文化、课程、社区活动,并减少学生被排斥的过程(英国专家托尼·布思语)"[6]。"参与"与"融合"是一种过程的两个方面,有了"参与"才有可能"融合","融合"是"参与"的理想境界和终极目标。"融合"的本质及其意义就是接纳、进入、共同、共容、和谐与发展,是人与人之间、人与自然、社会的和睦共处。而"合作"既是目的之一,又是实现融合的主要方法和基本策略。作为一种教育方式,"合作"注重教育过程中人与人(主体间)心灵之间的平等对话、交往、沟通和互动;作为一种目的,"合作"是要通过一种合作过程,消解歧视和排斥,建立教育共同体,促进人与人之间的理解、认同、尊重、关心、爱护和融合。

第三,全纳教育是一种"以人为导向"的"回归生活世界"的教育,具有人本性与主体间性的特点。所谓"以人为导向",就是以"人"为本。这里包含三层含义:一是教育要从以学科知识、教师为中心向以儿童为中心转移,回到儿童本来的、丰富的、感性的和充满活力的生活世界中去。全纳教育认为,"人的差异是正常的。学习必须据此来适应儿童的需要,而不是儿童去适应预先规定的、有关学习过程的速度和性质的假设","每个儿童都有其独特的特性、兴趣、能力和学习需要",因此,"教育制度的设计和教育计划的实施要考虑儿童特性和需要的广泛差异"[7]。二是教育目的是要通过全纳教育培养具有共同共容(全纳)价值思维、和谐发展的人,促进全纳性和谐社会的建立。三是教育方式要实现从主体性向主体间性的转移。全纳教育认为的"人"不是指某一类单一的主体(譬如残疾人或正常人),而是指通过拥有共同世界而形成的不可或缺的共同体关系或主体际(间)性的"人",是一种包含主体差异的"类存在"或"类主体"。正是在"人"的认识上实现了从单子式主体向主体间性的转移,所以,全纳教育强调对于"人"的教育要在主体间性的情景(残疾人与正常人的共同体教育关系)中展开,既要坚持类主体发展的同一性和教育方式的统一安置,又要注意根据人的个体差异和身心特点及需要因材施教,主张通过全纳性学校教育体系促进融合和学生个性多样化发展。为此,要对"普通学校来一次重大的改革",建构一种全新的能"容纳所有儿童"的"全纳性学校"教育制度。全纳性学校的中心任务是通过探索,"发展一种能成功地教育所有儿童,包括处境非常不利和严重残疾儿童的儿童中心教育学"。这种教育学及方法能"认识到学生的不同需要并对此做出反应,通过适当的课程、组织安排、教学策略、资源利用以及与社区的合作,来满足学生不同的学习风格和学习速度,并确保每个人受到高质量的教育"[8]。

第四,全纳教育是一种面向社会的大教育,具有开放性与社会性的特点。与过去那种封闭的就教育论教育的传统教育相比,全纳教育表现出的最大不同是教育观念、思维范式和实践方式的根本改变。首先,全纳教育是一种开放的大视野和大教育观,即全纳教育是从经济和社会发展的全局需要来考虑教育事业的发展,因此,全纳教育认为"特殊需要教育不能孤立地得到发展,而必须成为全面教育战略的组成部分,并且确实要成为新的社会和经济政策的组成部分"(费德里科、马约尔)[9]。其次,全纳教育在思维范式和实践方式上实现了从医疗模式向社会模式的转变[10]。与医疗模式(认为残疾人的缺陷是障碍的根源)不同的是,全纳教育认为社会环境的限制是障碍的根源,因此,全纳教育把改善社会环境、提高残疾人生存和发展质量作为政策制定和实施的重点,强调从社会方面建立全纳教育支持体系的必要性。《行动纲领》还就如何建立全纳教育支持体系提出具体的政策和措施[11]:政府在改善教育制度方面给予政策和预算的最优先考虑,以使教育制度能容纳所有儿童;以法律或方针的形式通过全纳性教育原则,形成自主管理分层参与机制;鼓励并促进家长、社区和残疾人组织参与有关特殊教育需要设施的规划和决策过程,建立劳动就业、社会保险等配套制度;加强全纳教育教师的培养、全纳教育的研究和国际交流等。

### 三、全纳教育对我国开展随班就读的启示

全纳教育对于我国随班就读工作的深入开展至少有以下几点启示。

#### (一)追求教育公平是开展随班就读必须恪守的价值取向和基本准则

追求公平是全纳教育的价值取向和基本原则,也是我国教育和我们推进随班就读工作必须遵守的基本准则和目标取向。没有公平,就没有和谐。而我国要建设社会主义和谐社会,就更需要按照"公平正义"和谐社会的目标要求,在教育的价值取向上坚持公平优先的原则。

坚持和追求教育公平,首先应把大力发展残疾人教育事业、保障残疾人受教育权作为整个教育事业发展的"重中之重",积极加以落实。因为只有尽快缩小残疾人教育与整个教育事业发展水平的明显差距,实现教育均衡发展,才可能最大限度地实现教育公平。而发展残疾人教育事业,随班就读发挥着重要的基础性作用。随班就读是实施残疾人教育的主要安置和组织方式。因此,大力推进随班就读工作的全面展开,就是实现教育公平的重要有力的措施。其次是在随班就读入学和教育活动中,必须依法做到"零拒绝"和就近入学,确保教育公平的实现。新《义务教育法》确立了义务教育实施就近入学制度和"零拒绝"的原则,实施残疾适龄儿童、少年义务教育学校和教师必须严格执行这些法律规定,维护教育公平,确保每一个孩子能入得了学,受到良好的教育。再次是创造条件,加强研究,譬如推进小

班化教学和提高随班就读班师生比,加强随班就读教学模式和残健融合的研究,逐步使随班就读从机会均等发展到过程和结果质量的平等,更好地实现教育公平。

(二)坚持以人为本,回归生活世界,是推进随班就读改革的重要方向、目标和主要内容

以人为本是全纳教育的灵魂和精髓。所谓以人为本,就是要重新确立"人"在教育中的主体地位和中心地位,不是儿童去适应教育内容,而是教育要考虑"儿童特性和需要的广泛差异",努力通过一种主体间性教育促进"人"的解放、回归、实现和融合。但是,当前随班就读工作存在的最大问题就是教育严重脱离残疾儿童的生活实际,存在着唯书本知识和理性至上的片面倾向,这是造成随班就读残疾儿童学不下去和学不好的重要原因。因此,要想走出目前的困境,提高随班就读质量,我们必须从残疾儿童的实际出发,推动随班就读从以学科书本知识教学为主向以回归儿童生活世界为主的方向进行改革。首先是在残疾儿童随班就读的教育目标定位上,要从掌握书本知识为主向以学会生活为主的转变。生活世界是人的存在方式和"诗意栖息地"。从根本意义上说,教育就是要使人学会有意义地、有尊严地、丰富地、自由地、高质量地生活。因此,在随班就读教育教学目标的整合和确立中,更要突出残疾学生生活实践能力的培养、潜能的开发和人的丰富性发展。其次是在课程上,要实现从预设向生成的转变。既然教育是从儿童的经验和生长出发,那么,随班就读的课程就不应只执行预设文本,而是要更关注儿童生活经验、智慧、情感、意志和人格的生成过程。随班就读课程应具有本原性、开放性、多样性和生成性。再次是教学要从独白向对话转变。教学不应是教师或学生单向的独白或交流,而是师生思想、情感和诸种心理因素的对话、碰撞、交往、互动和交响,但是目前随班就读存在的另一大问题就是教学还是单向的,正常儿童和残疾儿童之间、师生之间缺少必要的沟通、互动和理解,因此,我们在教学中,要想方设法通过改革促进教学从独白走向对话和融合。

(三)加强支持体系的建设,形成学校、家庭和社会一体化的大教育格局,是搞好随班就读工作的重要保证

支持体系是维持随班就读运行和提高随班就读质量的重要保证。为此,要在以下几方面加强建设:第一,各级人民政府及教育行政部门要高度重视随班就读工作,切实将接收残疾儿童、少年接受九年义务教育纳入当地普及九年义务教育发展规划,建立随班就读工作目标责任制,切实加强领导、检查和督导,确保残疾儿童、少年按时入学。对于开展随班就读的学校和教师,要在财政拨款和特教津贴上给予倾斜和资助。第二,加强随班就读教师队伍建设,提高随班就读教师专业化发展水平。教育主管部门和有关院校一方面是要有计划、有重点、有针对性地对普通学

校从事随班就读教学工作教师进行专门的特殊教育知识和能力的培训,加强各类康复师和心理咨询师等专业人员队伍的建设;另一方面是要在教师教育院校将特殊教育课程列为必修课程,提高师范生从事特殊教育的专业水平。第三,建立和完善随班就读管理网络,充分发挥特殊教育学校在随班就读工作中的骨干示范和指导作用。特殊教育学校要加强资源教室、巡回指导教师队伍建设和随班就读研究,依托随班就读县、乡、村三级管理体系和教研网络,通过教研活动和巡回指导等方式,发挥自身在随班就读工作中的骨干示范和指导作用。第四,积极开展随班就读家庭教育,提高残疾儿童家长家庭康复、教育的技能,加大对特殊教育的宣传力度,动员全社会关心、支持特殊教育,形成特殊教育发展的良好社会氛围。

**参考文献:**

[1] 汪霞.课程研究:现代与后现代[M].上海:上海科技教育出版社,2003:1—14.

[2] 钟启泉,等.多维视角下的教育理论与思潮[C].北京:教育科学出版社,2004:104—108.

[3][4][5][7][8][9][11] 赵中建.教育的使命——面向二十一世纪的教育宣言和行动纲领[C].北京:教育科学出版社,1996:128—153.

[6] 黄志成,等.全纳教育——关注所有学生的学习和参与.上海:上海教育出版社,2004:10,62.

[10] 冼权锋,杜秀慧.融合教育:从认识到实践[M].香港:香港教育学院,2001:13—21.

(原文发表于《中国特殊教育》2006年第12期)

# "全纳教育"与"融合教育"关系辨析

李 拉

近些年来,"全纳教育"、"融合教育"等字眼频繁地出现于教育理论与实践领域,并成为当前教育研究中的热点问题之一。然而,对于全纳教育和融合教育概念本身的界定,特别是两个概念之间的相互关系等问题却缺乏深刻探讨。以至于在很多情况下,教育研究者以及教育实践者将这两个概念等同于一个概念,不假思索地随意使用。或者是认为这两个概念都是自1994年《萨拉曼卡宣言》之后影响我国的"Inclusive Education"思潮的不同翻译方式,从而在翻译表述上争论不已,难有定议。

概念的澄清与界定是对其进行深入研究的起始环节和基本前提,概念上的混淆必然会影响我们对全纳或融合的更深层次的理解与探讨,更容易导致实践领域的混乱与不清。很明显,近些年来由于理论研究者对于这两个概念的争论或随意使用,在实践领域已经产生了消极的影响。处于教育实践领域一线的工作者,对于教育的未来发展趋势,以及他们目前参与的各种全纳或融合实践究竟是何种教育,全纳教育还是融合教育,抑或二者皆可,存在着很大的困惑与疑问。从这个意义上来说,对这两个概念作出分析与澄清,已经不仅仅是一个理论研究的问题,更是一个与实践休戚相关的重要问题。

## 一、"全纳教育"与"融合教育"关系的争论

第一,"全纳教育"就是"融合教育"。这或许代表着当前最主流的对两个词语的使用范式。自1994年《萨拉曼卡宣言》公开发表以来,Inclusive Education 便成为一股席卷全球的教育思潮。Inclusive Education 在我国普遍被翻译为"全纳教育",也有研究者认为:"'融合'更能反映其真正含义,能够为准确翻译、表达 Partial Inclusion(部分融合)和 Full Inclusion(完全融合)提供空间;并有利于更加便利地进行国际交流。"[1]事实上,对这个问题的翻译之争并没有随着对 Inclusive Education 研究的深入而达成一致,反而各持己见,莫衷一是。由于对这个词语的

翻译存在异议,便出现了诸多种对 Inclusive Education 的不同使用现象。最常见的就是学者们在参加学术会议或发表学术观点时,或直接选择使用"全纳"一词,或坚持使用"融合"一词;还有学者会采用一些避免争议的权宜之计,即在谈到全纳教育/融合教育(Inclusive Education)时,会特别注明,它还通常被翻译为融合教育/全纳教育。抛开何种翻译方式更为恰当这个问题不谈,单就这两个词语的使用来看,学者们是把融合教育的含义默认为等同于 20 世纪 90 年代兴起的全纳教育。在这种语境下,全纳教育就是融合教育,二者是同义词,区别仅是翻译的不同。

第二,"全纳教育"不同于"融合教育"。他们认为,全纳教育是兴起于 20 世纪 90 年代的 Inclusive Education,而融合教育则兴起于 20 世纪六七十年代的西方特殊教育领域内将残疾儿童放在普通学校中进行教育的"一体化"教育或"回归主流"运动。他们指出:"'回归主流'是美国等教育发达国家实施特殊教育的一种思想体系,英国称为'融合'、'一体化'。"[2] 而在解释"一体化"时,又同样指出:"'一体化'是英国等西、北欧国家特殊教育界常用的一种术语。又译'混合教育'、'集中教育'、'融合'。"[3] 在这种语境下,融合教育就是专门指发生在特殊教育发展历程中的一个特定时期内的教育形式,即欧洲的"一体化"教育或北美的"回归主流",与全纳教育是两个不同的概念。

然而,遗憾的是,这些观点的持有者们在指出全纳教育与融合教育区别的同时,却没有清晰地回答融合教育与 20 世纪 90 年代之后兴起的全纳教育之间的关系问题。而这恰恰是准确认识二者的关键所在。仅从一种简单割裂的角度来区别二者,并忽略或没有澄清二者之间的内在联系,这种思维模式使得他们对全纳教育与融合教育关系的认识以及他们对二者的定义存在着明显的缺陷,也正是这种认识使他们对融合教育和全纳教育的理解经常陷入自相矛盾之中。

## 二、历史发展视角下的"全纳教育"与"融合教育"

对"全纳教育"与"融合教育"关系作出澄清和分析,不仅要规定其明确的外延和内涵,还要对与其紧密相关的几个概念,如"一体化"教育、"回归主流"等作比较分析,并把它们置于整个教育发展的历史轨迹中进行考察,才能更好地明晰它们之间的区别与联系,从而对二者关系形成准确的认知定位。

### (一)融合教育的产生与发展

对融合教育做历史考察,我们需要回溯到整个特殊教育发展历程之中。我们知道,世界特殊教育发展的整体趋势是由隔离走向融合。在隔离式的特殊教育时期,特殊儿童与普通儿童分别居于不同的安置方式,泾渭分明,特殊教育与普通教育是并行的双轨,极少存在互通。经济社会的发展,特别是公平理念的深入人心,使得传统的隔离教育逐渐受到置疑,普通教育与社会开始向特殊儿童开放,融合教育的理念遂逐渐产生和形成。

在融合教育的酝酿过程中，北欧率先出现的"正常化"(Normalization)思潮对融合教育的发展起到了直接的奠基和推动作用。1968年，瑞典学者本格特·尼尔耶(Bengt Nirje)出席在美国召开的智力落后问题研讨会，对正常化的思潮做了介绍，提出"保证智力落后者应尽可能使他们日常生活的类型和状态与成为社会主要潮流的生活模式相接近"[4]。正常化思潮蕴含着一种比隔离式教育更加公平与民主的理念，反映了人们对特殊教育公平的理解和认识，适应了人们对革新隔离式特殊教育方式的迫切愿望。在正常化思潮的传播和影响下，欧洲和北美的国家开始反思传统的隔离式特殊教育，并力图将正常化思想融入和践行到特殊教育改革之中，从而产生了特殊教育史上具有里程碑意义的融合教育运动，从根本上打破了特殊教育与普通教育之间的藩篱。正常化思潮下的融合运动在以美国为代表的北美洲通常被称为"回归主流"运动(Mainstreaming)，而在以英国为代表的欧洲国家则被称为"一体化"运动(Integration)。二者之间只是称谓上存在差异，其核心理念与实施模式都是趋同的，都是在正常化思潮影响下将特殊儿童融入普通教育机构和主流社会中的实施活动。"回归主流"和"一体化"运动形成的一些理念和思想，如"最少受限制环境"、"个别教学计划"、"资源教室"等，极大地推动了融合教育的实践和发展。残疾儿童有了更多的机会融入主流社会之中，受到更有针对性的教育，教育的公平和权益得到了进一步的保障。"回归主流"（"一体化"运动）真正开启了融合教育的实践，但它在发展和实施中还存在着一些无法解决的矛盾和问题，对其实施模式的批评与反思特别是对教育公平的根本诉求，引发了人们开始思索更合理的融合教育发展形式。

（二）全纳教育的产生与发展

全纳教育的产生则需要回溯到20世纪90年代初的"全民教育"思潮。20世纪80年代，在整个人类社会快速发展的同时，全球也同样正面临着令人生畏的问题：明显加重的债务负担、经济停滞和衰退的威胁、人口的迅速增长、国家之间及各国内部日益扩大的经济差距、战争、侵占、内乱、暴力犯罪、本可预防的无数儿童的夭亡以及普遍的环境恶化。这些问题导致了20世纪80年代基础教育在许多不发达国家的明显倒退。在"人人享有受教育的权利"这个理念的引领下，针对世界教育发展中存在的包括基础教育水平低下、教育发展不平衡、未入学儿童和成人文盲数量居高不下等问题，联合国教科文组织于1990年在泰国宗迪恩召开了世界全民教育大会。全民教育确立了教育要满足每一个人基本学习需要的目标，不应使穷人、街头流浪儿和童工、农村和边远地区人口、游牧民和移民工人、土著居民，种族、民族和语言方面属于少数的群体，难民、因战争而流离失所者以及被占领区居民等受到任何形式的歧视。全民教育反映了全人类对教育公平的诉求，是全球教育发展所要追求的共同目标和愿景。

而事实上,由于世界各国经济、政治体制等诸多方面的影响因素,全民教育要在短期内实现"满足每一个人基本学习需要"的目标是非常困难的。因而,主要包括残疾儿童在内的"有特殊教育需要的儿童",便率先受到了关注。全民教育希望首先通过对残疾人在内的有特殊教育需要儿童的教育,来实施和推进全民教育的发展。故此以1994年世界特殊需要教育大会的召开为标志,全纳教育应运而生。全纳教育关注包括特殊儿童在内的每一个儿童,要求创设能够满足所有儿童教育发展需要的全纳学校,容纳多样和差异,反对歧视与排斥。全纳教育的理念一经提出,便成为一股席卷全球的教育思潮。2008年,联合国教科文组织召开了第48届世界教育大会,主题就是"全纳教育:未来之路"。全纳教育已经成为世界各国21世纪教育与社会发展普遍追求的目标。

### 三、"全纳教育"与"融合教育"的区别与联系

通过以上对"全纳教育"与"融合教育"产生与发展的历史回顾来看,全纳教育与融合教育这两个词语并不是同一个概念的不同表述,二者应该是既有明显区别又有紧密联系的两个概念。已有的争论中单纯地将二者等同,或者不加分析地使用,其实质是对二者之间显著差别的忽视;单纯地在翻译上进行争论,也同样反映出对二者在概念理解上的模糊与偏离。

(一)全纳教育与融合教育的区别

在笔者看来,全纳教育与融合教育的区别主要体现为概念起源背景上的不同与研究领域、范围上的差异。

首先,从概念起源上来看,融合教育的概念来源于特殊教育领域。融合教育概念及理念的提出是特殊教育发展的必然趋势,是特殊教育发展到今天,经济社会的发展对残疾人实施公平教育的应然选择。换句话说,特殊教育是融合教育产生与发展的背景与固有领域。从起源时间上来说,在国外,融合教育起源于20世纪五六十年代的"正常化"思潮,七八十年代的"一体化"运动以及"回归主流"运动。在国内,我们从20世纪80年代末期开始由政府倡导和推行的随班就读实践可视作我国融合教育的发端。而全纳教育则发轫于20世纪90年代初期的全民教育思潮,是为了解决全球范围内的基础教育倒退与质量下降问题、实现全民教育而提出的理念。全纳教育概念的产生与理念基础是来源和指向于整个教育领域的,而非单独指向特殊教育领域。从起源时间上来看,世界范围内真正意义上的全纳教育是以1994年《萨拉曼卡宣言》的发表为标志的。

其次,从研究领域、范围上来看,二者的差异也是明显的。由于全纳教育与融合教育概念产生的背景存在着明显的不同,这必然使得全纳教育与融合教育所关

注的领域与研究范围存在着较大的差异。融合教育发端于特殊教育领域,是专指将特殊儿童融入普通教育与社会中的教育方式,因而从研究领域与范围上来看,融合教育主要关注的是特殊教育领域,关注的是特殊儿童。换句话说,融合教育是特殊教育的一个重要研究内容,是特殊教育领域内的核心与专有词汇。而全纳教育虽然也以残疾人为重点关注对象,但全纳教育从概念归属与观照对象上来看已经远远超出了特殊教育的范畴,它指向的是整个教育领域,它反对任何歧视与排斥,要求教育要满足"所有有特殊教育需要的儿童"的教育需求。"'全纳教育'是实现全民教育的必要条件。"[5]全纳教育目标的实现需要整个社会与教育界的努力,如果仅仅狭隘地把它限定于特殊教育领域,那既是特殊教育无法承受之重,又是对全纳教育理解的极度窄化与偏离,对推行全纳教育、构建全纳社会的宏远目标是极为不利的。而同样,如果将融合教育等同于全纳教育,也是对融合教育概念理解的泛化,必将严重影响特殊教育领域的独立与健康发展。

(二)全纳教育与融合教育的联系

在承认全纳教育与融合教育存在显著差别,是两个完全不同概念的同时,我们更不能忽略二者之间的紧密联系。这两个概念之所以在当前经常被研究者混同使用,实质上凸显了二者在理念上与实施模式上的相似与相通之处。

其一,从概念内隐的核心理念来看,二者都是以追求教育公平、实现平等人权为哲学基础和价值观,融合教育与全纳教育的产生和理念反映了全人类对平等、人权的共同诉求与期望。

其二,全纳教育是融合教育发展的目标与方向。正如前文中所指出的,特殊教育领域内的"回归主流"("一体化")运动在发展中存在着一些自身无法解决的矛盾与问题,融合教育的发展需要一种新的思考或指引。而全纳教育的出现迎合了特殊教育领域内融合教育发展的需要,它从一种更高的理念和层次为融合教育的发展指明了方向与目标。在全纳理念的指引下,融合教育将吸纳更多的有特殊教育需要的儿童,融合教育的规模与质量将进一步提升,并逐渐向接收所有有特殊教育需要儿童的全纳之路迈进。从这个角度来看,目前我国正在推行的随班就读这种将特殊儿童融入普通学校就读的安置方式,以及其他的"所有试图将特殊儿童全部或部分融入主流社会中"[6]的教育方式,都是融合教育的组成部分和表现形式。全纳教育则是未来融合教育以及整个教育与社会发展所追求的目标和愿景。

其三,全纳教育的实现需要特殊教育领域内融合教育的实践。全纳教育要求教育要关注所有有特殊教育需要的儿童。正如联合国教科文组织在第48届世界教育大会中所提及的:全纳教育是一种转变学校及其他学习中心,让所有儿童,包括男童和女童、少数民族学生、受艾滋病毒和艾滋病感染的儿童以及残疾儿童和有学习障碍的儿童,都有机会接受教育的过程。而全纳教育的实现又是一个漫长的、有待深入探索的过程，从全球范围内来看，还没有成熟的、可资借鉴的模式。全纳教育的实现同时又需要包括特殊教育、普通教育在内的整个教育领域的参与和实践。当前，特殊教育领域内蓬勃展开的融合教育实践为全纳教育的推行提供了良好的实践经验，为全纳教育在整个教育和社会领域内的推行和实现奠定了坚实的理论和实践基础。从这个意义上来说，促进特殊儿童平等融入社会的融合教育是以关注所有有特殊教育需要儿童的全纳教育的一个重要构成部分，是推行和实现全纳目标不可或缺的实施环节。特殊教育领域内的融合教育的大力实施与推行，必将有效地促进和带动整个社会范围内的全纳教育发展。

**参考文献：**

[1] 邓猛,朱志勇.随班就读与融合教育——中西方特殊教育模式的比较[J].华中师范大学学报(人文社会科学版),2007(4):125—129.

[2][3] 朴永馨.特殊教育辞典[M].北京:华夏出版社,1996:36—37.

[4] Hallahan, D. P, Kauffman, J. M. Exceptional Children: Introduction to Special Education[M]. Boston: Allyn & Bacon. 1994:46.

[5] 杨进,王洙,钱丽霞.全纳教育:全民教育的新思路[J].人民教育,2005(3,4):38—39.

[6] 邓猛.融合教育与随班就读:理想与现实之间[M].武汉:华中师范大学出版社,2009:14.

(原文发表于《上海教育科研》2011年第5期)

# 差异教学的开展与全纳教育的实施

王 辉 华国栋

1990年世界全民教育大会召开后,1993年亚太地区的《哈尔滨宣言》和1994年的《萨拉曼卡宣言》提出了"全纳教育(Inclusive Education)"的新理念,并在世界范围内迅速传播。至今,十多年过去了,全纳教育在各国虽有不同的试验和发展,但还未形成一套完善的教育模式。与此同时,各国的学者们也在为有效的课堂教学,进行研究探索。当全纳教育理念在教育界普遍传播之际,一种新的教学思想理念——差异教学,也在这一时期孕育而生。华国栋著《差异教学论》及美国学者Carol Ann Tomlinson的《多元能力课堂中的差异教学》(How to Differentiate Instruction in Mixed-ability Classrooms)两书的出版,标志着"差异教学"的教学体系的形成。随后,美国学者Diane Heacox又出版了《差异教学论——帮助每个学生获得成功》(Differentiating Instruction in the Regular Classroom:How to Reach and Teach All Learners,Grades 3—12)一书。至此,"差异教学"在东西方不同的国度同时发展起来。"差异教学"思想紧继全纳教育理念之后提出,他们之间是否有内在的联系?"差异教学"的开展能否促进全纳教育的实施?

## 一、差异教学与全纳教育的内涵

在"差异教学"的界定问题上,东西方的研究者都为其下了定义。《差异教学论》一书中界定为,"差异教学"是指在班集体教学中立足学生的个性差异,满足学生个别学习的需要,以促进每个学生在原有基础上得到充分发展的教学[1]。美国学者Diane Heacox认为,"差异教学"是指教师改变教学的进度、水平或类型以适应学习者的需要、学习风格或兴趣[2]。在差异教学课堂中,教师会根据学生的准备水平、学习兴趣和学习需要来主动设计和实施多种形式的教学内容、教学过程与教学成果[3]。这是美国的另一位学者Carol Ann Tomlinson的观点。分析上述定义,三者在含义上是基本一致的,都强调要立足于学生个性差异,不以同一标准要求所有学生,要满足学生不同的学习风格、兴趣等需要,要使所有学生得到充分的发展;要探讨适合学生特点的教学形式、教学内容、教学过程与教学结果。其最终目的是促进每个学生在原有的基础上都得到最大的发展,促进自我教育。差异教学既是一种教学思想,也是一种教学实践模式。

何谓全纳教育？美国的全纳教育与重建中心（National Center on Inclusive Education and Restructuring）认为,全纳教育指为学生提供均等的有效的受教育的机会,为培养学生成为社会的正式成员,面对未来的生活,在就近的学校中开展的一种给予全体学生充分的帮助和支持的教育。以英国的托尼·布恩为代表的全纳教育专家则认为,全纳教育是要加强学生参与的一种过程,是要促进学生参与就近学校的文化、课程和团体的活动并减少学生被排斥的教育[4]。西方文献中对全纳教育也作出了一些解释。如,全纳教育通过在邻近学校的高质量、年龄适合的普通教室来实施,并得到所有儿童欢迎、承认。全纳教育寻求建立以满足所有儿童的需要为目标的、尊重个体差异为基础的支持性社区。全纳教育强调如何支持每个儿童特别的禀赋和需要,努力使校区内的每个学生都感到被接纳、安全及成功。[5] 从上述分析中可以发现,全纳教育的定义虽然很模糊,内涵和外延很不明确,很难为教育教学实践提供具体的操作性的指导,但有三点很明确,即强调为学生提供均等有效的受教育的机会,强调学生的参与,强调尊重儿童的个性差异并满足他们的需要。它是一种美好的教育理念或教育思潮。从内涵上分析,差异教学与全纳教育有共同的立足点和共同的追求目标,即以学生的个性差异为立足点;以满足每个儿童的需要,促进其最大限度的发展为目标。同时两者之间也有区别和联系,其区别在于:全纳教育是一种教育的理念,是一种教育思潮,它倡导的教育模式既要求学校的管理、相关的政策、学校的教学模式的改变,又要求建立社会的支持系统;而差异教学既倡导新的思想理念,同时也是一种具体操作的有效教学模式。在概念上两者存在着上位与下位的关系,在内涵和外延上两者又有着包含与被包含的关系。由此可见,差异教学完全可以作为全纳教育模式中的一种有效教学模式。

**二、差异教学与全纳教育的产生背景**

差异教学的提出,绝不是偶然的,有着深刻的社会背景和鲜明的针对性。首先,从教育理念的发展看,自1993年的《哈尔滨宣言》和1994年的《萨拉曼卡宣言》提出了"全纳教育"的理念后,人们开始逐步认识到,"每个儿童都有接受良好基础教育的基本权利;每一个儿童都具有独特的品质、兴趣、能力和需要;每个儿童和少年都应该有机会达到并保持令人满意的水平;儿童的基本学习需要各不相同,应该通过多种多样的教学系统来满足他们的需要等"[6]。其次,从教育教学发展潮流看,在21世纪,世界上的竞争是经济竞争、综合国力的竞争,实际上是科学技术的竞争和民族素质的竞争,归根结底是人才的竞争。世界各国根据政治、经济、科技、文化的发展需要,均在"发展个性、启迪智慧、培养能力和鼓励创新"等环节上下工夫,利用独创型人才发展独创型科技,在人才培养中许多观念在改变,学会学习、学会生存比什么都重要,掌握基础知识和技能比专业知识技能更重要。所有这些都是围绕人才素质这个核心展开的,提高人的素质、重视人的发展已成为世界教育教学改革的主流。再次,从我国基础教育教学的发展来看,我国的中小学教学长期以来追求统一目标、统一课程、统一考核,这种"一刀切"的做法限制了学生生动活泼地发展:造成全体学生的片面发展;学业负担过重,影响学生的身心健康;教学模式僵化,教学方法单一,造成学生个性的贫乏。培养出来的学生已远远不能担当起在新世纪建设祖国、振兴中华的重任,也带来了许多明显不合理的怪现象。我国新一轮课程改革对此虽有所"冲击",但应看到其传统的影响仍然是根深蒂固的。"差异教学"正是在上述特定背景下提出和产生的。

全纳教育源于人们对教育民主化的不懈追求。它直接起源于20世纪50年代的民权运动。"二战"以后,美国民权运动者提出了"分开就是不平等"的口号,要求不同种族、群体平等参与社会生活。在此基础上产生了特殊儿童回归主流的思想,全纳教育就是在回归主流的基础上发展起来的。全纳教育的倡导者认为特殊教育与普通教育应该"重新组合、建构、融合为一个统一的教育体系以满足所有儿童的学习需要"。1990年,联合国教科文等国际组织在泰国的宗迪恩召开"世界全民教育大会",并发表《世界全民教育宣言》,要求对教育进行改革。此后,1993年亚太地区的《哈尔滨宣言》和1994年西班牙的《萨拉曼卡宣言》提出了"全纳教育"的概念,形成世界共识。[7]

从产生背景上分析,差异教学思想和全纳教育理念之间有着不可分割的联系。全纳教育源于教育民主化进程的加速,从考虑特殊儿童受教育权利的平等推及实质意义上的教育"平等",即满足所有儿童的学习需要,既包括特殊儿童又包括普通儿童;而差异教学针对一刀切教学不能适应时代对多样化人才的要求,率先在普通教育领域,开展在集体的课堂上兼顾儿童个性差异的教学,以满足每个儿童不同的学习需要,将全纳教育的理念落实到具体的教学过程中,形成差异教学的教学思想和教学模式。因此,差异教学也可看成是全纳教育的教学实践模式之一,差异教学的开展有助于全纳教育的实施和推广。

### 三、差异教学与全纳教育的理论依据

差异教学思想的产生依据一定的思想理论基础。第一,心理学维度:差异教学结合了英美有关学习是心理要素的联想观点和欧洲大陆完形心理学(强调认知结构)与动力心理学(强调情感结构)的观点,立足于皮亚杰的个性差异理论,强调学生原有的学习基础、认知结构、学习的兴趣与态度、学习的方式等和教学的相互作

用;同时,在霍华德·加德纳多元智力理论的指导下,强调采用不同的教育教学方式以适应智能有差异的不同学生的需要。第二,政治维度:差异教学是以马克思主义"教育要促进学生全面发展理论"为基础的。要求教学面向全体学生,对学生全面负责,强调教学不仅要为学生打好全面的基础,而且要在各自的基础上,让他们的潜能得到最大发展,从而提高整体的素质。第三,教育维度:差异教学依据掌握学习理论和继续进步理论。掌握学习理论认为,每个学生应获得公正的机会去达到他的学习目标。可以用不同的学习方法、不同的学习进度和不同的学习途径,去适应不同学习者的能力和学习风格。继续进步理论认为,每个学生为在一定时间内应达到的目的,都应当不停顿地向新的任务前进。学生不应浪费时间去学习已经掌握的知识,也不应要求学习快的等着学习慢的赶上来,允许异步学习。

全纳教育诞生在西方的文化背景下,是与西方民主化的历史进程并行不悖的,它的产生有其特定的理论依据。首先,政治维度:民主和人权框架下的全纳教育。在民主和人权的框架下解释全纳教育,是目前全纳教育研究的主要视角,有许多问题领域都是从这个视角展开的。民主和人权强调公平的受教育机会,这不仅包括受教育机会的平等,还包括教育过程中的平等,即照顾、尊重个性差异。全纳教育就是基于此,旨在使所有人都成为真实的、民主的教育世界的一分子。它的范畴不只在特殊教育领域,还涉及普通教育领域。其次,教育维度:就学术水准、教学与辅导及教育资源来说,历史上追求平等的呼声非常强烈,全纳教育经过 20 年左右的实践,已经渐渐深入人心。英国的实践表明,在全纳环境里,学生们做得更好,学校能满足学生的特殊需求,教育资源能得到有效运用。再次,社会心理学维度:儿童社会感与社会关系得到健全发展。自原始先民起,个人就在不断地寻求归属感,寻求从与社会群体的交往中得到精神慰藉,向群体归附,向群体认同。全纳教育就是要扩大和提高学生之间交往和对话的空间和质量,构建一个同一情感层面交往的基础,帮助他们发展关系以及为他们在社会环境下生活做准备。[8]

从上述的理论依据来分析,差异教学与全纳教育之间有很多共同点。第一,两者都以教育民主、教育公平为自己的研究导向,在此导向下探讨教育教学的目标:面向全体学生,对学生全面负责,创造一个没有排斥的全新的文化。第二,两者都以经过实践检验的教育理论为指导,追求教育教学中的真正平等,使每个学生的特殊需求都能得到满足,都能达到自己的学习目标。第三,两者都以心理学理论为基础,在充分了解学生身心发展特点、充分尊重学生个性差异的前提下,制订不同的教育教学目标,选择不同的教育教学方法、内容,制订不同的教育教学计划等。由此可见,全纳教育和差异教学两者是在共同的理论支撑下,从整体和局部两个角度来探讨共同的问题:教育公平。差异教学作为全纳教育的一种教学模式,它的实施可以带动教育体制、学校的管理、学校的支持、课堂的管理与组织等方面向全纳教育的方向发展,有助于全纳教育的开展;而全纳教育的开展又可以促使差异教学在实践过程中不断地调整、完善,两者相辅相成,互相促进。

**四、差异教学与全纳教育的价值取向**

差异教学的价值取向主要体现在四个方面。首先,差异教学追求的是尊重学生的多样性和差异性。它不追求高分和升学率,强调教师采用不同的教育教学方式,尤以多元化和个性化为基本的教学策略,以适应多样性学生的不同需要,促进每个学生的发展,实现人的价值。其次,差异教学追求教育民主。差异教学提倡平等地对待学生,为他们提供均等的学习机会,实现真正的教育民主。允许学生异步学习,通过差异教学,使他们得到适合自己的教学,满足个性差异的需要。再次,差异教学追求多元文化的价值取向。教育承担着传递和发展文化的功能。21世纪是一个多元文化价值时代,多元文化就是要求每一个人努力去认识他人的文化、生活方式、学习特点等,在认同与理解的基础上,尊重差异与特殊性,并相互影响,实现合作与融合。"差异教学"的倡导,有助于进一步推动多元文化和多元文化价值观的形成和发展。最后,差异教学追求高水平高质量的教育教学效果。有效的教学要从每个学生的实际、每个学生的不同发展需要出发,因势利导,使每个学生的优势和潜能都得到发展,以产生高质量高水平的教育效果。[9]

国外对全纳教育的研究已突破了特殊教育的范畴,进入到普通教育的领域,引起了普通教育的体制、课程、教学方法等一系列的改革,这是由其价值取向决定的。全纳教育的价值取向:关注所有儿童的教育需求、关注集体、关注合作。一是,从关注"他们"(特殊需要儿童)到关注"我们"(全体学生)。从关注"他们"到关注"我们"的转变是一个根本性的转变,是从探讨特殊教育领域的问题转到解决普通教育的问题,是从关注学生个体问题转到关注教育中的社会民主问题。二是,从关注个体到关注群体。从关注个体转变到关注社会背景、社会团体上来,用集体的力量来改变个人的状况。未来的社会是一个全纳的社会,一个全纳的社会是一个民主的社会。三是,从关注知识到关注合作。全纳教育重视合作,提倡合作。全纳教育是要把所有儿童都招收到普通学校中接受教育,但由于学生的各种需求不同,因此,更需要强调团体的合作精神,依靠团体的力量来解决问题。在全纳教育的过程中,师师、生生、师生之间合作的精神始终贯穿其中。[10]

从价值取向来分析,全纳教育与差异教学存在共同的追求:第一,两者都追求真正的教育民主;第二,两者都强调关注社会、关注他人,关注每个人的价值的实现;第三,两者都重视多方合作,强调培养团体的合作精神。因此,共同的价值取向决定了二者之间的关系:教育理念付诸于教学实践。总之,全纳教育的开展可以以差异教学的开展为依托,从全纳的课堂教学入手,向全纳学校的组织、管理,以及社会的支持等辐射,进而构建出一个适合各校自身特点的符合中国国情的、民族化的全纳教育模式。

**参考文献:**

[1] 华国栋.差异教学论[M].北京:教育科学出版社,2001:24,25—26,81—82.

[2] [美]荷克丝.差异教学——帮助每个学生获得成功[M].杨希洁,译.北京:中国轻工业出版社,2004:3.

[3] [美]Carol Ann Tomlinson.多元能力课堂中的差异教学[M].刘颂,译.北京:中国轻工业出版社,2003:10.

[4] 黄志成.全纳教育之研究[J].全球教育展望,2001(2):1—2.

[5] 邓猛,潘剑芳.关于全纳教育思想的几点理论回顾及其对我们的启示[J].中国特殊教育,2003(4):2—3.

[6] 陈云英.在中国发展全纳性教育[J].中国特殊教育,1997(2):3—4.

[7] 陈云英.全纳教育的元型[J].中国特殊教育,2003(2):1—9.

[8] 黄志成.全纳教育的理据:三个纬度的分析[J].外国教育研究,2002(11):14—16.

[9] 华国栋."差异教学"的价值与意义[A]∥朱小蔓.教育研究者的足迹[M].北京:教育科学出版社,2003:260—262.

[10] 黄志成.论全纳教育的价值取向[J].外国教育研究,2001(3):17—21.

(原文发表于《中国特殊教育》2004 年第 8 期)

# 当前随班就读研究需要澄清的几个问题

李 拉

自 20 世纪 80 年代末,我们国家开始大力推行随班就读以来,教育研究者们对于随班就读这种将特殊儿童融合到普通教育机构接受教育的安置方式给予了极大的兴趣和热情,并积极在理论与实践领域展开探索和研究。迄今为止,我国对随班就读的研究已走过了二十余年的历程,涌现了大批的研究著作和文章,对于丰富我国随班就读的理论,推进我国随班就读的实践,推行我国的随班就读政策起到了重要作用。但同时我们也意识到,作为一种新的针对特殊儿童的教育安置方式,随班就读在理论和实践领域中都还存在着相当多的问题亟待解决。特别是对于随班就读的研究来说,有一些基本理论问题还存在着争议和困惑,尤其是随着 20 世纪末期全纳教育理念的兴起,随班就读的发展又面临着更多的挑战和问题。譬如,随班就读的理论来源,随班就读与全纳教育,随班就读与特殊教育的关系等问题。对这些问题作进一步地分析和澄清,不仅对于推动随班就读的理论研究具有重要意义,对于指导随班就读的实践更具重要价值。

## 一、随班就读:本土理论还是舶来品

随班就读的理论来源问题自我国开始推行随班就读以来,就一直备受争议。学者们对于随班就读究竟是我们本土的原创理论,还是源自国外的特殊教育思潮这一问题各抒己见,众说纷纭。虽见仁见智,但至今尚未达成共识。表面看来,单纯地审视随班就读的理论来源问题或许意义不大,因为无论随班就读来源于国外的教育理论还是我们的本土理论,都不会对随班就读的推行和实践产生很大的影响。其原因在于随班就读作为一种有效的教育安置方式,已经在实践中取得了很大的成功,它对于普及九年义务教育、保障特殊儿童的合理安置和促进社会公平方面都起到了重要作用,它已经成为我们国家实施特殊儿童教育安置的一种主流形式。从这个角度上看,对起源问题的争论似乎意义不大。但从更深层的角度来思考随班就读的理论起源,我们会发现对于这个问题的界定将会对随班就读的未来发展模式产生深远的影响。如果随班就读的理论来源是本土的,那么我们在探索其未来发展的时候,将会更多地遵循一种"实践"的模式。换句话说,我们对随班就读未来发展模式的思考,对随班就读中遇到问题的应对会更多地考虑从实践出发,会更多地通过进一步的实践去寻求理论依据和解决途径。而如果随班就读来源于国外的教育思潮,那么相应的在我们探索其未来发展模式的过程中,会更多地趋于一种"引用"的模式。即对于随班就读的未来发展和随班就读实施中的问题,我们的应对方式将会更多地引用和借鉴国外的做法。可见,对这个问题的考究,不仅是一个理论的问题,更是一个实践的问题。

总的来看,当前关于随班就读的理论起源问题,可以基本归纳为三种观点。一种观点是认为随班就读是完全中国化的产物,它的理论根基与实践基础都是本土化的。有学者指出,"随班就读考虑了我国的社会文化、经济、教育等实际的条件,具有我们自己的民族性,是中国人自己总结和探索出来的"[1]。第二种观点则与其相反,他们认为随班就读是西方20世纪下半叶特殊教育思想转向所形成的诸如正常化、一体化与回归主流等思潮引入中国后的实践,故此是来源于国外的特殊教育理论。这些学者在国际学术交流中直接使用"Mainstreaming(回归主流)"或"Inclusive Education 或 Inclusion(融合教育)"等术语来描述我国随班就读的情况;并认为我国随班就读模式受国际特殊教育理论如回归主流或一体化思想的影响因而具有国际性。[2]第三种观点则趋向于前两者的中和,他们认为随班就读是国外特殊教育思潮与我国实践相结合的产物。正如有学者所分析的,"随班就读是西方融合教育的形式与我国特殊教育实际的结合,是一种实用主义的融合教育模式"[3]。事实上,后两种观点都在表明一种共同的倾向,即随班就读并非中国本土化的产物。

之所以会出现对随班就读理论起源问题的争议,我们看来,也许是基于如下两个方面的原因。其一,我国在政府倡导下全面推行随班就读是在20世纪80年代末期,而在西方,40年代出现正常化的概念,50年代出现回归主流的概念,70年代出现一体化的概念,90年代则已出现了全纳的概念。[4]我国的随班就读在理念上与其有相通之处,而时间上又相对滞后,容易使人感觉中国的随班就读是对西方教育思潮的亦步亦趋,从而怀疑我国随班就读理论的原创性。其二,新中国成立以来,我国的教育思想受国外影响至深,从50年代全面学习苏联,到改革开放后对美国及其他教育发达国家教育思想的全面引进和学习,形成了一种固定的思维模式,即往往先进的理论首先是来自国外的,这种看待教育问题的思维定式一定程度上影响了人们对随班就读的客观认识。

从随班就读这种特殊儿童安置方式的起源和我国的国情出发来审视其理论来源,我们会发现随班就读其实就是中国本土性的理论,具有鲜明的民族性、实践性和时代性等特征。首先,从时间角度来分析,虽然随班就读作为一个新名词最早出现于20世纪80年代末期,但这并不代表在此之前我国没有这种教育安置方式。有研究者通过调查发现,早在20世纪50年代,在四川大巴山的农村小学,就存在接收残疾儿童随班就读的教育安置形式[5]。显然,这种安置方式是自发的,是不可能受到后来才在西方出现的一体化和回归主流思想影响的。其次,随班就读的出现是由我国教育发展的国情特点决定的,有其出现的必然性。80年代末期,随着《义务教育法》的实施,数百万适龄残疾儿童亟须得到教育安置,而特殊学校稀少,不能满足大多数残疾儿童入学,随班就读成为这种情况下做出的应然选择。因为这种方式投资少、见效快,方便残疾儿童就近入学,也有利于特殊儿童与普通儿童的融合。于是我国采取了政府主导、自上而下的推行模式,先在部分地区进行随班就读的试点,而后通过各种全国性的现场会和研讨会总结和推广经验,并逐步制定相应的政策文件,来促进随班就读的全面推行。因而,我们可以把它看做是"我国作为发展中国家,在经济文化还不够发达的情况下发展特殊教育的一种实用的、也是无可奈何的选择"[6]。再次,特殊教育从隔离教育走向融合教育是特殊教育理论和实践运动的内在逻辑和必然规律。[7]随班就读在我国的出现,其本身也是特殊教育发展规律的反映。从世界特殊教育发展的历程来看,随着人类文明的进步和经济水平的提高,特殊教育的发展必然由隔离走向融合,这是特殊教育自身不可逆转的规律。而随班就读正是在这样的一个大背景下我们"无奈"而又必然的选择。文化学的观点告诉我们,在没有任何传播的迹象下,不同地域的人们会产生同样的文明。[8]中国开始尝试的随班就读与西方几乎同时进行的融合教育在时间上的吻合恰恰佐证了全人类特殊教育发展的共性所在。

可见,从理论来源和实践基础来看,随班就读的确是我国本土性的理论。但我们同时也应意识到,随班就读的发展不可避免会受到西方特殊教育思潮的影响,对西方相关研究的借鉴会进一步地推进和完善我们的随班就读。承认随班就读的本土性,对于我们坚定探索随班就读的实践道路具有极其重要的价值导向作用。

### 二、随班就读与全纳教育的关系

随班就读作为一种将残疾儿童安置到普通教育机构接受教育的一种方式,自实施伊始就取得了显著的成效。目前我们国家已经形成了以随班就读和特教班为主体,以特殊教育学校为骨干发展残疾儿童少年教育的新格局。事实上对于特殊教育的发展来说,20世纪80年代末期随班就读的出现和推广在价值观念上具有里程碑的意义。它颠覆了人们传统印象中特殊儿童只能在专门设置的特殊学校就读的观念,深化了人们对特殊教育的理解,特别是提升了人们对残疾儿童少年接受公平公正教育的认同。如果说随班就读的出现促进了人们对特殊儿童教育观念的转向的话,那么20世纪90年代出现的全纳教育思潮,则更以其革命性、颠覆性的价值观念席卷了全球。它的出现,迎合了全人类对教育公平和社会公平追求的需要,对世界各国的教育和社会发展产生着深远的影响,很多国家把全纳教育和全纳社会当成其 21 世纪教育和社会发展的目标。全纳理念对教育和社会的影响由此可见一斑。

毋庸置疑,全纳教育对我国教育的影响也将是深远的。特别是我国的随班就读在价值观念与实施模式上与全纳教育有诸多相通之处。全纳的理念进入我国以后,人们必然将在更高的理念层面上来重新审视和比照我国的随班就读,进而会产生一系列的问题:随班就读与全纳教育有什么关系?在全纳教育理念下,随班就读如何定位?既然全纳教育是 21 世纪教育发展的未来目标,那么我们的随班就读要如何应对?换句话说,随班就读怎么样向全纳教育进行转向和并轨?这些问题,是我们进行理论研究必须要面对和回答的问题。然而不容乐观的是,当前形势下,随班就读与全纳教育的关系问题仍是一个混而不清的问题,还没有学者对它们做出权威的、有说服力的回答。如果不对这个问题进行进一步的澄清和梳理,那么我们的随班就读理论研究的价值会受到置疑,我们的随班就读实践必然会陷入困惑和迷惘。

关于对二者关系的认识,学者们的观点基本可以分为两类。第一种观点认为我国的随班就读就是全纳教育,即将随班就读与全纳教育在概念上等同起来。如前文中所提及的,有些学者在国际交流中直接使用"Inclusive Education"这个用来表示全纳教育的术语来描述我国的随班就读。在实践中也存在着将随班就读与全纳教育等同使用的情况,表现为一些学校所开展的随班就读实验常常会以全纳教育实验的名称或报告来出现。另一种观点则更趋向于强调随班就读还不是真正的全纳教育。二者之间虽有必然的联系和相似之处,但差异却是显而易见的。有研究者指出,"我国从 1989 年就开始了随班就读的实验,然而,至今仍然没有提升到全纳教育的高度","虽然随班就读的教育形式还不是全纳教育思想的全部,但是,随班就读却为全纳教育打下了良好的发展基础,其主要意义在于:一是改变了人们的传统教育观念;二是在教育体制上产生了巨大变化。这些都有利于全纳教育的进一步发展"。[9] 从当前研究来看,后一种观点更能客观地反映我国随班就读的实际,在对二者关系的认识上更为教育者所认同。

明确随班就读与全纳教育之间存在差异仅是我们深入探究二者关系的第一步,更为核心的要素是,我们要在明确二者差异的基础上去思考随班就读与全纳教育的定位问题,思考从随班就读到全纳教育的实现策略问题。如此才能更好地厘定随班就读的发展目标和方向,使理论研究与实践探索在全纳的理念下紧密结合。事实上,从当前国内外的研究来看,全纳教育自身仍然是一个有待明确的概念,全纳教育的定义目前还较模糊,它的内涵与外延还不甚明晰。因而有学者郑重指出,"与其说全纳教育是一个准确的教育学术语,还不如说它是人们的一种美好的教育理想和价值追求,抑或是一种教育哲学思潮"。[10] 从这个意义上来思考全纳教育,我们会看到全纳教育更是一种理念或教育哲学思想,而不是具体的操作或实践模式,随班就读则更趋于实践性和现实性。因而,对于全纳教育与随班就读,也许将二者定位为理想与现实、理论与实践的关系更为适当一些。具体说来,全纳教育是未来我国教育发展的目标和愿景,它以其更加民主、公正的价值观念和全新的理论体系指引着随班就读的实践。而随班就读是通往全纳教育的桥梁和过程,它要在全纳理念的指导下以更显性化的、更具操作性的模式逐渐践行着和最终实现全纳的理想。这是一种从过程和发展的视角来看待二者关系定位的方法。这是因为,第一,全纳教育本身就是一种过程,是一种不断发展的过程。英国的全纳教育专家托尼·布思(Tony Booth)认为:全纳教育是要加强学生参与的一种过程,是要促进学生参与就近学校的文化、课程和团体的活动并减少学生被排斥。[11]我国的学者也同样指出:全纳教育是一种全新的教育理念和持续的教育过程,它接纳所有学生,反对歧视排斥,促进积极参与,注重集体合作,满足不同需求,建立全纳社会。[12]第二,我国的随班就读在探索融合的过程中已经积累了丰富的经验,虽然它现在还不成熟,在发展中还存在很多问题,譬如,随班就读的质量不高、随班就读还只是吸纳部分有特殊需要的儿童、随班就读的支持保障体系建设不完善等。但随班就读的确是中国走向全纳的第一步,随着未来随班就读教育对象的扩大、支持体系建设的增强,随班就读的发展过程必然会成为全纳教育的实现过程。

总之,如果说全纳教育是教育发展的"未来之路"的话,那么随班就读就是我国教育在向全纳迈进的"现实之路"。对随班就读与全纳教育二者关系的这种定位,有助于我们避免全纳教育研究与实践中的急功近利倾向,有助于我们更坚定地以全纳理念为指导踏踏实实地走探索有中国特色的全纳教育——随班就读之路。

### 三、随班就读与特殊教育、普通教育的关系

随班就读发轫于特殊教育领域,是我国专门针对特殊儿童而实施的特殊教育安置方式,它最初实施的目的主要是解决特殊儿童的入学问题。从起源来看,随班就读是特殊教育领域内的一个下位概念。因而,随班就读与特殊教育之间的紧密关系无需赘言。同时,我们也意识到,随班就读这种安置方式与传统的特殊儿童安置方式相比具有独特性,即特殊儿童不是在专门的特殊学校,而是在普通教育领域内的中小学接受教育。那么随班就读与普通教育之间也必然不可避免地存在着联系。它们之间又是一种什么样的关系?随班就读在整个教育体系中的定位如何?对于这些问题当前还缺少足够的思考与探讨。特别是当随班就读这种教育方式逐渐成为特殊儿童安置的主流,并成为未来实现全纳教育的必由之路时,人们需要更多地从更广阔、更多维的视角来审视随班就读与特殊教育、随班就读与普通教育,以及在随班就读理念下特殊教育与普通教育的融合等问题。随班就读在目前的发

展中出现了大量的实践问题,一方面是由于随班就读自身的不完善,随班就读自身还处在一个正在成长的过程中;另一方面,在很大程度上是由于人们对随班就读与特殊教育的关系,特别是随班就读与普通教育之间关系的模糊认识所导致的。对它们之间关系的辨析与回答,有助于我们去纠正随班就读认识中的误区,从而更理性地去分析当前随班就读实践探索中出现的各种问题。

对随班就读与特殊教育、普通教育关系的认识误区目前主要集中在这样一个问题上:随班就读是特殊教育的研究领域,还是普通教育的研究领域?理性地辨别这个问题,是保障随班就读顺利发展的关键。实际上,这个问题的核心就在于随班就读在普通教育中的定位问题。从当前关于随班就读的研究状况来看,人们往往将随班就读划归为单纯的从属于特殊教育的研究领域,而忽略了其在普通教育领域中的重要地位。换句话说,重视随班就读与特殊教育之间的关系,而忽视了随班就读与普通教育之间的必然联系。故此,造成了关于随班就读的研究多是从特殊教育的视角入手,从普通教育的视角来分析随班就读的研究则相对缺乏的现象。纵览当前与随班就读相关的研究文献和成果,我们会很清晰地得出这个结论。大多数关于随班就读的研究都是在特殊教育领域内由特殊教育研究者所进行的,而很少看到普通教育领域对随班就读的深入探讨和相关成果。当然,我们也不否认,随着我国随班就读理念的不断深入和随班就读实践的不断推进,一些普通学校和机构表现出了对随班就读的关心和重视,并展开了有效的探索和实践。但应该指出的是,这种探索和实践更多的是一种自发的行为,并没有成为普通教育领域里面的研究常态,也就是说对随班就读的认识与研究还没有实现从自发走向自觉。

当然,这种状况的出现既有其客观原因,也有人们在研究中的思维定式问题。如上文中所提及的,随班就读本身就起源于特殊教育领域。从其出身来讲,将随班就读视为特殊教育的研究范围无可厚非。特殊教育研究者也习惯于从这样的一种姿态出发来探究随班就读。这从我国学者关于随班就读概念的界定中可窥其一斑。如我们对随班就读的理解通常是:随班就读是指特殊儿童在普通教育机构中和普通儿童一起接受教育的一种特育形式[13]。更有学者在概念中进一步规定了随班就读的范围:随班就读是我国自 20 世纪 80 年代以来实施的一种特殊教育的、特殊儿童的安置方式[14]。从其概念的界定来看,学者们不约而同地将随班就读视为了特殊教育自身的事情。对随班就读概念的界定并无不当之处,但这种概念方式容易造成一种约定俗成的观念,即随班就读仅是特殊教育的事,是特殊教育研究者的"分内"之事,与其他领域无关。这会直接影响到随班就读在普通教育中的地位,更会影响到随班就读的实践。因为随班就读虽然是在普通教育领域内推行,但其研究如果仅仅是属于特殊教育的,那么普通教育很容易成为随班就读理念和实践的被动承担者,而不是主动探索者。另外,从发展的角度来看随班就读,随班就读在未来实践中已不仅仅是一种专门针对特殊儿童的安置方式,它是我们国家有效探索全纳教育,追求各类儿童的融合,实现教育平等的现实之路。从这个角度来说,如果将随班就读局限于特殊教育研究领域之内,那么这很可能会成为特殊教育无法承受之重,对于随班就读的未来发展和全纳教育的实现更是极为不利。

因而,对随班就读与特殊教育、随班就读与普通教育的关系,我们应该把其放在全纳的理念下,从整个教育未来发展的视角进行思考。从实施模式上来讲,随班就读是特殊教育与普通教育实现融合的一种方式。从研究领域来看,它应该是特殊教育与普通教育交叉的一个研究领域,或者是它们公共的一个研究领域。很显然,从普通教育的视角来审视随班就读,随班就读就是普通学校接收普通儿童和有特殊需要的儿童共同学习的一种教育方式。普通教育机构有责任平等接纳特殊儿童,并为他们提供最少受限制的环境,保证所有的儿童接受公平的教育,获得最好的发展。随班就读需要而且必须成为普通教育的一个重要研究领域。未来随班就读的发展,需要普通教育和特殊教育共同予以更多的关注与研究。需要作为承担随班就读实践主体的普通教育,真正树立一种主体的姿态,以一种自觉的热情和主动的精神来推进随班就读的研究和实践,使其真正成为迈向全纳教育的必由之路。

**参考文献:**

[1] 朴永馨.努力发展有中国特色的特殊教育学科[J].特殊教育研究,1998(1):1—3.

[2] 邓猛,潘剑芳.关于全纳教育思想的几点理论回顾及其对我们的启示[J].中国特殊教育,2003(4):2—8.

[3] 邓猛,朱志勇.随班就读与融合教育——中西方特殊教育模式的比较[J].华中师范大学学报(人文社会科学版),2007(4):125—129.

[4][14] 刘全礼.随班就读教育学——资源教师的理念与实践[M].天津:天津教育出版社,2007:1.

[5] 华国栋.残疾儿童随班就读现状及发展趋势[J].教育研究,2003(2):65—69.

[6] Deng, M. & Poon-McBrayer, K F. Inclusive Education in China:Conceptualization and Realization[J]. Asia-Pacific Journal of Education. 2004,24(2):143—157.

[7] 丁勇.全纳教育——当代教育发展的方向、内涵和启示[J].外国教育研究,2007(8):22—26.

[8] 郑金洲.教育文化学[M].北京:人民教育出版社,2000:98.

[9][12] 黄志成.全纳教育展望——对全纳教育发展近10年的若干思考[J].全球教育展望,2003(5):29—33.

[10] 柳树森.全纳教育导论[M].武汉:华中师范大学出版社,2007:4.

[11] 黄志成.试论全纳教育的价值取向[J].外国教育研究,2001(3):17—22.

[13] 华国栋.随班就读教学[M].北京:华夏出版社,2000:3.

(原文发表于《中国特殊教育》2009年第11期)

# 第三篇

# 特殊教育政策

教育政策是国家为实现一定历史时期的教育发展目标和任务,而规定的一定历史时期内教育的基本任务、基本方针,以及关于教育的行动准则。当前,对弱势群体教育的关注,成为现代教育理论和制度完善的一个重要维度。然而,实践中,残疾儿童的教育常常因为政策设计的某些偏颇而违背了公平的价值依归。残疾儿童作为现实的独特的个体,我们必须充分关注并体认残疾儿童境遇的独特性,并以此创新教育理论、设计教育政策。我国《国家中长期教育改革和发展规划纲要》提出,把促进公平作为国家基本教育政策。残疾儿童少年具有自然和社会弱势多重叠加的特点。教育是促进他们享受社会公平的基础,对他们其他利益的获得乃至整个人生成长具有前提性的重要意义,因此备受国家和社会的关注。

　　"有教无类"、追求教育公平的思想,在2000多年前就已成为先贤追求的目标。本篇选择了几篇关于特殊教育政策的文章,体现了对特殊儿童之为人的深刻关怀,希望努力抵制当前在健全人主流社会中体制化、制度化和技术理性的各种教育规范、知识体系、话语方式、逻辑结构,对特殊儿童教育的压抑或有意无意的遗忘。《关于我国中长期特殊教育改革与发展几个重大问题的思考》从《国家中长期教育改革和发展规划纲要(2010—2020)》的贯彻落实的宏大视野,提出未来十年我国特殊教育改革与发展的几个重大问题。《我国残疾儿童少年义务教育公共品供给制度:变迁、问题与建议》分析了我国特殊教育公共品供给存在的问题,指出应强化政府对残疾儿童少年义务教育的公共服务,建立和完善有针对性的残疾儿童少年义务教育公共财政保障框架体系,建立政府主导的社会参与供给制度,加强公共品供给的法制化建设,创新和完善公共品供给方式,并对残疾儿童少年义务教育公共品进行特殊教育需要意义的特殊设计,确立和维护好残疾儿童少年义务教育公共品领域边界。《我国随班就读发展的政策困境及其应对》指出了当前我国随班就读发展中的一些困境与问题,以及与我国现行的随班就读政策之间存在的内在的、必然的联系,提出需要进一步强化政府责任,提高重视程度,并力求从全纳教育的视角出发来构建随班就读政策,同时重视政策执行和制度保障机制建设。《让每一个残疾孩子都受到优质教育——关于江苏中长期特殊教育改革与发展若干问题的思考》围绕国家和江苏省中长期特殊教育改革与发展规划纲要的贯彻落实,立足江苏省,提出需要加强特殊教育学校建设,大力推进以随班就读为主要形式的融合教育,加强特殊教育教师队伍建设的特殊教育发展建议。《关于增加特殊教育学校教育经费的几点建议》独辟蹊径,紧紧结合特殊教育学校办学经费不足的突出问题,提出了增加特殊教育经费的建议。

# 关于我国中长期特殊教育改革与发展几个重大问题的思考

丁 勇

近期,《国家中长期教育改革和发展规划纲要(2010—2020)》(以下简称《规划纲要》)已正式下发。《规划纲要》的贯彻落实,必将对我国特殊教育的改革与发展产生重大而深刻的影响。以下将结合《规划纲要》有关"特殊教育"的论述,对未来十年我国特殊教育改革与发展几个重大问题进行探讨。

## 一、关于特殊教育对象及其范围的确定

关于特殊教育对象及其范围的界定,是一个涉及哪些人接受特殊教育和受教育权得以保障的重大权益问题,也是一个影响我国特殊教育事业发展规模、发展水平、结构体系、发展模式的基本理论和实践问题。从国际比较看,各国的特殊教育立法对于特殊教育对象的界定及范围不尽相同,但总体上,各国都是把盲、聋、弱智、学习障碍、孤独症等各类残疾、工读学生和超常儿童等纳入特殊教育的对象范围。从最新的发展看,2008年11月召开的第48界国际教育大会主张将游牧儿童、艾滋病儿童、女童、少数民族儿童、网瘾儿童等纳入特殊教育和特殊保护对象[1],这反映了信息化、全球化发展趋势下人类教育所共同面临的一些新问题(这些问题,包括农民工子女教育等,其实也是当代中国教育所面临的一些突出问题),反映了人们对特殊教育对象和特殊教育需要的认识随着时代发展有了新变化。因此,我们在思考与确定特殊教育对象时,应根据世界特殊教育发展趋势和本国特殊儿童少年教育的迫切需要,不仅将残疾儿童少年作为特殊教育主要对象,而且还应逐步将网瘾儿童、工读少年和超常儿童等纳入特殊教育对象范围,这样可能会使一大批急需特殊教育的少年儿童因受到特别关注和及时合适的教育而健康成长。

从国际竞争和战略角度看,超常儿童教育和人脑潜能开发问题不应忽视。回顾历史,我们就会清楚地看到,美国和前苏联在20世纪50年代中期围绕着"卫星上天"而引发的科技竞争及教育改革的重要内容和重大战略措施之一,就是重视"英才教育"[2]与推进"智力加速器计划"[3];20世纪90年代以来,美国、欧洲和日

本先后投入巨资实施"脑十年计划"[4]等,其战略意向和目的非常清楚,那就是通过这些计划的实施,抢占高精尖人才高地,形成人力智力资源新的整体优势,以赢得信息化时代国际科技、经济、政治和军事竞争的战略主动权,巩固他们在国际秩序中的霸主地位。所以,我们建议在制定《规划纲要》实施细则时,要十分重视超常儿童教育和全民族脑的开发及智力潜能开发,并将其作为国家创新计划和教育发展重点战略工程之一加以实施,这对我国形成人力资源优势,实现民族复兴必将产生重大而深远的影响。

## 二、关于教育公平与政府发展特殊教育的责任

追求共同富裕和公平正义是社会主义的本质特征,是以人为本科学发展观与建设社会主义和谐社会的目标价值取向。因此,实现教育公平、促进各类教育均衡发展是这次《规划纲要》制定的基本原则和重要目标。《规划纲要》专门将"特殊教育"单辟一章,不仅充分体现了党和政府对特殊教育和8 300多万残疾人的高度重视和特别关心,而且明确了特殊教育在国民教育体系中的地位,指明了我国特殊教育发展的方向,必将有力地促进我国特殊教育又好又快地发展。应该看到,新中国成立以来,特别是改革开放以来,我国的特殊教育事业得到了长足的发展。但是,与其他各类教育发展相比,特殊教育仍然是薄弱环节。因此,加快各类特殊教育事业的发展,最大限度地缩小各类特殊教育与普通教育的明显差距,最大限度地扩大残疾人平等受教育的机会,是实施《规划纲要》之重点,是实现教育公平与建设和谐社会的关键。

发展特殊教育,政府负主要责任。因此,除了明确在《规划纲要》中将特殊教育纳入各级人民政府的重要职责和公共事务行政管理体系中,更为重要的是要通过进一步的教育立法、政策制定和制度设计,建立政府负主要责任、社会各界关心支持特殊教育发展的保障机制和支持体系。首先是各级人民政府应将特殊教育发展"纳入当地经济社会事业发展规划、列入议事日程"。其次是建立政府负主要责任的特殊教育经费投入保障机制。再次是积极推进残疾人事业支持体系和服务体系建设,逐步率先在大城市一级建立政府主导,残联、民政卫生等部门分责,高校、科研院所、医疗等单位参与的特殊教育资源、咨询服务中心和支持服务体系。最后是加强对全社会的宣传教育,形成全社会关心、支持特殊教育的良好局面。

## 三、关于加快特殊教育发展,完善特殊教育体系

加快特殊教育发展,首先要在《规划纲要》实施细则中,进一步明确我国特殊教育事业的发展目标及指标体系。发展目标及其指标体系既是引导、规范、推动发展的方向、内容和愿景,又是衡量发展水平和达成状态的评估标准。根据《规划纲要》

确定的国家教育中长期发展的总体目标及分项指标要求和我国特殊教育发展的现实情况,我们认为,国家特殊教育事业发展目标及指标体系既不能低于各类普通教育的平均水平,又必须是经过十年努力基本可以实现的,所以,建议在设定特殊教育发展目标及指标体系时作如下考虑:东部及大中城市基本普及学前三年特殊教育,其他地区基本普及学前一年特殊教育;全面普及和提高特殊教育九年义务教育;基本普及以职业技术教育为主的高中阶段特殊教育;基本使高等特殊教育毛入学率达到或接近普通高等教育的发展水平。

其次要进一步明确特殊教育发展思路和发展的重点。我们认为,未来十年我国特殊教育发展应突出两个重点,实行两个"加快"。

第一个重点是普及与提高残疾人九年义务教育。普及与提高残疾人九年义务教育关系教育发展全局和全民族素质提高,因此,仍然是整个教育和特殊教育发展的重中之重。中西部地区,主要通过特殊教育学校建设工程的实施及其他相关措施,全面普及残疾人九年义务教育;东部及大中城市应高标准高质量地实施残疾人九年义务教育。第二个重点是残疾婴幼儿的早期干预和早期教育。如果说学前教育决定未来,那么,发展残障婴幼儿早期干预(康复)和早期教育,对于残疾儿童的未来和整个中华民族的未来,就更为重要。研究表明,及早地对残疾婴幼儿进行干预康复治疗和教育,不仅有利于残疾婴幼儿的缺陷补偿和潜能开发,而且可以收到事半功倍的教育效果。[5] 所以,重视残疾儿童早期干预和早期教育已成为世界特殊教育发展的重要趋势。我们应该借鉴国际特殊教育发展先进的经验,将特殊教育发展的重点下移至学前教育(有条件的地区可以延伸至0~3岁),因地制宜地普及残疾儿童学前教育。

第一个"加快"是加快发展高中阶段特殊教育。要将高中阶段特殊教育纳入当地普及高中阶段教育的总体规划,主要依托职业高中、普通综合高中和新建的特殊教育高中,采取扶持政策,加快发展和基本普及以职业技术教育为主的高中阶段特殊教育。第二个是加快发展高等特殊教育。在整个特殊教育体系中,高等特殊教育又是最为薄弱的环节,主要表现在残疾人接受高等教育的毛入学率是非常低的。因此,加快高等特殊教育发展是贯彻落实《规划纲要》的一项紧迫而重要的任务。加快发展高等特殊教育,可采用多种方式,其中,由国家建立独立设置、本科层次的残疾人大学(或高等特殊教育院校)的做法是十分必要的,因为这不仅有利于以规模化发展的方式加快残疾人高等教育的发展,而且有利于完善我国特殊教育体系和构建终身特殊教育制度体系,这对于从根本上改善残疾人的命运,提高残疾人的素质,促进教育公平的实现与和谐社会的建设,具有十分重要的意义。

**四、关于建立多样化的特殊教育安置模式**

特殊教育安置模式是实现和保障残疾人受教育权益的教育组织方式和制度体系,因此,也是特殊教育领域贯彻落实《规划纲要》仍需进一步探索的重大理论和实践问题。从世界范围看,特殊教育发展从隔离走向融合是教育发展大趋势。但就我国的国情看,残疾学龄人口众多,特殊教育发展水平相对滞后,地区差异显著,是处在社会主义初级阶段我国特殊教育发展的突出矛盾和本质特征。因此,在特殊教育发展模式和安置体系的建设上,我们一方面应当根据国情,坚持以特殊教育学校为骨干、以特殊教育班和随班就读为主体的发展原则,大力推进特殊教育学校建设工程的实施(30万人口以上的县即应建有一所特殊教育学校)和特殊教育班的建设,以规模化的发展促进特殊教育九年义务教育的普及与其他各类特殊教育加快发展。但另一方面,我们应着眼全球化和国际融合教育发展大趋势,积极推进融合教育在我国的发展。在我国东部发达地区,未来十年经济、社会发展和教育发展已瞄准或将接近工业发达国家,上海、南京、杭州等地已经开始大规模推进小班化教育,基本具备进一步开展融合教育的条件。因此,大力推进以随班就读为主要形式的融合教育,加强随班就读支持体系建设,理应成为我国特殊教育未来发展的主要方向和重要内容。我们要通过进一步地探索和实践,逐步形成具有中国特色的、多样化的特殊教育安置模式和终身教育体系,以使每一类和每一个残疾人都能借助这个教育体系受到各得其所的良好教育。

**五、关于提高特殊教育质量**

提高特殊教育质量是制定《规划纲要》的本质要求,是未来十年我国特殊教育发展的核心任务,也是一项十分艰巨的任务。

提高特殊教育质量,首先要树立全新的素质教育人才培养观,切实把提高残疾学生综合素质、促进他们全面发展作为特殊教育的根本宗旨。在人才培养上,既要重视残疾学生德育,培养他们积极向上的人生态度和自尊、自信、自立、自强精神,又要注重潜能开发和缺陷补偿;既要重视残疾学生创造能力和创新精神的培养,又要加强残疾学生职业技能、创业能力和就业能力培养,促进他们全面融入社会。

其次是推进素质教育取向的课程改革与教学改革。在特殊教育课程改革上,既要坚持基础教育课程改革的基本理念、基本原则和均衡发展的统一要求,又要充分体现残疾学生的身心特点和特殊需要,要以提高残疾学生综合素质为目的,以潜能开发和缺陷补偿为重点,积极将三类特殊教育学校课程设置实验方案的实施与特殊教育学校校本课程的开发结合起来,逐步形成符合素质教育要求的、独具特色、多样化发展的特殊教育课程体系。在教学改革上,要在大力推进综合实践活动、研究性学习等教学改革的同时,进一步广泛开展个别化教学、合作教学等改革,实行医教结合,建立和完善"筛查—检查—建档—转介—安置—综合干预"的运行机制,加强特殊教育的教育科学研究和教学研究,不断提高特殊教育人才培养的质量。

再次是大力推进科技辅具(尤其是信息技术及相关盲聋人等特殊软件的应用)与课程、教学的整合,加强脑科学研究和脑功能的开发,加强特殊教育学校康复、教育设施、设备等标准化建设和普通学校资源教室建设,努力为残疾学生的成长和康复提供更加先进、更加科学、更加有效的硬件条件和科学理论支撑。

### 六、关于加强特殊教育教师队伍建设,提高特殊教育教师专业化水平

教育大业,教师为本,强师才能强教。与普通教育相比,特殊教育事业要求教师具有更高水平的专业知识、专业能力和职业道德。因此,应将加强特殊教育教师队伍建设、提高特殊教育教师专业化水平作为各地教育主管部门贯彻落实《规划纲要》的重要工作,积极加以推进。具体建议如下。

首先是建立和实施国家特殊教育教师资格证书制度。实施特殊教育教师资格证书制度是国际上通行的根据特殊教育职业特点而采取的一项提高特殊教育教师专业水平的教师资格任用管理制度。我们应该借鉴国际经验和做法,积极开展特殊教育教师资格证书制度的试点及推广工作。

其次是加强特殊教育教师培养和培训工作。鼓励和支持各级师范院校与综合性院校举办特殊教育专业或开设特殊教育课程,提高特殊教育教师的培养规模;加强特殊教育师范院校专业建设、课程建设和人才培养模式的改革,注重师范生职业道德和特殊教育职业能力的实践训练,提高新教师培养质量。鼓励优秀高校毕业生到特殊教育学校、儿童福利机构等单位任教。各地要将特殊教育学校校长、教师培训纳入校长、教师继续教育培训计划,对在职教师实行轮训,重点抓好校长、骨干教师特别是中青年骨干教师培训。要加强对在普通学校、儿童福利机构或其他机构中从事特殊教育工作的教师和特殊教育学校巡回指导教师的培训。省级有关部门要根据特殊教育学校学生少、班额小、寄宿生多、教师需求量大的特点,合理确定特殊教育学校教职工、各类专业人员(如言语治疗师、物理治疗师和心理治疗师等)编制比例,配齐配足教师和专业人员,确保特殊教育学校正常教学、康复训练和管理工作。

再次要采取切实措施,加强师德建设,落实特殊教育教师待遇。加强特殊教育师资队伍师德建设,激励教师爱岗敬业,教书育人。《中华人民共和国义务教育法》明确规定特殊教育教师享有特殊岗位补助津贴。各地要采取积极措施,确保国家规定的特殊教育教师工资待遇政策得到落实。要将承担随班就读教学与管理人员的工作列入绩效考核内容[6],要在优秀教师和优秀教育工作者表彰中提高特教教师和校长的比例。

**参考文献：**

[1] 联合国教科文组织国际教育局.教育展望·国际比较教育专栏:全纳教育[M].上海:上海教育出版社,2009:1—2.

[2][6] 袁振国.教育改革论[M].南京:江苏教育出版社,1992:5—8.

[3] 杨启亮.困惑与抉择——20世纪的新教学论[M].济南:山东教育出版社,1995:258—259.

[4] 杨雄里.脑科学的现代进展[M].上海:上海科技教育出版社,1998:165—168.

[5] K.E.艾伦,J.S.施瓦兹.特殊儿童的早期融合教育[M].周念丽,苏雪云,等译.上海:华东师范大学出版社,2005:13—16.

（原文发表于《中国特殊教育》2010年第10期）

# 我国残疾儿童少年义务教育公共品供给制度：
# 变迁、问题与建议

王培峰

建立完善残疾儿童少年义务教育公共品供给制度是当前政府推进基本公共服务均等化建设的必然，也是《国家中长期教育改革和发展规划纲要（2010—2020年）》对促进教育公平、保障残疾儿童少年接受良好教育的内在要求。我国残疾儿童少年义务教育公共品供给制度发生了哪些结构变化，基本特征是什么，存在哪些主要问题，在新的时代背景下需要进行哪些改进等问题，有必要加以探讨。本文中残疾儿童少年教育主要是指狭义上的盲、聋哑、智残三类残疾儿童少年的义务教育。残疾儿童少年义务教育公共品主要指通过国家、集体或社会渠道供给的用于满足残疾儿童少年义务教育公共利益需要的公共物品与服务，主要包括教育基础设施、教学设施设备、教师配置、教育经费与生活补助、教育政策资源，以及社会力量供给的用于一定范围但非私利性的义务教育公共品等。这些公共品是保障残疾儿童少年义务教育持续、稳定发展的必需品，具有一定意义上的非竞争性、非对抗性和非排他性特征。

## 一、残疾儿童少年义务教育公共品供给制度的变迁与特征

公共品的分配是社会再分配的核心构成部分。公共品供给制度变迁反映了利益格局的重新调整。新中国成立后，我国残疾儿童少年义务教育公共品供给大致经历了三个阶段。

### （一）高度集中的计划供给时期

这一时期大致是新中国成立后至20世纪80年代中前期。1951年《政务院关于改革学制的决定》，对各级政府设立聋哑、盲目等特种学校作出规定，确立了残疾儿童少年教育的国民教育地位。私立或慈善性质的残疾人教育机构由政府接管；同时，残疾人教育资源的供给由社会和私人的慈善行为，统一改为由政府行为供给。教育部设立专门的机构（先为盲聋哑教育处，后称为特殊教育处），负责制订教育规划、开展教育督导等工作。1956年《关于盲童学校、聋哑学校经费问题的通

知》对特殊学校的经费问题作出规定,特殊学校的行政费、一般设备费、教学设备费、助学金等均高于普通中小学。《关于1956年全国普通教育、师范教育事业工资改革的指示》规定,盲聋哑中小学的员工,加发工资的15%。1957年《办好盲童学校、聋哑学校的几点指示》明确了特殊学校的任务、班额、教师编制以及教学等原则性规定。1962年教育部还制定了《全日制聋哑学校教学计划(草案)》和《全日制盲童学校教学计划(草案)》等教学指导性文件,明确两类学校的教学目标任务等事项。1982年《中华人民共和国宪法》也首次以根本大法的形式规定,"国家和社会帮助安排盲、聋哑和其他有残疾公民的劳动、生活和教育"[1]。特殊学校、学生和教职工配置,分别由1953年64所、5 260人和797人,升至1985年的375所、41 706人和11 481人。[2]学校增长为原来的5.9倍,学生增长为原来的7.9倍,教职工增长为原来的14.4倍;作为残疾儿童少年教育的首要要素的教职工配置比例也由1953年的1:6.6升至1:3.6。

这一时期,整个国家的社会生产力不发达,在高度匮乏的资源状况和当时的政治制度背景下,国家实行高度集中的计划、均衡供给制度。供给主体只有单一的国家政府,通过统一调控,几乎包办了所有的残疾儿童少年教育公共品的供给。计划性、指令性、均衡性是其最显著的特点。这时公共品供给种类不多,主要集中在特殊学校数量的增加、教师配置的加大和教育经费的提高等基本保障方面;受益范围也不大,即使至1989年,据国务院办公厅转发国家教委等部门《关于发展特殊教育的若干意见》(下称《意见》)的通知显示,全国盲、聋学龄儿童入学率还不足6%。但由于为数不多的特殊学校大多集中在大中城市,在以农补工、保障城市工业为主的计划经济时期,残疾儿童少年教育公共品得到了较好的保障,保障水准与同期的普通中小学相比,相对比较均衡。基于全国经济发展状况的均衡和当时政策的统一,特殊学校间义务教育公共品供给也比较均衡。财政经费拨付严格执行国家标准。除发展较早的大城市特殊学校外,基础设施与教学设备配置、师资水平也没有较大差异。全国残疾儿童少年教育公共品供给,无论反映在教师工资水平还是学校办学条件上都相对比较均衡,但由于政策统一僵化,严重制约学校自主快速发展。

(二)多元主体供给改革探索时期

这一时期大致是20世纪80年代中后期推进改革开放和实施义务教育开始至21世纪初期。这一时期,残疾儿童少年教育公共品供给体制多元推进、空前繁荣。这主要源于两大因素:一是1978年十一届三中全会提出的改革开放,将我国带入经济、政治、文化、社会快速发展变革时期。经济体制深刻变革,社会结构深刻变动,利益格局深刻调整,思想观念深刻变化,特别是随着市场经济改革的推进带来了经济高速发展和相应的政治体制改革。一方面随着由重政治意识形态向经济建设为中心的转变,社会财富极大丰富,政府对公共品供给能力极大提高;另一方面,随着中央权力下放和市场机制、社会力量的发育,一元化的、自上而下的集权分配体制转变为社会、市场等多元主体参与的公共品配置格局,公共品供给的主体、方式、途径发生深刻变化,多元供给制度开始形成。二是1986年颁布的《中华人民共和国义务教育法》。在全国义务教育的总体背景下,残疾儿童少年纳入义务教育,残疾儿童少年教育公共品供给也纳入义务教育保障制度框架内。至2002年,全国特殊学校达1 624所,普校附设特教班3 322个,在校接受特教学生567 274人。[3]

这一时期,残疾儿童少年教育公共品供给表现出两个明显特点。

第一,义务教育公共品供给政策体系日趋健全。这一时期是特殊教育发展法制化建设的黄金时期。《中华人民共和国义务教育法》和《中华人民共和国教育法》,为残疾儿童少年义务教育公共品提供了总体框架和背景。《教育法》第三十八条规定:"国家、社会、学校及其他教育机构应当根据残疾人身心特性和需要实施教育,并为其提供帮助和便利。"1989年,《意见》提出加快特殊教育的发展步伐,进一步提高包括残疾人在内的全民族素质,明确了方针政策、目标任务和领导管理。其后,1990年颁布的《残疾人保障法》和1994年颁布的《残疾人教育条例》两个重要法律法规又分别从残疾人特殊教育对象的范围,平等接受教育权利的保护,义务教育的方针、原则、责任主体,教师和物质保障等方面作出具体规定,明确义务教育公共品的供给。1994年《中国教育改革和发展纲要》指出,要"积极创造条件,使残疾儿童与其他儿童同步实施义务教育"。1998年发布《特殊学校暂行规程》进一步强调特殊学校规范管理,提高教育质量。1994年发布的《特殊教育学校建设标准(试行)》和《特殊教育学校建筑设计规范》,分别从学校选址与规划、校园用地面积指标、校舍建筑面积指标和校舍建筑标准上,对盲、聋、培智三类学校编制建设标准。同时,国家教委、中国残疾人联合会还分别于1992年、1996年、2000年印发残疾儿童少年义务教育"八五"、"九五"、"十五"实施方案,对指导各级政府认真贯彻上述法律法规和文件,实施残疾儿童少年义务教育做出部署。残疾儿童少年义务教育步入规范化的、有法可依的、法律保障日趋完善的快车道。另外,国家教委还于1987年制定发布了《全日制弱智学校(班)教学计划》,于1993年印发了《全日制聋校课程计划(试行)》和《全日制盲校课程计划(试行)》,进一步完善了培养目标等内容。各地政府在执行过程中,还根据实际不断完善和创新,作出了许多有针对性的政策设计和制度安排,如山东省1996年印发了《山东省特殊教育学校教学常规(试行)》等。1994年全国残疾儿童少年随班就读工作会议召开,并印发了《关于开展残疾儿童少年随班就读工作的试行办法》,进一步确立了1988年全国第一次特殊教育工作会议提出的"以一定特殊学校为骨干,以大量的特教班和随班就读为主体的残疾儿童少年教育格局"。特教班和随班就读愈来愈在特殊教育中发挥着重要作用,成为特殊教育格局的重要一极和形式。可以说,上述法律法规和政策文件本身作为最重要的公共品,为残疾儿童少年教育公共品供给奠定了法律和政策基础。

第二,供给主体和方式的多元化。在改革开放的总体背景下,市场经济改革为社会和特殊学校直接带来了丰富的物质基础;同时,市场体制机制为社会物质转化成教育公共品和特殊学校自我提供公共品带来了方式和途径的创新。一方面,很多企业、个人财富的丰裕和社会责任的增强,促使他们以慈善捐赠形式参与残疾儿童少年义务教育公共品供给;同时,他们利用市场互惠互利机制,以参股或合作、承包等形式,参与到特殊学校职业教育、食堂等生活服务、校办企业等富有经济效益的经营活动中,帮助丰富提高公共品供给能力,间接参与公共品供给。另一方面,特殊学校纷纷开始兴办校企、出租校舍等市场化的经营活动,直接丰富了残疾儿童少年教育公共品供给。国家以政策法规的形式充分肯定、支持和推动了这些做法。社会和特殊学校成为仅次于国家这一供给主体外的两大供给主体。这一时期,国家供给的总量没有多大改变,例如反映在教育经费的教师工资水平上整个20世纪90年代增长缓慢,一直维持在很低的水平。但是国家将供给重点转向了通过政策的供给和调控残疾儿童少年义务教育公共品的供给,即"出政策,不出钱"。其实这通过上述法律法规和政策文件的空前增多就可窥一斑。一是分权给地方政府并赋予公共品供给责任。1994年通过分税制改革,划分了中央和地方的财权,强调地方政府公共品供给责任。《残疾人教育条例》第四十四条要求,"残疾人教育经费由各级人民政府负责筹措,予以保证,并随着教育事业费的增加而逐步增加","地方各级人民政府用于义务教育的财政拨款和征收的教育费附加,应当有一定比例用于发展残疾儿童、少年义务教育"。《残疾人保障法》第二十一条规定,"各级人民政府对接受义务教育的残疾学生、贫困残疾人家庭的学生提供免费教科书,并给予寄宿生活费等费用补助"。二是分权让渡给社会和学校,实现公共品供给的公共参与。《中国教育改革和发展纲要》指出,"要初步建立起与社会主义市场经济体制和政治体制、科技体制改革相适应的教育新体制","进一步改变政府包揽办学的状况,形成政府办学为主与社会各界参与办学相结合的新体制"。《残疾人保障法》第二十一条提出,"政府、社会、学校应当采取有效措施,解决残疾儿童、少年就学存在的实际困难,帮助其完成义务教育"。《残疾人教育条例》第四十五条指出,"国家鼓励社会力量举办残疾人教育机构或者捐资助学";同时第四十八条规定,"扶持残疾人教育机构兴办和发展校办企业或者福利企业"。《特殊学校规程》第五十八条规定,"特殊教育学校的校办产业和勤工俭学收入上缴学校部分应用于改善办学条件,提高教职工福利待遇,改善学生学习和生活条件。学校可按有关规定接受社会捐助"。《意见》指出,"各地社会福利有奖募捐委员会和残疾人福利基金会要从募捐资金中拨出一部分用于发展特殊教育","各地政府要积极扶持特教学校开展勤工俭学,以弥补办学经费之不足"。另外,为了支持社会和学校对公共品供给的公共参与,1999年颁布的《中华人民共和国公益事业捐赠法》中明确鼓励扶助残疾人等困难的社会群体和个人的活动。指出,对"公益事业捐赠有突出贡献的自然人、法人或者其他组织,由人民政府或者有关部门予以表彰"。公司和其他企业、自然人和个体工商户捐赠财产用于公益事业,依照法律、行政法规的规定享受企业或个人所得税方面的优惠。这一时期,拉募捐赞助、办校企、出租校舍、下海、停薪留职等市场化、产业化的经营思维和活动风靡一时。几乎所有特殊学校都参与其中。可以说,社会捐助和特殊学校市场化经营创收有力弥补了政府公共品供给的不足,极大地改善了办学条件。在许多发达的大城市,社会捐赠和学校创收的收入甚至与政府供给水平相当。这也是当时"人民教育人民办"和"效率优先"思想的一个真实写照。国家单一的公共品供给模式发生了深刻转变。

（三）政府公共服务探索时期

这一时期大致是从2002年党的"十六大"召开至今。这时政府的执政理念发生了转变。尤其是党的"十七大"以来,党提出坚持以人为本,落实科学发展观和构建和谐社会,突出加强社会建设和公共服务体系建设,打造服务型政府、责任型政府。"十七大"报告明确指出,要坚持教育公益性质,加大财政对教育的投入;同时,坚决反对教育产业化,着力促进教育公平。至此,残疾儿童少年公共品供给的显著特点之一,就是供给职责主体回归政府。残疾儿童少年义务教育公共品供给主体和方式发生了转变,学校市场化经营创收的供给模式被否定,而政府供给的公共服务责任被强化。政府公共财政投入成为残疾儿童少年义务教育公共品供给的主渠道,公共财政投入制度成为供给的唯一的基本制度,这通过山东省潍坊市部分县市区特殊学校教育经费构成来源便可略窥一斑(见表1)。2006年修订的《中华人民共和国义务教育法》第四十四条明确规定:"义务教育经费投入实行国务院和地方各级人民政府根据职责共同负担,省、自治区、直辖市人民政府负责统筹落实的体制。"至此义务教育经费投入体制经历了1986年《义务教育法》和1992年《义务教育法实施细则》提出的"省、县、乡分级管理",到2001年《关于基础教育改革与发展的决定》规定的"以县为主的体制",最后落定于"省级统筹"。在此,明确了政府办学的投入供给格局。中央、省、地(市)、县四级政府共同承担义务教育经费投入。残疾儿童少年教育公共品的供给有了更高的管理和保障平台。特殊学校和随班就读经费保障机制完全转向了政府公共财政投入。残疾儿童少年义务教育公共品的供给有了稳定、可靠的坚实保障。2007年,教育部还在修订了《全日制盲校课程计划(试行)》、《全日制聋校课程计划(试行)》、《全日制弱智学校(班)课程计划(征求意见稿)》基础上,印发了《盲校义务教育课程设置实验方案》、《聋校义务教育课程设置实验方案》和《培智学校义务教育课程设置实验方案》,以改进教育教学工作,推进新课程改革,为残疾儿童少年提供更具时代要求的义务教育公共品。2008年《中共中央国务院关于促进残疾人事业发展的意见》强调指出,要"保障残疾学生和残疾人家庭子女免费接受义务教育"。2009年,《国务院办公厅转发教育部等部门关于进一步加快特殊教育事业发展意见的通知》要求"进一步强化政府发展特殊教育的责任",提出"完善特殊教育经费保障机制,提高特殊教育保障水平,全面实施残疾学生免费义务教育"。2010年7月,刚刚发布的《国家中长期教育改革和发展规划纲要(2010—2020年)》则明确指出,"各级政府要加快发展特殊教育,把特殊教育事业纳入当地经济社会发展规划",要求"加大对特殊教育的投入力度","逐步实施残疾学生高中阶段免费教育"。

表1　2009年潍坊市部分县市区特殊学校教育经费构成来源表(单位:万元)

| 来源＼县市区 | 昌邑 | 奎文 | 昌乐 | 高密 | 临朐 | 青州 | 寿光 |
|---|---|---|---|---|---|---|---|
| 国家财政 | 0 | 0 | 0 | 8.8 | 25 | 0 | |
| 省级财政 | 0 | 7 | 0 | 6.5 | 6 | 0 | |
| 市级财政 | 0 | 0 | 21.94 | 3 | 20 | 5 | 3 |
| 县级财政 | 245 | 173 | 141.9 | 223.49 | 159 | 249 | 403 |
| 社会捐赠 | 15.8 | 1 | 11.77 | 9.8 | 0.5 | 15.5 | 15 |
| 学校创收 | 0 | 0 | 0 | 0 | 0 | 0 | 0 |
| 政府财政投入所占比例 | 93.9% | 99.4% | 93.2% | 97.1% | 99.7% | 93% | 96.4% |

资料来源:2009年潍坊市特殊教育调研统计数据

第二个特点就是供给方式的转变和学生受惠程度的提高。其实,这是本时期供给制度设计的出发点和归宿。生产力的提高、物质财富的丰富,促进了政府公共供给能力的提高。同时,政府转变职能,加强社会建设和公共服务建设,增强公共供给责任,加大公共财政投入。在供给方式上,还不断通过市场化、社会化改革,创新供给方式、途径,提高供给效率。如许多特殊学校的设施配备,主要由政府通过招标代理机构代理服务。许多特殊学校的物业管理也开始由自我管理转向社会组织代理服务。在许多地区,甚至连特殊学校师资培训等业务事项也通过政府购买服务的方式予以提供。例如,2007年至2009年山东省潍坊市通过购买高校及其他社会专业组织的专业服务,连续三年为残疾儿童少年及其家长进行心理健康教育和家庭教育服务,间接落实政府的公共供给职能。政府主体供给能力、责任的增强以及供给方式的创新,必然让更多的人群享受到改革开放带来的实惠和成果。这时期的公共品供给,政府出台政策不多,主要是不断清还第二阶段"只出政策不出钱"而留下的欠账,重服务、重落实、重实惠。如根据《特殊教育学校建设标准(试行)》《特殊教育学校建筑设计规范》等规定,完善特殊学校教育基础设施,更新教学设施设备,提高师资水平,加大教育经费投入。另一方面,还在"两免一补"基础上,不断提高学生生活保障水平,基本实现全免费义务教育。同时,还不断提高中央设立的特殊教育补助专款和地方各级人民政府设立的特殊教育专项补助费,通过专项工程扶持资金(如2008年山东省农村中小学和特殊教育学校教学仪器更新配备工程、潍坊市设立的特殊教育关爱工程等),加大对特殊教育专项发展的投入。县级以上人民政府还通过加大转移支付力度,加大对落后地区特殊学校的经费投入,促进特殊教育均衡发展。例如,据教育部、国家发改委印发的《"十一五"期间中西部地区特殊教育学校建设规划》资料显示,"十五"期间,中国残疾人联合会和教育部相继开展了"中西部盲童入学项目"、"扶残助学项目"、"彩票公益金助学项目"等,累计投入近1.2亿元,共资助贫困残疾学生近5万余人次。"十一五"期间,中央专项投资约6亿元用于建设工程项目、必备教学、康复训练设施配置投资。另外,还通过加大对乱收费治理、违规办学行为的检查力度,确保学生利益。至2009年,特殊学校达1 697所,特教班2 801个,在校接受特教的学生544 308人。[4]

表2 各个阶段的主要法律法规和政策文件

| 高度集中的计划供给时期 | 《政务院关于改革学制的决定》(1951);《关于盲童学校、聋哑学校经费问题的通知》(1956);《办好盲童学校、聋哑学校的几点指示》(1957);《全日制聋哑学校教学计划(草案)》和《全日制盲童学校教学计划(草案)》(1962);《宪法》(1982) |
|---|---|
| 多元主体供给改革探索时期 | 《中华人民共和国义务教育法》(1986);《残疾人保障法》(1990);《残疾人教育条例》(1994);国务院办公厅转发国家教委等部门《关于发展特殊教育的若干意见》(1989);《特殊学校暂行规程》(1998);《中国教育改革和发展纲要》(1994);《特殊教育学校建设标准(试行)》和《特殊教育学校建筑设计规范》(1994);《全日制弱智学校(班)教学计划》(1987);《关于开展残疾儿童少年随班就读工作的试行办法》(1994) |
| 政府公共服务探索时期 | 《中华人民共和国义务教育法》(2006);《中共中央国务院关于促进残疾人事业发展的意见》(2008);《国务院办公厅转发教育部等部门关于进一步加快特殊教育事业发展意见的通知》(2009);《盲校义务教育课程设置实验方案》、《聋校义务教育课程设置实验方案》和《培智学校义务教育课程设置实验方案》(2007);《国家中长期教育改革和发展规划纲要(2010—2020年)》(2010) |

表 3　残疾儿童少年义务教育公共品供给制度的变迁

| 时期<br>变迁 | 高度集中的计划供给时期 | 多元主体供给改革探索时期 | 政府公共服务探索时期 |
|---|---|---|---|
| 供给理念 | 简单的计划均衡理念 | 放开搞活的市场体制改革理念 | 政府公共服务理念 |
| 供给的政策保障 | 中央统一刚性政策 | 1986年义务教育法确立的各级政府分级多元自主供给政策 | 2006年新义务教育法确立的省级统筹供给政策 |
| 供给主体和方式 | 国家主体集权化行政垄断供给 | 国家、社会、学校集体多元供给 | 国家责任主体的市场化、社会化供给 |

## 二、残疾儿童少年义务教育公共品供给制度存在的主要问题

通过残疾儿童少年义务教育公共品供给制度变迁可以发现，残疾儿童少年义务教育公共品供给受到政府决策取向、财政管理体制，以及残疾儿童少年诉求和社会生产力发展水平等要素的制约。但国家始终在公共品供给中占据决策和管理的主体地位，社会和学校供给始终处在国家政策调控之中，而公共品供给的实现程度基本取决于各级政府贯彻国家有关政策文件的程度。因此，国家和各级政府是我们分析问题、寻求解决的总体视野。

（一）政府、社会和学校供给的混乱与失范

公共品供给实质上反映的是国家的权力意志。政治哲学家沃尔泽（Michael Walzer）指出，"一种善或一组物品在所有分配领域都具有支配或决定性作用。而这种善或者物品通常都是被垄断的，它的价值被它的拥有者们的力量和凝集力所维护"[5]。也就是说，尽管物品本身在成为公共品前是中性的，但当国家为了公共目的，使之变成公共品时，就构成了一种意识形态，就变成了国家权力意志。无论财力如何，国家都不会放弃对公共事务的决策权和管理权。残疾儿童少年教育公共品供给是国家管理特殊教育的重要手段和方式，其在国家、地方政府、社会和市场中的合作或博弈，就体现了国家对特殊教育事业的调控和管理。这是国家对社会建设、政权建设的需要，是国家职能的体现。其主要通过三个环节发挥作用：一是政府系统环节，体现国家在特殊教育事业发展上对各级政府的决策指令；二是教育主管部门和财政部门的环节，体现对残疾人和特殊教育的公共服务职能；三是学校和残疾人环节，体现公共品的使用。这样国家意志被诸多公共机构层层转化为公众吁求的满足而具体化，以公益的实现和公意的表达体现国家的合法性。但正是由于公共品具有意识形态，且"意识形态都容易被腐蚀"[6]，所以，正如沃尔泽指

出,"支配总是不完全的,垄断总是不完美的"[7]。国家的支配也是产生问题的根源所在。

特别是第二阶段,是供给制度改革的关键期,也是问题集中的生发期。公共品供给失衡、失范和政府公共服务不到位问题是这一时期的突出问题。一方面,国家主要通过政策供给对公共品进行调控,"出政策,不出钱",国家对公共品的供给水平远低于残疾儿童少年的需求水平,政府公共服务不到位问题分外突出。各级地方政府在公共品供给落实中,由于政策文件对职责划分不清,各级政府和有关部门推诿不作为现象时有发生。另一方面,尽管供给的政策法规频出,但由于缺少必要的社会监督以及政策本身对公益性的某些偏离,使得残疾儿童少年教育公共品供给政策执行中,与法制化、规范化渐行渐远,甚至偏离了教育公益性质,引发了教育不公平等社会问题。社会和学校供给不同于政府供给,具有非行政化、非国家化、非权力化的特点。这些公共品主要用于满足学校自主发展的需要,在操作上也存有不规范、不公开、缺少必要监督、易变质等问题隐患。社会供给主要是建立在社会力量预期的基础上,首先体现的是社会的意愿。学校集体供给主要建立在学校集体财产和劳动的基础上,体现着学校集体的意志,其公共供给灵活机动,很少受国家政府的制约。特别是特殊学校供给,也可称为制度外供给。由于它在操作上缺少制度的规范性、公开性,没有有效监督,不能以政府公共品供给那样的渠道和方式分配,主要由学校组织决定使用,取决于一定范围的自律,因此,大多处于自由的真空状态。不但造成供给效率不高,甚至产生被权力寻租、被私品搭便车而变异等问题,滋生腐败现象,学生受益程度缺少制度保障。二者,由于地方、学校供给主体经济水平不均衡,带来了供给能力的不均衡状态,直接造成残疾儿童少年义务教育公共品地区间供给的巨大差异。据教育部、国家发展改革委印发的《"十一五"期间中西部地区特殊教育学校建设规划》资料显示,我国特殊教育学校建设滞后于特殊教育发展需求,总量尚显不足,区域差距较大。2006年尚有74个地级市未建立特殊教育学校,其中中西部65个,占总数的88%。尚有493个县未建立特殊教育学校,占县总数的39.56%。其中中西部405个,占总数的82%。另有70%左右的学校需要进行校舍建设和配置必备教学、康复训练设施,其中中西部约680所左右。三者,由于缺乏规范和监督,学生对公共品直接受惠程度并不高,如杂费、寄宿费、生活费等不降反升,且还滋生了其他乱收费项目。这些现象体现了市场化经营思维对公共品供给的不良影响,直接冲击了残疾人教育事业的健康发展,至今影响余孽未消,主要表现在:学校发展不均衡和残疾学生与健全学生享有教育资源的不公平;在特殊学校经费供给短缺困境和外部领域高收入的诱惑下,部分教师特别是年轻的专业教师脱离了特殊学校,即使没有脱离一些人也将精力转向了创收方面;学校发展趋于经济利益中心化,不是专注于义务教育而是转向职业技能教育培训、实践基地、福利企业等经济工作上来，同时学生的素质教育也片面化为职业技能的获得。

(二) 社会公共参与供给、决策与监督的不足

当前，由于国家在公共品供给政策中强势的主体地位和服务职能转变不到位、供给方式转变不到位等问题，"谁办学、谁投入、谁有话语权"的市场经济思维严重存在，使政策不可避免地具有集权化行政运作特点，而带来排斥社会参与供给及参与其决策、监督的倾向，不但制约了社会资本力量进入，而且社会智力资源参与学校决策与管理、监督的权利和空间也极为有限，造成公共品供给主体单一和公共品使用效益不高等问题，有的社会捐赠资金甚至违背了公共用途。对残疾儿童少年而言，他们数量少、身处社会底层，且由于他们自然存在的生命体能力的不足以及公民意识不强等原因，他们的诉求表达能力差，诉求表达渠道少，很难参与到供给政策的决策、管理中。卢梭指出，"政治人则只不过是一个分数，他有赖于分母"[8]。残疾儿童少年在供给制度决策与管理面前，其"政治人分数值"小得可以忽略。他们从文化习惯上对公共品形成了一种"下限预期"，即只求满足学校学习生活足矣。至今，特殊学校义务教育的新课程改革实施缓慢，新课程改革推进度相比普通教育落后了近十年。对特殊学校而言，由于教育公共品供给主要通过县以上教育主管部门为组织中介和管理平台，实施组织和再分配，特殊学校很少参与公共品供给的决策过程。特殊学校的资源情况和学生的需求常常被忽略，难以充分或按其所需地满足特殊学校自主发展和残疾儿童少年多层次、多样化的教育需求。特别是随班就读教育中，当地政府面对地方财政的不足和普通教育的压力，一些随班就读专用款或多或少地被挤占、挪用。对社会组织而言，由于政策文件对社会参与供给缺少明确的标准，影响政策的有效落实。如国务院办公厅转发国家教委等部门《关于发展特殊教育的若干意见》的通知中对"各地社会福利有奖募捐委员会和残疾人福利基金会要从募捐资金中拨出一部分用于发展特殊教育"的规定就没有指明具体的比例。社会参与供给的责任以及力度都缺乏制度保证，特殊教育公共品社会供给的政策先天不足。

(三) 特殊学校自主发展性功用的公共品供给不足

特殊学校自主发展性功用的公共品主要是指特殊学校可自主支配、自主规划发展所需要的公共品。这种公共品主要体现为教育科研、教师培训等方面，主要由特殊学校集体自我供给，其调控权在很大程度上可以不受其他组织的影响和干涉，过去曾经是特殊学校自主发展的重要力量之一。当前，政府财政供给主要体现在当地政府的经费拨付、县级以上政府的转移支付和重点专项扶持资金三大部分，缺少对特殊学校自主发展性功用公共品的供给。因为，当地政府的经费拨付主要集

中于生均教育经费的拨付,其绝大部分用于教师工资的发放;尽管生均经费拨付标准远高于普通学校,但由于特殊学校学生数量极少,而日常公用支出必不可少,生均经费仅能维持学校运转。县级以上政府的转移支付和重点专项扶持资金是推进均衡发展的补偿性投入。由于多数工程项目具有短期性、不稳定性和专项扶持资金使用目的的特定性等特点,特殊学校难以在自主发展上获得稳定保障和支持。据2009年潍坊市的特殊教育调查发现,几乎所有的特殊学校自主发展性功用公共品供给保障乏力,很多特殊学校基本处于维持状态,如专业教学设备配置、教学科研经费、教师培训经费以及贫困学生的生活与学习补助差额等无从支付。同时,由于政府对教育经费的财政权的控制,剥夺了学校自主用人权、自主规划发展权,学校自主发展和办学的空间不大。一是由于经费投入的固定、有限,使得一些编制外的优秀人才难以引进到学校,教师配置难以优化。二是学校自主规划的发展性建设项目,难以得到资金支持。如果说第二阶段由于社会、学校供给主体的参与,使得学校尚能在一定程度上减低对政府的依赖,有财力自主面向人才市场选用人才,或自主配置所需设备设施,实现自主规划发展,那么,当前国家主体的供给格局对学校集体供给的排斥,则阻断了特殊学校对自主发展性功用公共品的自我供给,难以回避压缩特殊学校自主发展空间的问题。在社会供给方面,由于社会力量的公共品供给主要体现为社会捐赠,而社会捐赠极不稳定,难以为特殊学校自主发展提供稳定保障。

### 三、完善残疾儿童少年义务教育公共品供给制度的建议

公共品具有权力意志的合理性和合法性,这注定了公共品供给的制度改革绕不开国家权力这一主体框架,且是最具有决定性作用的。同时公共品是以增进公共利益、公共福祉为目的的,具有目的合理性,这决定了公共品供给的制度改革必须回归公共理性这一视野。公共品作为权力的工具理性与作为增进公共利益的目的理性的统一,决定了公共品供给制度的改革离不开公共品的权力工具理性与其公共利益的目的理性的关系范畴。以目的理性统领工具理性是公共品供给的时代吁求。在我国,当前公共品的工具理性随着国家权力向公共服务的转型,越来越式微,而以公共服务方式增进公共利益的目的理性越来越凸显。结合上述揭示的问题,残疾儿童少年义务教育公共品供给应考虑以下选择。

**(一)强化政府对残疾儿童少年义务教育的公共服务**

第一,建立和完善有针对性的残疾儿童少年义务教育公共财政保障框架体系。当前,新义务教育法是建立在普通教育的现实之上的,缺少对残疾儿童少年义务教育实际的针对性。上述论述中揭示出残疾儿童少年义务教育发展性功用的公共品保障不足,显示出在新义务教育法基础上建立和完善残疾儿童少年义务教育公共

财政保障体系的必要。公共品的分配是社会再分配的核心构成。根据罗尔斯社会正义的差别原则,残疾儿童少年对于自己的残疾不幸是不能选择的,教育资源的分配"应该有利于社会之最不利成员的最大利益"[9]。现在经合组织(OECD)成员国经验普遍认为,"如果残障学生不能获得额外资源,残障教育就不可能取得成就"[10]。因此,根据差别原则,可对残疾儿童少年义务教育投入实行双轨制保障,即基础性底线保障经费与发展性激励保障经费两大部分。基础性底线保障经费可等同于目前的生均教育经费,主要用于维持学校正常运转,由省级政府加大统筹力度,但要减低当地政府特别是县级政府的负担;同时按照"谁主管,谁负责发展"的原则,由当地政府减支资金和新增资金设立发展性激励保障经费。发展性激励保障经费主要用于学校发展性的规划项目,由当地政府财政统筹支付,重点进行科研、师资培训等智力投资。在操作上可通过以奖代补的方式,采取先行垫付、预支和对结果进行考核的办法,按年度业绩滚动发放。同时,县级以上政府财政根据特殊教育五年发展规划,设立五年制长期专项扶持项目资金,通过转移支付,重点向贫困地区倾斜,主要用于地区间公共品供给的均衡配置。在目前推进的省直管县的财政管理体制改革中,应以增强县对随班就读工作的保障能力为重点,统筹做好随班就读的公共品供给,并将县级财政与地市级财政视为同一预算级次对待,减少管理层级,提高行政效率和资金使用效益。

第二,创新和完善公共品供给方式。这是政府供给的低效和学校自主办学空间的萎缩,对政府转变供给方式的呼唤。政府供给虽然以公共利益最大化为价值取向,但具有垄断性、不计成本等特点,缺少供给效率的驱动。而市场机制对效率和利益的追求,能弥补政府供给的不足。社会组织(或称为"第三部门"或"非政府组织")具有很强的自治性和独立性等特点,能整合社会资源,代替政府提供量大质优的公共服务,减轻政府负担,填补因政府能力不足而存在的公益空白。美国奥斯特罗姆教授提出的"多中心理论"认为,通过社群组织自发形成的多中心自主治理结构,形成多样化的制度与公共政策安排,能实现政府、市场、社会在其结构、功能上的差异互补,优化公共品供给制度。[11]根据"多中心理论",政府是公共品供给的责任主体,但并不意味着政府必须直接生产和供给所有的公共品,还可以运用市场机制以合约出租、政府购买、特许经营、政府经济资助、政府参股等方式,在政府监管下由企业或社会组织实现间接生产和供给。目前,通过引进市场机制,推动政府供给向市场化、社会化供给转向成为当前公共品供给方式变革的趋势。这不同于第一阶段计划经济时期包揽一切、垄断供给,而是建立在政府公共服务执政理念、成熟的市场机制和公民社会的基础上的。政府开始向社会分化职能,社会组织开始成为承载政府职能转变的"试验田"之一。各种社会组织成为多元化、社会化的资源控制体制和配置体制的一极,在政府—社会—市场这样一个框架体系下,发挥着联结纽带和桥梁的作用。残疾儿童少年义务教育公共品供给方式的创新，要重视引入市场机制，不断提高公共服务的质量和效率。根据残疾儿童少年教育公共品的不同性质和特点，可采用不同的供给模式，实现公共服务供给主体的多元化。例如，对社会力量不愿意或无力提供的教育政策、课程教材等意义重大、公共性程度高的公共品，由政府直接提供；对教学设备、师资培训、专业技术服务、教学与科研等公共性程度相对不高、特别是发展性功用的公共品，可通过项目招标、购买服务、合同外包等代理服务的多种方式，与有关组织开展合作，鼓励他们参与公共服务，间接地落实政府职能。

第三，建立政府主导的社会参与供给制度。残疾儿童少年大多出生于贫困的农村，具有生理心理的自然弱势和经济贫困、阶层地位低等多重社会弱势特点，且由于他们身体器官机能缺陷存在的终身性和难以改变性，而使得他们较其他弱势群体（如进城务工人员随迁子女、留守儿童、贫困儿童等）而言，属于持续性、终身性的弱势群体，对利益诉求的表达能力和社会福利的获得能力具有终身性的先天不足。教育作为促进他们获得社会公平的基础，对他们其他利益的获得乃至整个人生成长具有前提性的重要意义。残疾人教育已经不单单是教育领域的事情，而其本身就是一个社会问题。当前，残疾人联合会、各种福利基金会、慈善组织、个人捐赠等对残疾人教育的支持参与，就表达着残疾人教育广泛的社会基础。因此，残疾儿童少年义务教育公共品供给不应仅依赖政府而减少社会力量的参与。其实，政府和社会的供给是可以相互弥补、有机结合的。社会力量数量庞大、组织灵活、效率较高、成本较低，无论在公共品的种类性质还是供给方式上，都能最大化地满足残疾儿童少年多样性、多层次的需要。政府在公共品的性质、供给数量和方向以及组织体系和规划上，具有维护社会公平正义的价值目标和建立分配供给政策的合法性，能通过公共行为方式主导和调控社会资源。因此，应探索政府与社会有效结合的制度化供给方式，建立政府主导的社会参与格局，将社会力量纳入到残疾儿童少年义务教育公共品供给的政策体系中。政府不但要在制度设计、资源调动和分配、监管运行等方面担负主要责任，而且还要培育社会组织，培养企业、社区、个人及其他社会组织的社会责任感，扩大和畅通社会资源进入教育的途径，引导他们在公共品供给的具体服务上广泛参与。特别是注重利用公益事业捐赠法、社会福利企业管理暂行办法等法律法规，积极引导社会力量参与残疾儿童少年义务教育公共品直接供给。注重发展壮大公益服务为主的各类社会组织。在功能目标、组织建设上，帮助提高水平，增强服务社会的能力，建立政府与社会组织的和谐平等的合作关系。根据权责一致原则，应给予相关社会组织更多的参与学校决策、管理和监督的权利，增强社会参与学校公共品供给的责任感、决策和监督的话语权。同时，作为残疾儿童少年义务教育的主要载体——特殊学校，在学校功能上，积极向社会延伸,增强社会服务功能,向社会开放学校,延伸服务,增加社会积极参与的动因,积极引导他们发挥在教育公共品供给与管理中的作用。

第四,要加强公共品供给的法制化建设。据实证选择社会理论研究发现,"在经济上急剧转型时期的国家,人们更注重效率,较少关注残疾人福利"[12]。因此,要特别重视以立法的形式明确各级政府、企业、社区和社会组织在服务残疾人弱势群体政策体系中的责任和地位,确保各级政府的责任担当和社会参与的广度和实效。同时,要改变过去条块分割的管理体制,将包括残疾人教育、就业、医疗、社会保障等在内的所有社会弱势群体的公共服务,整合纳入到政府统一的社会弱势群体管理机构中,从决策规划、管理服务到协调运行、监督实施等每个环节,以更加专业化的方法手段和更加高度的社会认识,确保社会弱势群体社会公平正义的实现。另外,要根据新义务教育法的精神和公共服务的理念,进一步修订完善《残疾人教育条例》以及其他国家的或地方的各种配套政策,如尽快建立特教教师资格证书制度和完善随班就读的支持保障系统等,确保公共品供给政策的有效实施。

(二)对残疾儿童少年义务教育公共品进行特殊教育需要意义的特殊设计和分配

20世纪80年代以来,美国政治哲学家沃尔泽提出了以物品理论为基础的多元正义理论,认为分配的核心是物品,物品的意义决定着物品的分配原则。这为推动残疾儿童少年义务教育公共品的公平供给开辟了新的路径。

第一,政府应注重完善和丰富具有残疾儿童少年特殊需要价值意义的教育公共品,加大公共供给总量。沃尔泽认为,"平等是人与人之间的一种复杂的关系,由我们在我们自己中间制造、分享和分割的物品来调节"[13]。也就是说,平等不必然的与社会环境相关,而与人们相互联系的社会物品这一中介相关联。社会物品"不是财产的等价物"[14],是社会关系的中介,因为它"能跨域政治边界而被分享、分割和交换"[15],它的产生过程就是一个赋予社会意义的过程,即在分配之前已经被赋予人们所共享的善、用途、观点,而具有一定社会意义。其社会意义决定了物品的运动,制约着分配代理人的分配。可见,分配的公平与否是与物品及其社会意义相关的。物品的"构思和创造优先于并控制分配"[16]。因此,沃尔泽指出,我们的注意力应"从分配本身转移到创造和构想物品上来"[17]。残疾儿童少年特殊需要价值意义的教育公共品至少应包括平等的受教育机会、特殊教育设备设施、相应的专业师资、特殊需要的课程教学与管理,以及法律保障的尊严、社会关怀等。当前,无论特殊学校还是随班就读,所分配的公共品本身很大部分不是给残疾儿童少年设计的,这从物品本身的社会意义上已经拒绝了他们平等参与分配的可能。例如,许多教学设备是从普通教育中移来的,许多教育科研、管理制度是移植普通教育的;

同时政府有关部门很少组织和扶持特殊教育教学用具及其他辅助用品的研制、生产和供应。特殊教育课程教材建设落后,至今大多沿用普通学校教材,甚至连体育教学中现有的《学生体质健康标准》中也缺少对残疾儿童少年相应的体质测试评价标准设计。[18]残疾儿童少年教育公共品与残疾儿童少年之间有一种紧密的联系,基于残疾人特殊教育需要提供的专门的教育公共品,只适宜残疾人。这样在物品自然功用的价值和需要上,将其他健全人群体排斥在外,在残疾儿童少年群体的教育领域形成一个特殊的分配领域。划定和维护好这个领域边界,不但能减少由权力支配分配可能造成的腐败漏洞及其他非人为损害的风险,而且会给残疾儿童少年带来更多的实质平等。所以,还要将视线从平等分配本身,转向对残疾儿童少年教育公共品的创造和设计上,且按照差别对待补偿平等的原则,更多地丰富和完善具有残疾儿童少年特殊需要价值意义的义务教育公共品,加大公共供给总量。

第二,确立和维护好残疾儿童少年教育公共品领域边界。丰富和完善具有残疾儿童少年特殊需要价值意义的教育公共品,虽然会自然形成一个物品领域,但它是自在的。一方面,在市场交换下,残疾儿童少年义务教育公共品领域可能会受到其他物品领域自觉或不自觉的购买而被"侵犯"。这就意味着平等分配并不会自发地产生,需要加强政府力量进行约束。从理论上讲,政治权利在民主国家是一种支配性的善。维护残疾儿童少年教育公共品领域边界,防止其他领域或垄断支配对物品意义的僭越,是政府的公共服务职能之一。另一方面,在无处不在的权力渗透下,残疾儿童少年教育公共物品领域可能会受到各种主观或客观的权力扩张而被"殖民"。在加强政府力量的同时,还要防止权力越位、缺位、不到位之"恶",因为权力本身具有天然的扩张性。沃尔泽认为多元分配正义真正的敌人不是结果的不平等,而是支配。以往社会的冲突"都源自将垄断而非支配当做分配正义的中心问题"[19]。如果残疾儿童少年教育公共品被垄断,则可能被当做另一种物品购买,而将不平等带入运行轨道,使教育公共品不能满足残疾儿童少年的需要。因此,政府在加强自身公共服务职能建设、加大权力监督力度的同时,还要不断创新供给公共品的服务方式,确保这些公共品以公共服务的目的进行供给。

### 参考文献:

[1][2] 朴永馨.特殊教育[M].长春:吉林教育出版社,2000:295—297、302.

[3] 中国残疾人联合会网站.数据查[EB/OL]. http://www.cdpf.org.cn/tjsj/ndsj/2002/indexch.htm.

[4] 中国残疾人联合会网站.数据查[EB/OL]. http://www.cdpf.org.cn/tjsj/ndsj/2009/indexch.htm.

[5][6][7][13][14][15][16][17] [美]迈克尔·沃尔泽.正义诸领域:为多元主义与平等一

辩[M].褚松燕,译.南京:译林出版社,2002:11、13、12、21、21、34、5、6.

[8][法]卢梭.社会契约论[M].何兆武,译.北京:商务印书馆,2008:21.

[9]冯建军.当代自由平等主义与教育公正[J].清华大学教育研究,2007(5):8.

[10][12]范文曜,谢维和.OECD教育政策分析译丛:教育政策分析2003[M].北京:教育科学出版社,2006:5.

[11]金红磊,王守宽.公共物品提供主体的多元化——兼谈政府职能的让渡与拓展[J].浙江工商大学学报,2005(6):56.

[18]韩景军,王悦.特教学校需要优质体育教育[N].光明日报,2010-9-15.

(原文发表于《学术论坛》2010年第8期)

# 我国随班就读发展的政策困境及其应对

李 拉

教育政策是一个政党或国家为实现一定时期的教育任务而制定的行为准则。[1]政府通过教育政策的制定来规范和引导教育的发展。随班就读是中国政府在解决残疾儿童入学问题方面采取的一种教育政策,[2]是我国教育政策的组成部分之一。随班就读政策的确立为随班就读发展指明了方向,解决了大量的残疾儿童接受义务教育和就近入学等问题,并间接促进了教育公平理念的深入人心。然而,随班就读发展中存在的问题也是显而易见的,如教育理念的落后、随班就读的师资没有保障、普通班级班额过大、支持保障体系不完善等问题。[3]这些问题又会直接导致当前随班就读儿童接受的教育质量不高,甚至出现随班就读流于形式的现象。随班就读发展中这些问题与现象的出现,究其根源,与我国当前的随班就读政策是休戚相关的。因而,从政策的角度来审视我国的随班就读发展有着极其重要的意义与价值,它可以帮助我们更清楚地认识到当前随班就读发展中的政策问题,并进而为政府制定和完善随班就读政策、推进随班就读顺利开展提供重要依据和参照。

## 一、随班就读教育政策回顾

虽然我国早在20世纪50年代就已经有了接收当地特殊儿童随班就读的实践,[4]但真正意义上的随班就读则出现于20世纪80年代末期。1987年12月,原国家教委在《关于印发〈全日制弱智学校(班)教学计划〉(征求意见稿)的通知》中写道:"在普及初等教育的过程中,大多数轻度弱智儿童已经进入当地普通小学随班就读。这种形式有利于弱智儿童与正常儿童的交往,是在那些尚未建立弱智学校(班)的地区特别是农村地区解决轻度弱智儿童入学问题的可行办法。"这是首次在国家文件中出现"随班就读"一词。1988年《中国残疾人事业五年发展纲要(1988—1992年)》中提到:"普通班中要吸收肢残、轻度弱智、弱视和重听等残疾儿童随班就读。"同年,在第一次全国特殊教育工作会议上,政府将残疾儿童随班就读正式作为发展特殊教育的一项政策。政策上的确立使得随班就读开始以一种正式的身份进入教育发展的轨道。

1994年,国家在经历了前期的随班就读实验探索之后,为规范和进一步推进随班就读,出台了一部专门的随班就读政策指导文件《关于开展残疾儿童少年随班就读工作的试行办法》。在此文件中,对随班就读的对象、入学、教学要求、师资培训、家长工作、教育管理等方面作出了规定。作为迄今为止唯一的一部专门的随班就读政策文件,它对于推动和规范我国随班就读的发展在特定时期起到了重要的作用,成为各省地开展随班就读工作的遵循依据。

1994年之后,在国家陆续出台的一些特殊教育方面的相关政策文件中,随班就读政策被不断提及,如1996年的《全国残疾儿童少年义务教育"九五"实施方案》、1998年的《教育部特殊教育学校暂行规程》、2001年的《关于"十五"期间进一步推进特殊教育改革和发展的意见》等。特别是2010年我国出台了进入21世纪之后的第一个中长期发展规划纲要《国家中长期教育改革和发展规划纲要(2010—2020年)》(以下简称《纲要》),其中将特殊教育专门列为一章,并再次提到要不断扩大随班就读规模,完善特殊教育体系。

### 二、随班就读的政策困境与反思

从以上随班就读政策发展二十年来的简单历程回顾来看,随班就读作为国家教育发展中的重要政策之一是毋庸置疑的。而且,我国随班就读的正式推行本身就是与随班就读政策紧密结合在一起的,随班就读就其起源和发展来看,它是由我国政府主导、由上而下推行的特殊儿童教育安置方式。然而,发展到今天,随班就读政策中的一些问题与弊端也日益凸显,并逐渐成为影响甚至束缚我国随班就读健康、快速发展的瓶颈。从某种程度上来说,随班就读的发展陷入了一种政策上的困境,亟待反思与重构。

(一)随班就读政策严重滞后于随班就读实践

教育政策对于教育实践具有指导和规范的作用,因而通常教育政策既要有相对的稳定性,又要有相应的前瞻性与预见性。它要根据经济社会和教育本身的发展和要求,进行相应的调整与应对,以适应新形势的变化。我国的随班就读政策自产生至今,政策的调整与应对不强,在随班就读蓬勃发展、全纳理念走向深入的背景下,随班就读政策缺乏应变,已严重滞后于随班就读的实践发展。

首先,从随班就读的政策文本来看,迄今为止我国唯一的一部专门的随班就读政策文本《关于开展残疾儿童少年随班就读工作的试行办法》颁布于1994年。作为一部诞生于随班就读实验初期,随班就读本身还不够成熟的情况下指导随班就读的政策规范文本,它本身必然还带有着"试行",即探索与实验的色彩。我们必须意识到,就是这样一种"试行办法"的政策文本,却一直是指导我国随班就读实践的唯一可执行和参照文本,并随后影响和制约着我国的随班就读十几年的发展。

其次,从随班就读的实践来看,当前的随班就读与其正式产生时相比,无论是发展规模还是发展的时代背景都有了显著的变化,而随班就读政策却缺乏相应的调整。1993年,我国随班就读的特殊儿童仅有6.88万,2001年增加到25万人,[5]根据《2009年全国教育事业发展统计公报》数据推断,到2009年,普通学校随班就读和附设特教班就读的儿童已经达到了26.91万,占特殊教育学校招生总数的62.87%。在我国"以特殊教育学校为骨干,以随班就读和特教班为主体"的特殊教育格局中,随班就读已经日渐成为特殊儿童安置的主流方式,占据了越来越重要的地位。在这种蓬勃发展的实践背景下,随班就读的发展目标已远远超越了实施之初时"解决残疾儿童入学问题"这一初衷,开始走向规范化和寻求高质量的发展。与此同时,自1994年兴起的全球范围内的全纳教育理念开始深入人心,随班就读被视做我国探索全纳之路的有效方式,然而,在全纳的理念下随班就读应如何发展?面对随班就读发展的这些实践和时代背景,随班就读政策还没有明确的回答和应对,随班就读政策的滞后显而易见。

(二)随班就读政策可执行性不强

近些年来,我国随班就读的发展呈现不均衡性,东、中、西部,城乡之间等区域间与区域内的发展差异明显。这一方面是由于我国随班就读本身就是一个新兴的事物,处于不断的探索与完善之中,还没有成熟的发展模式可资遵循,另一方面也同时反映出当前我国的随班就读政策模糊,缺乏明确性,严重影响了随班就读的政策执行。往往一个地区的随班就读发展水平取决于当地经济状况或当地政府发展随班就读的意愿,这与随班就读政策本身的初衷是相背离的。

政策的明确性是政策有效执行的关键所在,是政策执行者的行动依据,也是对政策执行进行评估和控制的基础。[6]所谓政策的明确性,是指政策具有明确的达成目标和确定的手段,使执行者知道"是什么"、"如何达成",对政策应负哪些责任以及自由裁量的程度。[7]从这个角度来审视我国的随班就读政策,会发现无论在各类特殊教育的政策文件中,还是在新修订的《义务教育法》、《残疾人保障法》中,都无一例外的提及"扩大随班就读规模"、"大力发展随班就读"等宣传性、号召性的语词,而鲜见更加具体的、可执行的政策。一方面,对于这种政策的执行目标、执行手段、执行监督、政府责任、政策灵活度等都缺乏明确的规定和具体的说明;另一方面,更缺乏具体深入的制度保障,包括经费投入制度、随班就读学校管理制度、师资培养培训制度、随班就读质量监督与评估制度等。当然,制度上的缺失同样是由于政策上的模糊、不明确造成的。地方政府是教育发展的执行部门,随班就读政策上的不明确必然会带来政策执行的一系列问题,随班就读发展的不均衡以及发展中日渐显露的问题都与随班就读政策本身有着内在的、必然的关联。

### (三)随班就读政策定位存在局限性

随班就读从其起源来看,是政府为解决大量特殊儿童入学和义务教育问题而采取的一项教育发展政策,是"我国作为发展中国家,在经济文化还不够发达的情况下发展特殊教育的一种实用的、也是无可奈何的选择"[8]。由于随班就读政策的实施,大量特殊儿童可以就近入学,极大地提高了特殊儿童入学率,保障了义务教育政策的有效落实。因而,随班就读政策一直以来被作为发展特殊教育的一项政策来执行。换句话说,随班就读政策是特殊教育政策的重要组成部分之一。无论从政策的制定、实施,还是随班就读的行政管理,都素来是从属于特殊教育领域的。

然而,将随班就读定位于特殊教育发展领域内的政策,从随班就读的当前实践和未来发展来看,其局限性也是相当明显的。因为,从随班就读的实施来看,随班就读不仅仅是特殊教育领域内的事,而是一个涉及包括普通教育在内的整个教育领域内的事业。随班就读是普通学校接受特殊儿童和普通儿童共同进行教育的教育形式,随班就读在实践领域中体现了普通教育与特殊教育的融合。这势必会要求随班就读政策不但要考虑到特殊教育,也要考虑到包括普通教育在内的整个教育。当前随班就读的政策定位仅仅局限于特殊教育领域,那既是特殊教育无法独立完成的任务,又将令在实践中处于主体地位的普通学校置身事外,这种政策定位很难在实践中统摄特殊教育和普通教育,它窄化了随班就读自身的性质和发展方向,极有可能成为影响随班就读未来发展的阻碍或瓶颈,甚至会危及随班就读政策本身的地位和价值。更为重要的是,在追求教育公平与社会公正的今天,随班就读已经成为我国有效实现残疾人教育公平和以追求"关注和尊重每一个人,加强合作、促进参与、满足不同学生的不同需求"[9]为价值取向的全纳教育的重要实现方式。如何从教育公平与全纳教育的视角,从特殊教育与普通教育融合的高度,从整个教育未来发展的方向来定位随班就读及随班就读政策,应该是当前亟待反思的重要问题。

### 三、随班就读发展的政策应对与出路

从当前随班就读政策存在的问题来看,随班就读政策亟待重构和完善。要摆脱当前随班就读政策所面临的困境,在笔者看来,需进一步强化政府责任,提高重视程度,并力求从未来全纳教育发展的视角来构建随班就读政策,同时重视政策执行和制度建设,从而为我国随班就读的健康、快速发展营造一个宽松的政策环境和

提供有力的支持保障。

(一)明确政府责任,提高随班就读重视程度

教育政策是政府关于教育发展的意志表现。一项教育政策的实施效果如何,很大程度上取决于政府的重视程度和发展意愿。随班就读之所以能够得到大力推行与政府起初的强烈意愿有着极为重要的关系。正是由于政府的重视与大力推行,"以特殊教育学校为骨干,以随班就读和特教班为主体"的特殊教育格局才得以形成。

然而,解决了大量残疾儿童就近入学和实施义务教育的问题,并不意味着政府在随班就读这一问题上任务的完成。随班就读已经获得了蓬勃发展,随班就读的实践正在步向深入。如每年的教育部公报所展示的,大量的残疾儿童目前已经进入到普通学校随班就读。随班就读已经初步进入了一个由简单追求招收特殊儿童的数量向提高随班就读教育质量迈进的阶段。另外,随班就读这种教育方式已经逐渐由义务教育向学前教育、职业教育、高等教育延伸,随班就读的教育体系正在逐渐形成规模,随班就读政策势必不能囿于原有的发展目标模式。如何切实提高随班就读质量,为随班就读的持续发展提供全方位的支持,是政府在随班就读政策构建中必须要回答的重要问题。作为教育主管部门的政府,应该进一步提高对随班就读的重视程度,明确政府在随班就读发展中的主导地位,对当前随班就读实践中的困境与问题,以及随班就读的发展模式作出明确回答和应对。通过进一步地制定可持续发展的随班就读政策,来强调政府大力发展随班就读的意愿和决心,从宏观角度为随班就读实践向更深层次的发展指明方向,提供支持和保障。

(二)从全纳视角出发,构建随班就读宏观发展策略

走向全纳是未来整个教育的发展趋势,而随班就读是我国有效探索全纳教育的重要方式,是完成《纲要》中所提出的"促进教育公平"这一重要任务的手段之一。因而,随班就读政策需要重新进行定位,从全纳的视角出发提升我国随班就读政策的目标层次,构建我国随班就读的宏观发展策略。

具体来说,随班就读政策必须突破特殊教育政策这一原有上位概念的束缚,从整个教育发展的角度来思考和制定随班就读发展策略。换句话说,把随班就读政策作为我国教育政策的组成部分,而不仅仅是特殊教育政策的构成要素。这就要求随班就读政策的制定要统筹考虑普通教育和特殊教育,明确普通教育与特殊教育在随班就读发展中的地位、作用与责任,同时,要把与随班就读实践发展息息相关的民政、残联、卫生等部门纳入其中,进行整体教育规划。国外全纳教育的成功经验也揭示了这一政策构建的重要性。英国、美国、澳大利亚、南非等国家在推行全纳教育的过程中,多是通过政府立法的形式从整个教育体系的角度来构建全纳

政策的。[10]我国随班就读的未来发展,同样必须要在政策上寻求突破,只有从整个教育发展的视角来构建随班就读政策,才能充分调动普通教育、特殊教育等整个教育体系参与随班就读的积极性和热情,才能统筹各方力量保障我国随班就读的发展,随班就读才能真正突破原有的"政策上归属特殊教育,实践上归属普通教育与特殊教育"的尴尬态势。更为重要的是,随班就读政策只有突破特殊教育政策这一限定,才能为未来真正向"接纳所有儿童"的全纳教育迈进扫除体制障碍。

(三) 重视政策执行,完善制度建设

教育政策学的研究表明,教育政策执行是决定教育政策绩效的关键环节,而教育政策绩效不高的根本原因在于其制度保障体系不健全。我国教育政策执行的低效源于教育政策制度保障框架的残缺。[11]前文中关于我国随班就读政策执行的分析也同样说明了这一点。随班就读政策执行出现问题,一部分原因是由于国家政策不符合实际情况,另一部分原因是政策的强制力不够,缺乏保障执行的制约机制。[12]

因而,完善随班就读政策,必须要重视随班就读政策的制度保障机制建设,才能为随班就读政策的执行奠定基础。随班就读政策保障制度可以从教育法律制度、教育组织制度与教育运行机制三个维度进行构建。在教育法律制度层面上,我国还要进一步提升随班就读政策的法律效力,将随班就读纳入到教育法律制度建设中来。虽然《义务教育法》、《残疾人保障法》中都对随班就读作出了规定,但这种规定简单、片面、笼统,缺乏可执行性。从世界各国推进全纳教育的经验来看,加强随班就读或全纳教育立法建设是随班就读政策发展的必由之路。在教育组织制度层面上,要建立由政府主导的随班就读管理制度,明确规定地方政府、普通教育、特殊教育、民政、残联、卫生等组织机构在随班就读推行中各自的地位、职责和权限。而教育运行机制对随班就读政策的最终执行有着至关重要的、实然的影响。在教育运行机制方面,要建立相应的随班就读经费投入制度、随班就读教师教育制度、随班就读质量评估与评价制度,以及与随班就读实践紧密相关的巡回指导制度、资源教室制度等。只有随着一系列完备的制度保障机制的建立,随班就读政策才有可能得到真正的贯彻实施,从而促进我国随班就读的健康、快速发展。

**参考文献:**

[1] 袁振国.教育政策学[M].南京:江苏教育出版社,1996:116.

[2] 肖非.中国的随班就读:历史·现状·展望[J].中国特殊教育,2005(3):3—7.

[3][4] 华国栋.残疾儿童随班就读现状及发展趋势[J].教育研究,2003(2):65—69.

[5] 萧白.全国随班就读工作经验交流会在京召开[J].人民教育,2003(2):13.

[6] 张英魁.影响教育政策执行的内部因素分析[J].教育评论,2007(2):3—6.

[7] Nakamura,Smallwood. The Politics of Policy Implementation [M]. New York:St. Martin's Press,1980:33.

[8] Deng M,Poon-McBrayer,K F. Inclusive Education in China:Conceptualization and Realization[J]. Asia-Pacific Journal of Education. 2004,24(2):143—157.

[9] 黄志成.教育公平——全纳教育的基本理念探析[J].比较教育研究,2010(9):53—57.

[10] 钱丽霞.全纳教育:历史演进与实施政策[J].中国特殊教育,2009(1):20—24.

[11] 邓旭.教育政策执行的制度分析框架[J].现代教育管理,2010(7):36—39.

[12] 邓猛.融合教育与随班就读:理想与现实之间[M].武汉:华中师范大学出版社,2009:251.

# 让每一个残疾孩子都受到优质教育
## ——关于江苏中长期特殊教育改革与发展若干问题的思考

丁 勇

江苏的特殊教育经过改革开放数十年的发展,特别是近十年的发展,已经走在全国的前列。未来十年,如何继续保持特殊教育领先发展势头,科学发展?如何率先在全国建立较为完备的、一流的、现代化的特殊教育体系,以造福残疾人,促进教育公平?这是我们这些特教人责无旁贷要思考和回答的问题。下面,笔者就这几个有关国家和江苏省中长期特殊教育改革与发展规划纲要贯彻落实的问题谈些自己的看法和建议。

### 一、建立较为完备的、一流的、现代化的特殊教育体系,是率先建成教育强省和实现教育现代化的重要内容

江苏是我国东部经济、社会、文化、教育发展最为发达的省份之一。根据中央的部署和江苏的实际,江苏提出未来十年要在全国率先全面实现小康和率先基本实现现代化(即"两个率先")的战略目标。根据这一目标的要求,江苏教育发展总目标是:继续使教育走在全国前列,率先建成教育强省;到 2020 年,教育发展主要指标达到国际先进水平,率先实现教育现代化,建成学习型社会和人力资源强省。与之相适应,江苏的特殊教育发展不仅应继续走在全国前列,而且也是有条件、有可能走在前列的。经过数十年的发展,江苏特殊教育发展的各项指标均居全国前列,初步形成从幼儿园到高等教育院校、较为完善的特殊教育体系。因此,率先在全国建立较为完备的、一流的、现代化的特殊教育体系,既是贯彻落实科学发展观,实现江苏经济、社会发展"两个率先"战略目标的必然要求,也是率先建成教育强省和实现现代化的重要内容。

所谓建立"较为完备的、一流的、现代化的特殊教育体系",主要包括这几方面的指标内涵:"一流的"是指发展水平和办学质量要达到国内外先进水平;"现代化"是指教育观念、教育制度体系和教育的物质装备条件要达到现代化的要求;"较为完备"是指教育的层次、类型完备,基本形成学前教育、小学、中学和大学一体化,职前职后相贯通的,开放的,反复回归的终身教育体系。通过这样一个体系,以使江

苏的每一个残疾人在天堂般的学习型社会里,随时随地享受各得其所的优质教育。要建立这样一个体系,关键是要大力实施特殊教育发展工程,加快各类特殊教育发展,加强制度和体系的建设。

首先是基本普及残疾儿童少年15年免费教育。这里有三方面的任务:一是高质量普及特殊教育九年义务免费教育。二是加快普及学前三年免费教育,适时发展0~3岁残疾婴幼儿前学前教育。研究表明,残疾婴幼儿越早干预和教育,缺陷补偿和潜能开发的早期教育效果就越好。江苏作为先行和发达地区,有必要、也有条件借鉴发达国家的经验,将残疾儿童学前教育移前至0~3岁。因此,除了下大力气抓好普及学前三年免费教育外,还应整合各类教育资源和医疗资源,加快建立和完善筛查—检查—建档—转介—安置—综合干预的运行机制,形成国内最为先进的残疾婴幼儿早期干预和早期教育体系。三是加快大市一级残疾人高中的建设,依托中职校开展随班就读和举办特殊教育班,大力普及以职业技术教育为主的残疾人高中阶段教育。

其次是加强高等特殊教育院校(系)的建设,加快高等特殊教育发展。江苏的特殊教育体系之所以较其他省更为完备和发达,就在于江苏除了有南京中医药大学和金陵科技学院举办盲人按摩和聋人计算机专业外,还有一所独立设置的南京特殊教育职业技术学院(这也是新中国的第一所特师,现有在校生5 500余人,专业20余个)。这是江苏特殊教育和高等教育的独有优势和宝贵资源。办好南京特教学院,力争在"十二五"期间使其升格为本科院校,并使其逐步成为国内外同领域著名院校,不仅可以进一步提升江苏特殊教育的办学层次和办学水平,而且可以以规模化方式发展高等特殊教育,帮助更多的残疾人通过教育从根本上改善自身的命运,意义十分重大。

再次是加强残疾人成人教育、继续教育和职业培训,配套进行学制改革和体制改革,打通特殊教育与国家终身教育体系的联系,逐步建立残疾人终身教育的"立交桥",以使每一个残疾人在任何时候、任何地方都能通过这个"立交桥"找到成才和成长之路。

**二、建立关心、支持特殊教育的保障机制和支持服务体系,是促进特殊教育发展、实现教育公平的根本保障**

发展特殊教育,促进教育公平,是国家和江苏省教育规划纲要的重要目标,也是各级人民政府的法定职责。江苏要在未来十年,实现规划纲要提出的发展特殊教育目标,任务极其艰巨。因此,除了要强化政府职责外,关键是要通过进一步的政策制定和制度设计,率先在全国建立政府负主责、社会各界关心支持特殊教育发展的保障机制和支持服务体系。首先是各级人民政府应从贯彻落实以人为本科发展观、关注民生和促进社会文明进步的政治高度,关心和重视特殊教育发展,切实将特殊教育发展"纳入当地经济社会事业发展规划、列入议事日程",努力将所在地区建成社会文明进步的首善之区。其次是建立政府负主责的特殊教育经费投入保障机制。要建立义务教育经费单列、特殊教育经费优先划拨、经费逐年增长机制和经费保障监督机制;提高残疾中小学生生均公用经费拨款标准,按照高于普通中小学生生均公用经费 4~8 倍的标准下拨公用经费;残疾人就业保证金和民政福彩及体彩等都要划出一定比例资金,支持发展残疾人职业教育和义务教育。再次是积极推进残疾人事业支持体系和服务体系建设,加强社区、家庭和特殊教育学校一体化教育综合试验,逐步在大市一级建立政府主导,残联、民政、卫生等部门分责,高校、科研院所、医疗等单位参与的特殊教育资源、咨询服务中心和支持服务体系。最后是加强对全社会的宣传教育,弘扬社会主义的人道主义和尊重、爱护残疾人的社会风尚,形成全社会关心、支持特殊教育的良好局面。

### 三、加强特殊教育学校建设,提高特殊教育质量

提高特殊教育质量是贯彻落实国家和江苏省教育规划纲要的核心任务。为此,要进一步加强特殊教育学校建设,深化素质教育,推进课程与教学改革,不断提高办学质量。首先是按照均衡发展的原则,合理调整全省特殊教育学校布局,优化特殊教育资源配置,加快在苏中、苏北地区推进现代化学校的建设和评估工作,使全省每一所特殊教育学校都达到现代化办学标准。其次是按照特色发展的原则,加强特殊教育学校内涵建设,深化素质教育取向的课程和教学改革。建立和完善既符合国家基础教育课程改革纲要基本精神,又具有江苏地方特色、适应三类残疾儿童身心特点的三类特校课程标准,加强大市一级对特殊教育学校校本课程开发的统筹和整合力度,逐步建立各具特色、丰富多样的江苏校本课程体系;要以提高残疾学生综合素质为根本,以潜能开发和缺陷补偿为重点,大力推进各种形式的教学改革和人才培养模式创新,按需施教,逐步形成普特融合,医教结合,教育、康复和职业教育一体化的特殊教育人才培养新模式;积极推进科技辅具与课程、教学的整合,加强特殊教育学校康复和教育设备的建设,大力推进科学技术、辅具(尤其是信息技术及与盲聋人等相关的特殊软件)在特殊教育中的广泛应用,提高特殊教育和残疾儿童康复的有效性。再次是重视超常儿童教育。探索和建立超常儿童发现、选拔和培养制度,实行特殊人才特殊培养,并在学制、课程、选修和创新实践等方面提供个性化服务和支持。最后是加强教育科研和教学研究。江苏的特殊教育有着悠久的发展历史和文化传统,中国第一所民办特殊教育学校和第一所公办特殊教育学校均诞生在江苏。经过百余年、特别是改革开放后数十年的发展,江苏已经形成一批办学特色鲜明、办学水平较高的特殊教育学校,积累了丰富的特殊教育

办学经验。此外,江苏还有《现代特殊教育》和《南京特师学报》两个刊物,这为学术交流和特殊教育理论的发展提供了得天独厚的平台。因此,加强对江苏特殊教育办学经验的总结和概括,逐步探索和形成中国特殊教育江苏学派,为中国和世界特殊教育的发展做出更大的贡献,这是历史、现实和未来赋予江苏特教人神圣而重大的使命。

**四、大力推进以随班就读为主要形式的融合教育,促进残疾学生全面融入社会**

大力推进以随班就读为主要形式的融合教育,是江苏特殊教育未来发展的主要方向和重点。从隔离走向融合是当代教育发展大趋势,是在全球化发展背景下人类走向"大同"和多样化发展相统一的历史规律在教育领域的反映。江苏作为东部发达地区,无论是经济、社会发展,还是教育发展水平,都已具备开展融合教育的条件,南京、苏锡常及全省许多地区已经开始大规模小班化实验。因此,大力全面推进随班就读的时机已经成熟。首先是要在多年推进随班就读实践的基础上,进一步完善幼儿园、小学、中学、大学残疾学生随班就读制度,促进残疾学生和正常学生的融合。其次是要加强随班就读支持体系和保障体系的建设。要依托特殊教育学校和特殊教育科研及教研机构,逐步建立和完善市、县、乡三级随班就读巡回咨询指导和特殊教育资源中心(站);加强普通学校资源教室、资源教师、课程建设和师生人文关怀教育,逐步形成按需施教的课程体系、教育教学模式和温馨和谐的校园文化氛围,确保每一个残疾儿童都能受到合适的教育和服务。特殊教育学校要加强自身能力建设,逐步扩大和转变办学功能,充分发挥其在随班就读工作中的技术指导、咨询服务的骨干作用和示范作用。最后是加强随班就读政策保障(包括招生、教师待遇、教学管理制度、就业等)研究、个别化教育理论和实践的研究,提高随班就读教育质量。

**五、加强特殊教育教师队伍建设,提高教师专业化水平**

建设教育强省,发展一流特殊教育,关键在教师。强师才能强教。特殊教育事业要求教师具有比普通教育教师更高水平的专业知识、专业能力和职业道德。因此,应将加强特殊教育教师队伍建设、提高特殊教育教师专业化水平作为各地教育主管部门贯彻落实规划纲要的重要工作,积极加以推进。首先是要根据江苏师资队伍建设的总体目标和规格要求,进一步提高特殊教育学校教师学历标准和任职资格。在国家特殊教育教师资格证书制度未出台之前,江苏要先行进行特殊教育教师专业合格证书制度的试行工作,形成更高要求的特殊教育教师任职资格标准和专业发展的新动力,激励教师不断提升专业能力。其次是要建立在职教师系统培训制度,加强教师队伍建设,优化教师结构,提高特殊教育师资队伍的整体水平。

重点是要做好特殊教育学校校长、江苏学派领军人物、教学骨干和团队建设,加强青年教师的培养。各地人事和教育部门要根据特殊教育学校学生少、班额小、寄宿生多、教师需求量大的特点,合理确定特殊教育学校教职工、各类专业人员(如言语治疗师、物理治疗师和心理治疗师等)编制比例,配齐配足教师和专业人员,确保特殊教育学校正常教学、康复训练和管理工作。要充分发挥江苏高校、科研院所众多的优势,积极推进高等院校和一线特校建立教师专业化成长的协作共同体,促进教师专业双向共同成长。进一步扩大特殊教育国际交流与合作,选派更多的校长和教师到国外接受培训,拓宽教育视野,转变教育观念。再次是要采取切实措施,落实特殊教育教师待遇。各地要采取有力措施,确保国家规定的特殊教育教师工资待遇、特殊岗位补助津贴等政策得到落实。要将承担随班就读教学与管理人员的工作列入绩效考核内容,要在优秀教师和优秀教育工作者表彰中提高特教教师和校长的比例。加强特殊教育师资队伍师德建设,激励教师爱岗敬业,教书育人。

(原文发表于《中国特殊教育》2010 年第 10 期)

# 关于增加特殊教育学校教育经费的几点建议

丁 勇

特殊教育学校办学经费不足是特教界人所共知的一个较为突出的问题。由于经费不足,相当一部分特殊教育学校不仅不具备基本的办学条件,有的甚至连运行都难以为继。那么,怎样才能增加特殊教育学校的教育经费、改善特殊教育学校的办学条件呢?笔者的基本观点和具体建议是:政策和法律是增加特教经费的根本保障。只有建立正确的政策导向机制和强有力的法律刚性约束机制,增加特教经费才能落到实处。

第一,要根据特殊教育的性质和特点,明确规定政府发展特殊教育事业的权利和义务,建立政府负主责的目标导向和制约机制。特殊教育是具有典型意义的公益性事业。从世界范围的比较来看,没有哪个国家不把发展特殊教育作为政府的义务。因此,我国的《教育法》、《残疾人保障法》和《残疾人教育条例》都明确规定:国家扶持和发展残疾人教育事业。但是,仅有原则规定是不够的,还必须借鉴我国普及九年义务教育的基本经验,将发展特殊教育纳入当地的"普九"规划中,实行政府官员目标责任制。对未能按时完成残疾儿童少年义务教育规划目标的或因挪用教育经费导致"普九"工作延误的,应依据《义务教育法实施细则》的有关规定,追究当事人的行政责任。只有这样,才能确保政府主管部门及负责人依法履行职责,千方百计地争取经费,发展特殊教育事业。

第二,充分发挥政府财政拨款的主渠道作用。政府的财政拨款是特殊教育学校经费的主要来源。但从现实的情况看,政府的财政拨款一般仅够维持特殊教育学校的人员经费开支(主要用于发工资),用于学校运行和发展的公用经费往往是随着政府财政收入的情况而上下波动(即所谓政府有钱了,就多给,没钱了就少给,甚至不给),带有很大的随意性和不确定性。因此,要增加特教经费,最重要的一点是要建立政府财政足额拨款的刚性机制和教育经费逐年增长机制。一是在相关法律(特别是地方立法和规章的制定)中,要进一步根据残疾儿童少年学额数、生均教育成本和国家规定的办学条件标准,明确规定在教育经费预算中特殊教育经费应占整个教育经费的比例,并在经费安排时优先划拨。二是明确规定安排教育专项经费时,必须给予特殊教育学校一定比例的经费,用于学校事业发展(如校舍建设和维修、购置设备、信息技术和手段的应用等)。三是根据《残疾人教育条例》第四十四条第一款之规定,政府拨付给特殊教育学校的教育经费应切实做到"随着教育事业费的增加而逐步增加"。四是对普通学校设立特教班、开展残疾儿童少年随班就读的,应在经费上给予适当补助。对违反国家有关规定,不按照预算核拨教育经费的,应依据《教育法》第七十一条之规定,由同级人民政府限期核拨;情节严重的,对直接负责的主管人员和其他直接责任人员,依法给予行政处分。

第三,用足用好教育费附加政策。国家的教育法规明确规定:教育费附加"应当有一定比例用于发展残疾儿童、少年义务教育"(见《残疾人教育条例》第四十四条第三款之规定)。在这方面,江苏省的丹阳等市做得比较好。每年,丹阳市人民政府和教育局都要从地方征收的教育费附加中拿出几十万元,集中力量进行校舍改造和设备添置。由于办学经费有保证,丹阳特校经过几年努力,已经建设成硬件设施先进的现代化学校。但从总体情况看,教育费附加这条政策并未用足用好。如果各地政府及主管部门的负责人能像丹阳市那样,在思想上高度重视残疾儿童少年的义务教育,优先将教育费附加用于特殊教育事业,严格地依法办事,那么,改善特殊教育学校办学条件的这块经费,应该还是有一定保证的。在"费改税"后,除了原有的费税渠道外,各地从楼堂馆所建设、宴席娱乐等项目中新开征的教育税种,也应拿出一部分用于残疾儿童少年义务教育。这些措施亦将拓宽特殊教育学校经费来源,促进特教事业的发展。

第四,制定优惠政策,多渠道地筹措特教经费。一是制定免税政策,鼓励境内外社会组织和个人捐资助学。国外在税法上对向学校等社会组织捐赠的个人或法人采取减免税政策。如美国税收法规定,个人或法人收入中用于社会慈善事业和公益性事业的部分可以免于纳税,这就鼓励相当一部分的工商企业家建立基金会组织,直接向社会捐赠。1988年,美国各大基金会的捐赠总额达到60亿美元,其中用于学校教育的资金约占40%。我国的法律、法规借鉴了国外的这一做法,如《教育法》和有关文件规定,鼓励社会各界捐助特殊教育,企事业单位、社会团体和个人等社会力量,通过非营利的社会团体和国家机关向农村义务教育的捐赠,按《国务院关于基础教育改革与发展的决定》的规定,在应纳税所得额中全额扣除(见教育部、国家计委、民政部、财政部、人事部、劳动保障部、卫生部、税务总局、中国残联九部委联合颁发的《关于"十五"期间进一步推进特殊教育改革和发展的意见》)。这一政策的出台,对于激励社会组织和个人向特殊教育捐资助学起到了积极作用。二是对特殊教育学校开展勤工俭学和兴办校办产业或福利企业实行减免税的优惠政策。三是各地征收的残疾人就业保证金中应有一部分用于特殊教育学校开展残疾人职业技术教育(见九部委联合颁发的上文)。四是民政部门的社会福利彩票所募集的福利金也要支持特殊教育事业的发展(同上)。五是合理利用国家提供的金融和信贷手段,加快特殊教育事业发展,等等。特殊教育学校要充分利用上述政策,加大向社会的宣传力度,积极争取残联、民政部门和企事业及社会各界的支持,大力拓展教育经费渠道,扩大学校经费来源,改善办学条件。

第五,特殊教育学校合理收取学杂费,补充办学经费不足。学杂费是特殊教育学校办学经费的必要补充。在义务教育阶段,根据我国《义务教育法》的规定,接受义务教育的学生免收学费,但可以收取杂费。对接受义务教育的残疾学生来说,总的发展趋势是要实行免费教育,如江苏等省从2004年开始已由政府拨出专项经费,免除全省残疾儿童少年义务教育阶段的杂费。但从全国来看,特别是在经济中等发达地区,向残疾学生家庭收取适当的杂费,对于巩固残疾儿童少年义务教育、加快"普九"进程,不无小补。在非义务教育阶段,根据我国的教育法律和国际惯例,学生上学是要缴费的。但是对于家庭经济困难的残疾学生,必须实行免费上学,所免费用应由政府承担。这样才能充分体现社会主义制度的优越性。

第六,特殊教育学校要优化内部的教育资源配置,提高资源的利用效率。一是要精打细算,突出重点,按照学校工作的轻重缓急,合理确定人员经费和公用经费的比例,将有限的资金投放到最需要的工作或项目上,发挥投入资金的最大效益。但在这方面,有些学校做得还不是很好,譬如,有的特殊教育学校在校舍建设上投入了数百万甚至上千万元,但是在残疾儿童康复、教学设备等硬件建设上则无钱可投,这样的资源配置结构显然是不合理的,既无效益可言,又不利于提高教学质量。在今后的办学中,各类特殊教育学校都应力绝这类高投入、低效益的短期行为。二是要加强总务和财务制度的管理,建立、健全固定资产、会计、审计、食堂管理等制度,严格按章管理,堵塞漏洞。三是厉行节约,反对浪费,节省每一度电,每一吨水,减低办学成本,提高办学效益。

第七,加强对特殊教育经费的投入及使用情况的检查和督导,形成强有力的监测和监督机制,确保特教经费的到位。一方面是将特教经费的投入和使用情况纳入"普九"年审工作中,重点是要检查政府在特殊教育方面的财政拨款、教育费附加的到位情况和是否做到逐年增长。另一方面是政府主管部门要加强对特殊教育学校财政、经费使用的审计和监督,引导特殊教育学校合理使用经费,提高经费使用效益。

(原文发表于《现代特殊教育》2004年第3期)

# 第四篇

## 特殊教育课程

课程集中体现了教育思想和教育观念,它既是实现教育目标的蓝图,也是组织教育教学活动的最主要的依据。当前,特殊教育课程与教学的实践与研究大多沿用了普通教育的思想和模式,虽然有力推动了课程与教学体系形成,但许多地方失去了特殊教育之于特殊需要对象的本体特点,非但难以构建特殊教育课程与教学理论体系,而且也难以很好地解释实践。实际上特殊教育课程在长期的实践中也逐渐形成了自身的理论特色,总结和探讨特殊教育课程存在的问题,从理论的角度对实践经验进行提升,不仅有助于特殊教育理论的建设,也可以进一步促进特殊教育课程实践的发展,并为其改革提供理论解释。

　　本篇撷取的一组文章就是基于上述问题而力图突破的一种努力。《特殊教育课程理论研究的缺失与回归》提出,必须通过转换研究范式、研究特殊教育课程的特殊性、特殊学校教师参与课程研究等途径走出理论研究缺失的困境;《特殊教育理念的嬗变与课程的发展》从比较研究的角度揭示了特殊教育课程发展不同阶段的共同特征与趋势;《特殊教育课程范式的演进及其转向》提出当代特殊教育课程的价值取向逐渐从单一的补偿性或发展性、功能性,向以综合素质能力发展为核心的多元整合型发展,强调三者的相互渗透与融合;《为了每一个残障学生的发展——关于三类特殊教育学校义务教育课程设置实验方案的述评》在回顾特殊教育课程历史和总结实践经验的基础上,对我国2007年三类特殊教育学校课程实验方案进行了整体的概括和分析,并为特殊教育学校进一步深化课程与教学改革提供了有益的建议。

# 特殊教育课程理论研究的缺失与回归

谈秀菁

特殊教育在我国已经有了一百多年的历史,其间特殊学校的课程也是几经变迁。在新一轮特殊教育课程改革即将启动的时候,审视现有的课程改革方案,追索其课程设置的理论依据,我们深切地感觉到,特殊教育课程理论研究的缺失,给特殊教育课程改革实践所带来的种种困境。"与普通教育相比,理论的薄弱是特殊教育研究中的客观事实,也是制约特殊教育发展的瓶颈。"[1]面对这样的困境,我们必须找到它的出路,才有可能使我国的特殊教育课程真正达成其改革的目标。

## 一、特殊教育课程理论研究的缺失

特殊教育课程理论应是从特殊教育实践中抽象与概括出来,并高于实践、能指导特殊教育课程改革实践的基础理论之一。但在现实的需要面前,要发挥其"超越性"和"指导性"的功能,特殊教育的课程理论研究就直接"面临着理论空白的危机"[2]了。造成这种困境的原因主要表现在以下几方面。

### (一)简单移植普通教育的课程理论研究成果

特殊教育是普通教育中的一个分支,特殊儿童与普通儿童一样有着共同的成长发展规律。但不可否认,特殊儿童有着自身的特殊性,这种特殊性决定了特殊教育与普通教育具有一定的差异性,也决定了特殊教育的课程理论应具有自身的特色。

检索近年来有关特殊教育基础理论研究方面的文章和专著,涉及特殊教育课程研究的并不多,仅有的这些研究也都只是在本学科的外围徘徊,或者只是在一般课程理论的概念、范畴、命题和理论的前面加上了"特殊教育"这几个字而已,并未对特殊教育课程的性质、价值、体系、与普通课程之间的关系等本质问题进行全面的阐述和研究。可以说,特殊教育课程理论研究没有形成自身的理论体系,也没有自己的"话语系统"。其结果是,在特殊教育课程的改革问题上、在特殊学校课程的实施过程中,缺少了实实在在的理论根基,只能借用普通教育的一般课程理论去演绎特殊教育的课程。这种演绎,既无哲学方法论的基础,也无大量心理学研究的成果作依托，更找不到逻辑的起点，是难以形成有价值的理论研究成果的。

（二）没有实质性的特殊教育课程实践研究作支撑

特殊教育课程理论研究既没有自己独特的思想与方法，形成具有自身特色的理论体系，也没有对特殊教育课程的实施过程展开实质性的研究。从现有的少部分涉及特殊教育课程的研究成果中可以看到，研究者大都是在实践的层面上感觉到了现有课程存在的问题，因而提出了改革的要求和看法，但受研究水平和研究条件的制约，这些研究只能停留在感性的层面上，很难上升到理性的高度，成为系统的理论。

在现行的特殊教育课程实践过程中，存在的问题是相当多的：

1. 无法适应时代的变迁和学生生源变化的要求

特殊学校现行的课程还是依据1993年国家教育委员会颁发的《全日制聋校、盲校课程计划（试行）》以及《中度智力残疾学生教育训练纲要（试行）》的要求而设置的。十多年过去了，社会生活的各个方面都发生了巨大的变化，人们的物质生活水平、思想观念、行为方式等都发生了根本性的改变。在特殊儿童"回归主流"、"全纳教育"等世界潮流的影响下，许多轻度残疾儿童都到普通学校随班就读，特殊学校的学生也由过去的轻度残疾为主体逐步发展为中重度残疾学生占多数的状态。在这样的背景下，原有的课程、教材已经无法适应当代社会及特殊学校现状的要求。可以说，特殊教育课程改革的呼声首先来自于特殊学校的迫切要求。

2. 缺少对特殊教育自身特点的研究

现行的特殊教育课程大多改编自普通学校的课程，只是将普通学校的教材降低难度、放慢教学进度、删减部分特殊学生难以学习的内容。但特殊学校究竟需要什么样的课程？课程在特殊儿童的成长发展中应该发挥什么作用？特殊学校课程的终极目标应是什么？它与普通学校课程应有什么不同？特殊学校需要开设特殊课程么？由于缺少对特殊教育自身特点的研究，以至于在特殊学校新的课程改革方案及课程标准的制订过程中，仍然只能参照基础教育的课程改革方案和课程标准进行某种程度的改编。这种改编究竟是否符合特殊学校的实际情况？是否能满足特殊儿童成长发展的需要？没有足够的研究成果能为这些方案和标准的制订提供充分的佐证。

3. 没能揭示出特殊教育课程实施过程的独特规律

在传统的观念中，课程的实施就是传授知识。长期以来，特殊学校的课程实际上就是这种课程观的体现，强调知识的传输和接受，死记硬背、机械训练。特殊学校的老师们关注的也是学生"学到了多少知识"，很少考虑到特殊儿童在学习过程中的实际体验和感受，也很少考虑学习这些知识对这些学生将来的生活有什么意义。而"纯粹的知识永远不可能成为课程，知识成为课程的条件就是学生的参与，只有学生以某种形式与知识发生了相互作用,课程才真正存在"[3]。是否有人关心过:特殊儿童是以什么形式与知识发生作用的?这种课程观的心理学基础是关注和依赖学习者的认知品质和学习过程,那么特殊学生的认知品质和学习过程是怎么样的?注意特点、记忆特征是什么?学习过程中他们是怎么思考问题的?他们在学习过程中究竟存在什么样的特点和规律?课程内容应以什么样的形式编排才能更有利于他们的学习?如何评价特殊学校课程实施的情况?由于缺少对课程实施的过程进行深入的研究,因此很难对这些问题作出明确的回答。

可以说,特殊教育的课程改革既缺少十分充足的理论依据,又缺乏来自一线的课程实施过程的实证研究,那么如何去实现提高特殊教育质量的最终目标呢?

**二、特殊教育课程理论研究的回归途径**

从特殊教育发展的需要来说,特殊教育课程理论研究缺失的这种困境是不应该维持的。只有打破这种困境,寻找它的未来发展道路,才有可能使特殊教育的发展找到一个新的起点。

（一）转换研究范式

"一种理论的形成总是依托于一定的研究范式,研究范式变了,其理论体系的结构也将随之发生变化……要想建构起独具特色的理论体系,在研究方法上就应该转化自己的范式。"[4]过去,特殊教育课程理论研究只是一味移植普通教育的课程理论,或者热衷于介绍和借鉴国外的理论,很少关注特殊教育自身的教育实践问题。因此,要转化研究范式,首先必须实现这种"移植"研究向对特殊教育自身最基本问题进行"本体"研究的转换,特别是要研究目前面临的特殊学校课程如何改革、怎样实施改革等一系列迫切需要解决的问题,才能建构起具自身特色的特殊教育课程理论,才能为特殊教育的课程改革起先导性和引领性的作用。

其次,实现"演绎"研究向"归纳"研究的转换。应当说,演绎研究和归纳研究都是教育科学研究的有效方法,但在目前我国特殊教育课程理论研究十分贫乏的现状下,我们需要在研究中更多地关照特殊教育课程改革的现实问题,我们需要更多的掌握来自实践方面的大量可靠的第一手资料,以实现自下而上的、以"实证—实验"为基础的归纳式研究,然后在归纳的基础上,抽象出特殊教育课程的基本理论。这样的研究才可能既具有一定的理论品性,又能关照到实践的层面,解决面临的实际问题。

（二）研究特殊教育课程的特殊性

研究特殊教育的课程,既要研究课程范畴之外政治、科学、社会生活、儿童心理特征等对于特殊教育课程的影响作用,也要研究课程范畴内的课程设计、课程编制、课程评价等技术操作性问题。著名教育家泰勒(Ralph W. Tyler)将它们进一步具体化为四个特殊问题:"学校应该达到哪些教育目标","如何选择可能有助于达到这些目标的学习经验","如何为有效教学组织学习经验","如何评价学习经验的有效性"。[5]特殊教育课程的研制也必须回答这些问题,特别是要研究与普通教育相比的特殊性所在。

时下,我国基础教育的课程改革已经为特殊教育的课程改革提供了很好的范例。而且特殊教育作为我国教育的一个部分,国家提出的教育目标,特别是义务教育阶段的培养目标,同样也是特殊教育必须实现的目标。因此,特殊儿童义务教育阶段内必须学习的课程,我们可以参照普通教育的要求进行设置,因为这是一个人接受完义务教育以后适应社会生活必须具备的基本条件。但问题在于我们的教育对象因为这样或那样的残疾,使得他们的学习能力受到了种种限制,而且他们中的大多数也没有像普通儿童那样受到良好的学前教育。怎样让这样一批学习起点低、学习能力受限制的儿童也能在同样的时间里基本达到与普通学生同等的水平,这就是我们要研究的课题。因此我们有必要从课程论的最基本问题研究起,即,对于特殊儿童来说,"什么知识最有价值","什么经验最有价值"。我们必须面对特殊儿童的现状、将来的生活,通过对各种知识、经验的价值比较,遴选出对他们而言最有价值的知识和经验,让他们能以最小的代价、在最短的时间里学到尽可能有用的知识,掌握尽可能有用的经验。"选择什么材料"基本取决于课程应在学生的成长中起什么作用的价值观念。"今天,中国的特殊教育正处于前所未有的大发展时期,特殊教育由普及开始走向提高,教育改革的视点也由'缺陷补偿'转向'潜能开发',并逐步与国际'满足特殊教育需要'的理念接轨。"[6]。在这样的社会背景下,要开发特殊学生的潜能、满足他们的特殊教育需要,仅有和普通学校相同的课程显然是远远不够的。那么我们就要研究课程在特殊儿童成长中的特殊作用,关注特殊儿童需要什么样的特殊课程,去研究、去开发这些特殊课程,理清它们和普通课程的关系,精心设计课程内容,以编制出适合特殊儿童发展需要的特殊课程。

如果把课程比做"跑道",我们不仅要注意作为载体的跑道,也要注意跑在跑道上的人以及他们跑的方式、跑的经验、跑的感受。因此,在设计课程内容的同时,还应考虑如何将课程建立在特殊学生特定的认识阶段基础之上,课程设计要符合特殊儿童心理发展的规律,要符合特殊学生相应的认识阶段的具体特征,要研究特殊学生是怎样认识与本课程相关的问题的,他们在生活中是怎样处理这样的事情的,他们对此类事情可能产生什么样的体验和感受。现代课程的重要特征之一是课程设计要面向学生的生活,关注学生的学习过程和情感体验。研究这些问题,将有助于我们设计的课程更符合特殊儿童成长发展的需要。

### (三)特殊学校教师参与课程研究

课程目标的实现,仅靠课程方案和课程标准的详细规定是远远不够的。现代课程观认为,课程是学习者的经验。要使课程编制者设计的学习内容成为特殊学校真正的课程,还需要特殊学校教师的精心设计,使学习者与学习内容之间发生最佳的相互作用,课程才能成为学习者的经验。因此,没有一线教师的参与,编制得再好的课程方案和课程标准都不能保证课程目标的必然实现。从另一方面来讲,课程的"实施过程恰恰是我们进一步确认应该做什么和不断获得解决问题的办法的过程"[7]。编制好的课程方案和课程标准是否符合特殊学校的实际情况、是否符合特殊儿童成长发展的需要,特殊学校的教师是最有发言权的。他们对课程的科学性和可行性会有比较直接的认识,也更能比较全面、客观地对课程是否成功进行理性的反思,从而找出解决问题的办法。所以,课程改革必须要有广大教师的参与,必须要有相当一批在课程论方面有一定理论基础的特殊学校教师的参与,对课程实施的每一个实践环节进行深入细致的研究,才有成功的可能。

当然,要能真正参与特殊教育课程实施的研究工作,需要特殊学校的教师在课程论方面有比较系统的理论基础。近年来,在基础教育课程改革的潮流影响下,许多特殊学校的教师自觉投入到了课程改革的运动中,从编写校本课程开始,对特殊学校的课程尝试进行改革,取得了很大的成绩,不仅提高了特殊学校教育教学的效果,赢得了社会的赞誉,而且也培养出了一批高素质的专业教师。有这样一批教师参与特殊教育课程理论的研究,必将给我国的特殊教育课程理论研究的发展带来新的活力和希望。

**参考文献:**

[1][6] 盛永进.关于特殊教育研究哲学化的思考[J].中国特殊教育,2005(8):62—65.

[2] 陈云英.建构特殊教育理论[J].中国特殊教育,2003(1):7—12.

[3] 丛立新.课程论问题[M].北京:教育科学出版社,2000:97.

[4] 孟庆男.学科教学论的困境与出路[J].课程·教材·教法,2005(4):31—35.

[5] [美]泰勒.课程与教学的基本原理[M].施良方,译,北京:人民教育出版社,1994.

[7] 崔允漷,汪贤泽.基础教育课程改革的意义、进展及问题[J].全球教育展望,2006(1):31—35.

(原文发表于《中国特殊教育》2006年第4期)

# 特殊教育理念的嬗变与课程的发展
## ——关于特殊教育学校课程发展的比较研究

陈蓓琴　谈秀菁　丁　勇

现代意义的特殊学校教育仅有二百余年的发展历史,大致经历了从隔离教育到一体化教育再到全纳(融合)教育的三个发展阶段;与之相对应的,特殊教育学校课程也大致呈现出三个具有明显特征的发展阶段。特殊教育学校课程发展受到多因素(经济、科技发展和人的身心发展规律等)交互影响,但影响最深刻的还是体现在课程中人们关于残疾人及其教育本质的认识上。随着时代的发展和人们对残疾人及其教育本质认识的拓展、深化和特殊教育理念的嬗变,特殊教育学校课程也实现着从功利主义向人本主义、从简单化向多样化、从隔离向融合的深刻转变。本文试图通过对特殊教育理念的嬗变与特殊教育课程发展之间关系的比较研究,着力揭示特殊教育学校课程发展的共同特征和普遍趋势,以期获得对我国特殊教育学校课程改革有益的经验和启示。

## 一、第一阶段(18—20世纪中叶隔离式教育)特点:课程偏重职业教育和感官认知能力训练

现代意义的特殊教育学校基本都诞生于欧洲启蒙运动时期。这种现象的产生,绝不是偶然的。特殊教育学校的出现是启蒙运动解放人们思想、启蒙人的理性的结果,是人们走出宗教蒙昧、开始"人"的思考("我思故我在")和"人的觉醒"的标志与体现。在黑暗的中世纪乃至更早的历史时期,人们对残疾人是充满歧视,甚至是敌意的,普遍认为残疾人是先天有缺陷、低能和无法被教育的。但正是在启蒙思想家人道主义和理性主义光辉的照耀下,人们对于残疾人的认识开始发生改变,一些社会贤达和学者认为残疾人作为人,同样具有人所具有的尊严、理性、自由和平等权利,应得到尊重,是可教育的。如18世纪法国启蒙主义思想家狄德罗在1749年和1751年发表的《论盲人书简》和《论聋人书简》中,探讨了残疾人认识世界和形成概念的特点及接受教育的可能性。因此,在他们的努力下,人类社会规范意义的盲校、聋校和培智学校诞生了。由于受到启蒙运动和启蒙思潮的影响,特殊教育学

校课程不可避免地烙上启蒙运动及其那个时代深刻而鲜明的印记。

（一）课程目的

最早的盲校、聋校和培智学校都是"隔离"设置的。尽管学校举办者对不同类型残疾人及其教育的特点有不同的认识，课程设置也不尽相同，但由于他们深受启蒙思想运动人道主义和经验哲学的影响，同时也由于科技、生产力发展水平的局限，所以，这一时期特殊教育学校课程设置的目的及共同点是：重视人和教育的作用，尤其是注重通过教育对残疾人进行"感觉替代"及认知补偿（理性）能力训练，使其获得维系生活的一技之长。

1. 盲校

1784年，法国人霍维（又译为"阿羽伊"，享有法国"盲人之父"之尊称）在巴黎创办了世界第一所盲校。霍维深受狄德罗"感觉替代"哲学观点的影响，并从莱佩（聋教育创始人）和一位盲人钢琴家的成功中体会到残疾人教育的可行性，尝试运用卢梭为盲人设计的凸点教具和方法帮助盲生进行摸读学习和职业技术教育，教育目的主要是通过训练让盲人克服生理缺陷所带来的生活上的局限，教给盲生一技之长，以使他们能在社会上生存立足。

2. 聋校

聋教育从开始的那天起，就围绕着聋人语言的发展和教育等基本问题展开了"口语"和"手语"之激烈的论争。[1]尽管"手语"与"口语"之争，使得聋校课程设置有较大差别，但是在课程设置的目的上却有着共同之处：一是都很重视语言在聋童理性（思维等）发展中的作用，强调通过语言的学习和教育发展聋生的心智能力。譬如世界第一所聋校（1770年创建）的创始人法国人莱佩，他不仅认为聋人完全是可以教育的，而且主张聋教育采用手语教学，认为手语在帮助聋生学习和掌握语言方面具有十分重要的作用。他还认为语言反映的不仅仅是言语能力，还反映了人的思维能力和智力。因此，强调让聋人通过学习语言去唤醒思维和发展智力。他指出，聋人教育的意义绝不仅仅在于学习有声语言，学习语言是为了使思维更严密、更富逻辑性，而最终达到促进思维和智力发展的目的。所以，以手语教学为主的聋校课程设置强调通过手语为主的教学，帮助聋生学习语言和课程，目的是发展思维，促进智力的发展。海尼克（口语派的代表人物之一）则主张把口语教学放至聋人教学最重要的位置上，强调应将口语教学看成是促进聋生心理发展的唯一手段，他认为人的思维媒介只能是词语而非其他什么，要做到正确地理解词语就必须靠准确的发音。他说，"人类的思维既不能靠手势也不能靠书写，大部分只能靠口语"，认为口语是聋人与正常人沟通与交流的工具，聋人只有学会说话和读唇，才能与人进行完整的思想交流，融入主流社会。因此，主张以口语教学为主的聋校课程设置的重要目的之一是注重聋生言语训练和看、说、读、写等语言能力以及心智的培养。二是都重视通过职业教育,帮助学生获得生存的一技之长。这主要是受亚里士多德观念(他认为聋人是不可能从事哲学、律师等高级理论思维工作的)的影响,加之西方工业化迅速发展对劳动力提出了职业技能训练要求,所以,这一时期聋校(无论是手语为主的还是口语为主的)课程设置的主要目的之一就是重视培养聋生的职业技能。

3. 培智学校

1837年,法国著名的精神科医生塞甘在巴黎创办了世界上第一所正规的培智学校。作为伊塔德的学生,塞甘也深受法国传统经验哲学的影响,尤其是卢梭关于触觉是一切知识获得的基础的哲学理论对其影响巨大。他认为造成智力落后的原因主要是因为各种感觉被长期剥夺和隔离,造成大脑闲置和功能退化,所以,他接受了他的老师伊塔德关于智力落后可以通过有效的训练和教育获得改善的观点,并将老师的训练办法拓展运用于智力残疾儿童教育中。因此,这一时期培智学校课程设置的主要目的就是通过生理刺激训练,改善学生的感觉能力和智力,促进学生的社会化发展;另一重要目的就是让学生在教育机构中通过课程学习和训练,学会如何"做",使他们获得基本生存和职业技能,成为自食其力的人。[2]

(二)课程设置

1. 盲校的课程

基于课程目的和对盲人特点及其教育的认识,这一时期盲校课程设置是把克服因盲而造成的生活局限和培养残疾人的一技之长的职业教育作为课程的主要内容,文化知识的学习并不充分,且课程内容较为简单浅显。因此,除了宗教和粗浅的阅读、地理等课程外,音乐教育和职业技能教育占有重要的位置。如巴黎盲校有培养音乐人才的传统,手工编织也是其重要的教育内容之一。美国帕金斯盲校学生在校一天的学习安排为:每天只有上午4个小时学习文化知识,下午4个小时就学习音乐和手工劳动等。[3]在课程的实施上,盲校依据启蒙思想家的经验哲学,更多的是凭借直观感性的手段(如凸型文字、浮雕印刷术等)和其他健全感觉通道("感觉替代"方式)以及后来的布莱尔盲文等,帮助盲生认识世界,习得本领。

2. 聋校的课程

手语学校的课程除了比较重视发展学生的思维能力和德育外,更加偏重职业技能教育。所以,手语学校中一般开设有四门课程:传统课程(如数学、物理、历史、地理等)、宗教道德课程、新知识和机械课程等。[4]职业教育类课程占有很大比重,且根据男女性别有所不同,女孩子主要学习烹饪和缝纫,男孩子学习简单的机械知识和进行简单的工业劳动。

在课程的实施上,手语学校受莱佩的聋教育理念影响较大,基本是以手语教学为基础,以口语学习训练为辅助手段进行聋人教学和教育。课程科目和教学安排是先让聋生进行词语和语法学习,然后进行学科学习,最后进入聋人学院接受高等教育。

口语学校的课程比较重视文化知识的学习[5],部分学校还尽可能使课程内容和方法接近普通学校的课程,并主张聋生中学毕业后到普通高校就读,教学方法主要是看话和说话训练。但因工业化迅速发展的需要,多数聋校采用以职业训练为主体的教育模式。[6]

3. 培智学校的课程

塞甘的教育观点对弱智教育和培智学校课程设置产生很大影响,所以,培智学校的课程一般是由两部分组成。第一部分课程是由塞甘所提出的三部分训练组成[7]:(1)运动觉和各种感觉的物理训练;(2)智力恢复训练,其中包括言语技能的训练和学科基础知识的训练;(3)道德和社会化的训练。第二部分就是手工劳动和职业技能训练课程,主要帮助智力残疾者学会独立生活,增强其生存能力。

## 二、第二阶段(20世纪中叶—90年代中期一体化教育)特点:课程逐步与普通学校教育内容趋同

进入20世纪六七十年代,愈来愈多的从事特殊教育的专家和教育者对隔离教育提出了批评和质疑,认为隔离式教育将残疾学生安置在隔离教育机构中,除了不公正和不利于残疾学生和主流社会的融合外,还由于他们被贴上特殊的标签,身心发展受到严重伤害。因此主张对隔离教育学校"非机构化",建议将残疾儿童安置在"正常化"和"最少受限制环境"中,尽可能与普通儿童一起生活、学习,以利于他们"回归主流"社会。[8]一体化教育思潮对特殊教育的发展和课程的演变产生了重大而深刻的影响:一方面是伴随北美和欧洲"回归主流"运动的迅速发展,更多的适龄残疾儿童进入普通学校就读;另一方面是特殊教育领域的专家和教育工作者在继续探索适应残障儿童教育特点的课程的同时,开始按照一体化教育理念推动特殊教育学校课程逐步从以职业教育内容为主向与普通教育内容趋同转变[9],但职业技术教育课程在特殊教育学校仍受到相当大的重视。

(一)课程目的

在一体化教育思想的影响下,特殊教育学校的课程与普通学校课程逐步趋同。盲校、聋校的课程除了注意根据残疾学生身心特点,继续保持缺陷康复和职业技能等训练功能外,课程目的总体上追求与普通学校保持一致,更加重视残疾学生的基础知识、基本能力、公民基本道德素养的培养和为未来的学习与生活打基础。

培智学校这一时期以招收中重度智力残疾儿童就读为主(轻度者大多到普通学校就读)。对于这一类儿童,学者们认为与其教给他们一些知识,不如通过生活功能性课程训练和生态环境的改善,教给他们更多的生活所必需的能力和技能。因此,这一时期培智学校课程目的和重点是使智力残疾学生获得生活能力、社会适

应能力和职业技能,以帮助他们学会生活。

(二)课程设置

1. 盲校的课程

课程在主要科目、内容、结构、程度等方面已与普通学校十分相近,有不少国家盲校就是采用普通学校的课程计划。但同时,不少国家的盲校亦继续根据盲生的身心特点加强盲文、视功能训练和传统的职业技能课程,从而使课程具有独自的特色和功用。如美国、德国的盲校根据学生视力缺陷的实际状况专门开设视功能训练、口语交际、音乐、体育和健康教育等特殊的课程,强化视障学生视功能训练及提高,教会他们准确理解和表达语言,帮助盲生学习唱歌、乐器演奏和乐器调音等技术性课程,获得一种谋生的技能。盲童由于视觉障碍,在行动能力上受到了限制,很多孩子缺少必要的身体锻炼,所以体育和健康教育也在盲校的课程中占有重要的位置。

2. 聋校的课程

聋校的课程在逐步向普通学校看齐的同时,亦注意根据聋人的特点强化某些课程,如听力和言语训练、手语训练等,课程设置大致有两种模式:一是基本采用普通学校的课程,但在课程计划中,注意根据聋生特点增加听力与言语训练、手语和职业技能训练等选修课程,如我国香港地区的聋校和挪威的聋校采用的就是这种模式。二是聋校执行国家颁布的、与普通学校不同的、自成体系的课程计划和教材,如我国聋校课程就是这种模式。课程内容基本和普通中小学差不多,但在课程的深度和难度上有所降低,并且比较重视通过职业教育课程的开设,增强聋生的生存和就业能力。

3. 培智学校的课程

一体化教育思想最先是从智力残疾学生教育发起的,然后推广到其他特殊教育领域。因此,推进一体化教育运动以来,许多国家特别是发达国家很多轻度的儿童就到普通学校就读,培智学校一般招收中重度智力残疾儿童。对于这一类儿童,学者们考虑更多的是如何帮助他们学会独立生活和适应社会。因此,这一时期的培智学校课程已开始不再偏重系统的学科知识,而是转向生活功能、社会适应和职业技能训练。比较有代表性的是"功能性课程"、"环境生态课程"和"生活课程"。[10]主张"功能性课程"的人,受社会学功能学派观点的影响,认为培智学校教育的课程不是先训练学生学习知识的能力,再让他们运用这些能力去学习适应社会,而是直接训练儿童适应社会所需要的能力。教育者所要做的就是"找出社会需要人们有什么能力",然后将这些技能系统地教给学生,学生学会了这些技能,就能应用在实际的生活中,达到适应社会生活的目的。再如日本学者提出的"生活课程"模式,他们认为"以生活经验为主体的经验主义的学习形态更为有效",因此,他们把培智学校教育课程内容分为"生活"、"操作"、"健康"、"情操"、"言语"、"数量"六部分,分别在小学部低年级、高年级和中学三个阶段系统化地进行,努力通过对智力残疾儿童实施"生活所必需的"、"通过生活"和"服务于生活"的课程[11],教他们学会生活。

### 三、第三阶段(20世纪90年代中期—全纳教育)特点:在一体化教育体系中,课程更加关注儿童特殊需要的满足

在教育史上,一体化教育是一重大的历史进步,但由于诸多发展中国家残疾人仍大量地被排斥于主流教育群体之外,由于一体化教育过分强调人的共性、教育的一致性,从而导致教育忽视残疾学生个性差异和多样化需要及教育质量下降等问题,因此,全纳教育在世界范围推进全民教育的背景下被提了出来。作为一种与全民教育运动密切相关的新教育理念和教育发展趋势,全纳教育理论(与一体化教育理论相比)在价值取向上更加强调教育公平和全民教育,在教育体系和教育方式上,更加注重以人为本,更加重视参与,反对排斥与歧视,强调在一体化教育安置的情景中根据人的个别差异和特殊教育需要,因材施教。[12]在全纳教育等理论的影响下,特殊教育课程发展(理念、内容和模式)日渐多样化,并呈现出一些共同特征。本部分侧重论述全纳教育的课程特点,而对特殊教育学校相应的课程教学特点从略。

(一)课程目标的价值取向

更加坚持公平原则和学生的整体发展。全纳教育的基本原则是有教无类,"学校应该接纳所有的儿童";全纳教育的目标和理想是通过探索,"发展一种能成功地教育所有儿童,包括处境非常不利和严重残疾儿童的儿童中心教育学"[13]。基于这样一种理念,全纳教育力求通过一种全纳性的、多样化的课程体系,确保每一个学生接受平等的教育,以实现全民教育的目标。在课程目标功能的确定中,全纳教育不仅注意学生基本知识、基本技能的掌握,教他们学会学习,而且更加注重残疾学生情感、意志、积极进取精神和人生观、价值观的培养,教育他们学会关心、学会合作、学会共同生活;不仅注意对残疾学生进行缺陷补偿,而且更加注重他们的潜能开发,尤其注意从残疾学生身心缺陷及发展的薄弱环节方面加强康复训练和整体教育,以促进残疾学生认知、情感、语言和社会适应等方面全面、和谐地发展。

(二)课程的设置

更加注意在一体化的教育安排中,关注学生的个别差异和特殊教育需要的满足。全纳教育理论认为,"不是儿童去适应预先规定的、有关学习过程的速度和性质的假设",而是课程和教育方式要"考虑儿童特性和需要的广泛性","通过适当的课程、组织安排、教学策略、资源利用以及社区的合作,来满足学生不同的学习风格

和学习速度,并确保每个人受到高质量的教育"。[14]因此,在特殊教育课程领域,人们对课程改革的关注重点已开始从预设文本转向更加注重儿童的生活经验和生活世界,更加注意在全纳性的一体化的教育共同体中,根据学生(特别是残疾儿童少年)身心发展特点、个别差异和特殊需要设计和拓展课程。如现今美国中小学教育的课程体系中,除了残健共享的普通课程外,还专门设置个别化课程、迷你课程(适用于资优学生教育)和开放教室等课程形式[15],以满足残疾学生的特殊需要,注意在课程内容中增设与残疾人"特殊的学习和发展需要有关"的内容(如聋人增加语言、阅读、写作、聋文化、言语和听觉康复等知识)[16],并通过一种课程的"通用设计"——可以容纳有不同特点和需要的学生(即提供灵活的文本呈现方法、表达方式和吸引方法),以及灵活的教学安排,使每一个学生(包括有特殊需要的学生)都能达到高标准的课程要求[17]。

(三) 课程的实施

更加关注参与与合作。一是注重特殊教育课程实践中的师生合作与学生的参与。"参与",强调通过"加强学生参与的过程,促进学生参与就近地区的文化、课程、社区活动,并减少学生被排斥的过程"(托尼·布思语)[18]。而"合作"则强调通过教师、学生、家庭和其他专业人员相互合作,保证每一个有特殊需要的学生都能接受到适当的教育,共同受益,实现残健融合和社会和谐。二是课程实施注重根据残疾学生的个别差异,实施个别化教育。如美国通过立法的方式规定要为每一位残疾儿童制订适合其需要的个别教育方案。[19]三是大力推进信息技术和科技辅具在教学中的应用,充分发挥信息技术的优势和在学科课程整合、教学方式以及师生互动方式改革中的重要作用,为各类残疾儿童改善障碍状况、提高学习能力、促进全面发展提供技术和设备的支持和服务。

四、启示

以上,我们从比较研究的角度对特殊教育(学校)课程发展的共同特点和一般性趋势作了扼要地分析,尽管这种分析可能过于概括,因为特殊教育课程发展实际上在不同时期和不同国家呈现着交叉、渗透和多样化的发展格局,但综观整个特殊教育课程发展的历程,我们至少可以从中得到以下几点启示。

在课程目标的确定上,要始终坚持教育公平的价值取向,坚持以人为本,既要坚持教育机会和教育内容的平等,又要追求教育质量的平等;既要突出和体现残疾学生的身心特点和发展需要,又要符合人的发展的共性规律和时代发展的一般性要求;既要注重潜能开发,又要注意缺陷补偿;既要强调基础知识、基本能力和国民素质的统一要求,又要注重残疾学生健康、积极人格的塑造,引导他们自强不息、全面发展。

在课程内容的选择上,既要坚持国家课程的统一标准,又要根据不同残疾学生的不同特殊需要,选择和设计最合适于他们的课程内容,按需施教,灵活多样。为此,要赋予学校和教师更大的办学和教学自主权,加强校本课程和个别化课程的研究与开发,加强职业技术教育,改革特殊教育学校课程评价方式,促进特殊教育课程改革向着生活化、素质化和多样化方向发展。

在课程的实施上,既要注意在一体化教育安置方式下根据不同残疾学生个别差异实施个别化教育,又要注意因地制宜地推进课程多样化的实践;既要反对排斥和歧视,坚持合作与参与,又要注意将课程的实施和现代信息技术、科技辅具的运用结合起来,从根本上改善残疾学生学习与生活状态,促进残健融合与和谐社会的建立。

**参考文献:**

[1]—[10] 张福娟,等.特殊教育史[M].上海:华东师范大学出版社,2000:107—111,140,67—70,120—122,112,113—114,114,127,299—300,306—308,181—182.

[11][日]山口薰.特殊教育的展望[M].大连:辽宁师范大学出版社,1996:98—99.

[12][13][14]联合国教科文组织.萨拉曼卡宣言:关于特殊需要教育的原则、方针和实践[A]//赵中建.教育的使命——面向二十一世纪的教育宣言和行动纲领[C].北京:教育科学出版社,1996:129,131,137.

[15]王文科.课程论[M].台北:五南图书出版有限公司,1991:165—167.

[16][17]特恩布尔,R.今日学校中的特殊教育[M].方俊明,等译.上海:华东师范大学出版社,2004:768—770,128—130.

[18]黄志成,等.全纳教育——关注所有学生的学习和参与[M].上海:上海教育出版社,2004:62.

[19][美]休厄德.特殊需要儿童教育导论[M].肖非,等译.北京:中国轻工业出版社,2007:17—25.

(原文发表于《中国特殊教育》2009年第11期)

# 特殊教育课程范式的演进及其转向

盛永进

## 一、引言

课程集中体现了教育思想和教育观念,它既是实现教育目标的蓝图,也是组织教育教学活动的最主要的依据。[1]特殊教育课程在长期的实践中也逐渐形成了自身的理论特色,总结和探讨特殊教育课程存在的问题,从理论的角度对实践经验进行提升,不仅有助于特殊教育理论的建设,也可以进一步促进特殊教育课程实践的发展,并为其改革提供理论解释。当前,我国对于特殊教育课程的研究还相当薄弱,这不仅表现在理论层面,也反映在课程实践当中。尤其是当我们吸收国外的研究,力图从理论层面对特殊教育课程实践进行概括时,由于缺乏系统的梳理和全面的领会,所做出的理论解释往往不够清晰,甚至容易造成误解。譬如,发展性课程与功能性课程是两种不同的特殊教育课程范式,分别代表着心理发展模式和社会生态模式的不同价值取向,对此虽然有了一些零星的介绍,但不够全面、客观和辩证,使得人们在理解上往往显得似是而非,有的甚至不加分析地采取要么肯定、要么否定的态度来对待不同的课程观。这也就很难真正理解当代特殊教育课程发展的走向,更无助于引领课程改革的实践。基于此,本文试就当代特殊教育课程范式的演进及其转向问题作简要的评析。

## 二、特殊教育课程及其范式的内涵

课程范式存在于常规的特殊教育课程之中,由于特殊教育课程的特殊性,这里有必要首先对特殊教育课程的内涵作简要的说明。特殊教育课程,顾名思义是为有特殊教育需要的学生而设置的课程,可以定义为特殊需要学生学习内容及其进程与安排的总和。由于学生有着特殊的教育需要,因此特殊教育课程本质在于充分满足这些学生在学习中的特殊需要。对于身心有障碍的特殊需要学生,这些特殊需要表现在课程目标、课程内容、课程实施等诸多要素方面,也贯穿于知识传授、技能学习和态度、情感、价值观培养的各个领域之中,同时也影响整个学习内容的安排进程。需要特别说明的是,目前我国特殊教育课程改革仅限于特殊教育学校,因此在日常概念中,特殊教育课程往往是特殊教育学校课程的同义语,这是窄化的理解。由于特殊教育课程是以教育对象为依据进行界定,从严格意义上说,其外延上既可包括不同的教育安置形式课程,如特殊教育学校、普通学校特殊班、普通学校随班就读等,也可包括不同学习阶段的课程,如特殊学前教育、特殊初等教育、特殊中等教育和特殊高等教育等。为了论说的方便并结合我国特殊教育主要任务,本文采用的"特殊教育课程"概念,是指包括特殊教育学校在内的各种安置形式的课程,且主要指的是义务教育阶段的课程。

"课程范式是特定时代里相互适切和有机联系在一起的一定的教育内容及其规范化结构程序、课程成就和课程观念的集合体。"[2]它"蕴涵着一组关于课程现象、课程探究活动的基本观念,它们构成各种具体的课程理论学说和课程实践活动最基本的预设前提和理论基础,为人们提供解决各类课程问题的基本观念、规则和范例"[3]。"课程范式"一词在我国特殊教育课程方面的研究中很少出现,但在基础教育课程领域已被广泛使用,主要是着眼于推进基础教育课程改革,把概念重建和体制创新作为基本前提,研究基础教育课程范式的转型问题。把课程范式引进特殊教育课程研究具有同样的意义。伴随着特殊教育的发展,特殊教育经历了由医学养护模式、心理发展模式到社会生态模式的转向,与之相对应也逐渐形成了补偿性课程、发展性课程和功能性课程等不同的课程范式。由于不同时代不同的课程范式反映了不同的特殊教育课程观及其价值取向,它不仅影响着特殊教育课程的编制、实施、评价等整个过程,也引发对特殊教育研究方法的争论,甚至被称之为"范式的战争"[4],可见其对特殊教育发展的影响。因此,探讨特殊教育课程的范式问题对于把握课程改革发展的趋势,推进特殊教育理论建设,不仅具有形而上的理论意义,同时也具有实践的反思和指导意义。

### 三、特殊教育课程范式的演进

(一)补偿性课程范式

补偿性课程范式始于特殊教育产生的早期,其对应的教育模式为医学养护模式。这与当时特殊需要学生的安置方式有极大的关系。在西方,特殊教育原本是一些慈善、医疗机构提供的照顾性质的工作。特殊教育的目的基本上是帮助"一些因身体受损或其他问题导致学习上及其他困难的学生,把他们隔离加以照顾"[5]。这种基于医学理论的假设所形成的课程价值取向,我们可称之为补偿性课程范式。由于医学的实践特征就是关注疾病,认为残疾是由个人内部的生理疾病或功能混乱造成的,因而主张设法通过衡量身体、心理缺损、伤残的程度,找出治疗康复的方法和措施用以克服、消灭"残疾"或补偿"缺陷"。基于医学补偿的观点,补偿性课程范式"把特殊儿童看成是有某种病理缺陷的个体,进而设想这些学生需要特殊的教育"[6],其课程目标主要聚焦于学生技能缺陷的矫正和补救,即人们常说的"缺什么,补什么"。如聋童因为耳聋不会说话,就想方设法地试图通过言语、语言的训练,培养他们说话的能力。

补偿性课程范式在早期特殊教育活动中占主导地位,至今还有其影响。基于医学假设的补偿性课程范式有以下几个重要特征:首先,它关注学生本身的残疾缺陷及其对学习的影响,能够针对残疾引起的学习困难与障碍,进行缺陷补救教学,如盲校的视功能训练和聋校的言语矫正训练等。其次,强调对影响学生学习的缺陷进行诊断和分类,以便更好地了解学生学习中的特殊教育需要,并根据缺陷的原因、特点,采取相应得当的措施,尽可能地矫正或补救学生缺陷的领域和技能。其中以感觉替代训练为主的课程内容在当今仍然占有重要的位置,如盲校的定向行走、聋校的律动、培智学校的感觉统合训练等。基于医疗养护模式的补偿性课程有其明显的弊端,由于它聚焦于学生的病理缺陷,忽视了环境和个人经历的影响,往往夸大残疾的负面作用,把残疾学生看成是一种社会负担,往往造成一种普遍的教育低期望值,最突出的表现为学科性科目相对稀少、简单、浅显,如我国第一所盲校北京的"瞽叟通文馆",早期基本上只教授一些基本的文化知识和劳动技能。而病理学诊断、分类的结果,又极易带来一种消极贬损的标签效应;同时,专注于缺陷领域的训练,常常忽视认知、行为、情感等其他领域能力的培养。

(二)发展性课程范式

在特殊教育领域,发展性课程范式是在对补偿性课程范式取向的质疑批判中兴起的,其对应的教育模式为心理发展模式。20世纪初始,伴随着"回归主流"运动,在"所有孩子都能学"、"所有孩子都可教"的口号下,许多教育研究者采用心理学的方法研究教学和评估,其中包括从事特殊教育的心理学家,"他们直接用发展性障碍、行为障碍和学习障碍来指称替代医疗养护模式的残疾的分类"[7],使心理发展模式的教育渐趋成熟。

发展性课程范式是基于心理学的发展阶段性理论假设,认为残疾学生的发展虽然是一种非典型的发展,但同样遵循着个体发展的一般规律。它们在认知、交流、情感、运动和生活自理技能方面和其他人一样有着同样的发展顺序和层级性。因此其课程内容也应包括儿童发展每一阶段、层级的重要能力的教学,即以各个阶段能力发展的先决条件为目标,通过任务分析,将需要学习的能力或技能分解为一个从简单到复杂的课程目标层级。如果儿童不能掌握某技能,就必须降低学习的层级,直到儿童能够达到教育目标。比如在培智学校课程中,许多学科性知识的学习,其难度水平必须低于其生理年龄的发展水平,否则就超越了这些学生实际的认知发展阶段。发展性课程范式承认,由于障碍的影响,残疾学生发展的速度可能慢一些，但是除了需要更精细或更强化的学习训练外，他们在发展模式和序列上和其他学生是相同的。所以，对于那些有障碍的特殊需要学生，教育的目标就是通过系统的课程教学来证明其自身和非障碍学生有同样的发展顺序，尽管在发展速度、发展程度上会有所差异。基于心理发展模式的观点，发展性课程比较强调课程结构的严密性和层级性，在学科教学中更强调知识学习的逻辑顺序和系统完整，且能够使用正式的测评方法。由于大多数视觉和听觉障碍学生在智力发展方面与普通儿童基本没有差异，所以我国目前盲校、聋校课程基本参照了基础教育九年一贯制课程设计的发展性取向，在课程目标的确立上与普通学校趋于一致，因而课程方案除了增设康复性的科目（诸如定向行走、沟通交往等）以及对艺术科目中的一些内容进行适度的调整以外，其他学科课程内容的安排及其难度与普通教育基本保持一致，这样可以保证学生能和普通儿童一样获得全面发展的教育基础。

发展性课程的层级性为诊断儿童的能力和发展水平提供了剖面图，并为特殊儿童与正常发展的同龄儿童的比较提供了基础。比起医学养护模式的价值取向，发展性课程给予了学生更高的教育期望，也部分地淡化了标签的消极影响，但也有其局限性。一方面，对于不同的障碍类别或不同障碍程度以及不同年龄阶段的学生，发展性课程的优势也有所差异。它比较适合于智力功能没有受限或障碍程度较轻的学生，但对于重度障碍学生则不太适宜。另一方面，在一定时期内，发展性课程的设置理念得到认可，认为它能有效提高特殊需要学生的发展水平，特别是对于视障、听障等类别的学生能较好地促进其系统的知识学习和学科能力的发展，然而，单纯以知识、能力发展为目标的课程，如果没有与生活建立联系，就不具有生活准备的意义，也就不能满足学生未来生活的需要。如果只强调发展的层级性，而让一名16岁重度智力障碍学生去学习2年级的数学内容，那么这种纯粹认知计算对其不仅没有意义，也会影响学生未来的生存技能。因为随着年龄增长，越来越要求特殊需要学生能更积极主动地去适应社会，展现出较好的社会适应性。这时，发展性课程脱离生活实际的弊端就暴露无遗。因为它没有考虑到学生未来必须应对只有在适应社会环境的动态过程中才会产生的知识、技能以及相应的心理、行为、学习、生活等方面的问题。这些问题不是自身能力发展到一定水平就可以解决的，而是在与环境的互动过程中，通过适应、调节、平衡等环节逐步使问题得以解决的。

（三）功能性课程范式

正是因为发展性课程范式的价值取向不能解决特殊需要学生自身能力发展和社会环境的协调互动问题，于是人们又强调了另一种课程范式——功能性课程范式。功能性课程范式对应的教育模式是社会学生态模式。社会学生态模式是基于社会生态学的理论假设，认为残疾形成的障碍只是表示个体（有某种健康状况）和个体所处的情景性因素（环境和个体因素）之间发生交互作用的消极方面，即个体参与社会活动的功能受到限制。这种功能性的限制不仅有生物因素，还有社会因素，是生物与社会因素的综合(见图1)。[8]

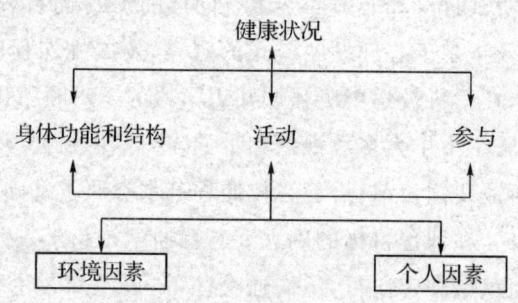

图1  ICF理论模式图

比如，双腿截肢的学生，我们不能简单地认为他没有行走的能力，而只是行走的功能受到限制，这种限制不仅仅是因为双腿残疾，也包括环境的因素，如果我们提供轮椅，把楼梯改造成附加有安全坡道的，他同样可自己独立地行走、爬楼。因此，在生态环境的视野中，对于特殊需要学生，在残疾或特殊性的归因上强调不能单从学生本身的身心特征去认识，还应该从学生的行为与环境关系去看待，注意学生的学习和社会环境的交互影响，特别是要提供各种环境性的系统支持，来帮助他们克服或消除障碍带来的消极影响。

功能性课程的概念最早由美国特殊教育学者雷诺和伯奇(Reynold & Birch)提出，而它成为一种流行趋势却是源于1992年美国智力障碍协会修改智力障碍的定义后，把智力残疾不再看做是一种能力缺陷，而是智力功能与适应性行为受到限制。此后，功能性课程的理念也被广泛地渗透于其他发展性障碍、感官性障碍、身体障碍及多重或重度障碍学生的课程开发中。功能性课程范式提出了一个重要的概念，即"功能性学科(Functional Academics)"。

所谓"功能性学科"是强调要把学科性的知识技能与学生的实际生活相联系，指"那些服务于个体当下和未来生活的学科性知识和技能，诸如生活中阅读菜单、书写便条或一般性的付费计算等"[9]。我国培智学校课程基本采用了功能性课程取向的设置，其中的"实用语文(数学)"或"生活语文(数学)"的概念就是对这种"功能性"的强调。功能性课程范式具有如下特征：在课程理念上，要求超越发展性的课程取向，注重环境与学生障碍的关系，强调环境支持重要性及环境障碍的确认与消除。在课程的目标上，它强调课程的内容应该是那些常用的、儿童有学习动机的技能，即关注个人在日常生活领域，包括家庭、社区、工作场所、休闲和学校环境中所需要的技能和行为发展，强调学生获得与年龄相当的技能，促进个人社会生活的独立性和参与性。因此该范式首先要将现实生活中要求的能力和技能一一列出，作为课程的建议目标,并将这些目标与儿童在预期环境中将取得的成果相联系。在课程内容上,重视内容选择的生活意义,强调知识、技能学习的整合,即学生所学的一定要与生活实际相联系,特别是与学生具体的家居和社区生活相联系,从生活中发展出教学的主题,为他未来自食其力做准备,也就是目前培智学校改革所强调的"综合课程"或"主题教学"。在课程的实施上,非常注重学习生态系统的个别化支持,从家庭、社区到学校,从教育到医学、心理、社会等各专业都要提供系统的支持与服务,同时在实际教学时,主张应该立足于真实生活环境,即设立真实或模拟的"工场"或"工作坊"让学生学会生活技能并在生活中加以应用。由于功能性课程见效快,动机明显,易于掌握,因此特别适用于有严重障碍的儿童。

功能性课程范式的价值取向揭示了人与环境的互动关系,突破了残疾形成的障碍仅从个人缺陷角度进行解释的局限,着重于环境的个别化支持,对于提高特殊需要学生的社会适应能力具有重大的现实意义,也标志着特殊教育课程理论革新发展到了一个新阶段。但是功能性课程往往忽略了儿童全面发展的先决条件,如果走向极端,片面地强调功能性技能的训练,很有可能忽视学生潜在的其他能力,导致教育的平庸化,就像学者 Tomlinson 所说的,"成为一个没有知识的学科课程"[10]。此外,适应于每一个学生特殊需要的生态支持,也需要一定的物质和文化条件的支撑,比如对真实教学环境的强调,需要大量的教育资源和成本。因此,它需要一定的国情基础。就我国目前的现实条件看,生态环境化课程理论还缺乏实践基础,还不能广泛地在特殊需要学生的教育实践中得以推广。这里还需要指出的是,在社会生态模式的取向下,功能性课程范式得到了进一步的实践强化,特殊教育课程领域又相继出现了"生态课程"、"环境课程"、"成果导向课程"等概念。尽管有些研究者把它们与功能性课程相提并论,但能否称之为一种范式,值得推敲。这些概念在本质上都没有跳出社会生态模式课程观的观点,也都可以看成是功能性课程范式的深化或具体的特征要素。

### 四、当代特殊教育课程范式的转向

以上我们谈论的三种不同价值取向的课程范式,并不是说在实践中存在着一种固定不变的单一模式标准,它更多的是对特殊教育课程实践特征的概括。无论是补偿性课程,还是发展性课程或功能性课程,其背后都有其课程观的理论支撑,也都有其实践的指导价值,并在特殊教育课程实践发展中均有不同程度的反映,而且在不同的时期对特殊需要学生的教育产生了重大的影响,也各有其优缺点。"纵观特殊教育发展的历史进程,特殊教育课程研究的重点就是始终试图把课程的内容、方法和结果与学生认知发展、社会适应和生活的需要相对应。"[11]由于学生特殊需要的差异性、多样性和复杂性,我们也不能片面地排斥某一课程取向,或完全否定它的意义。在一定程度上,它们都能为特殊需要学生的教育实践提供有力的理论解释,单纯地强调课程范式的某一取向是片面的。正因为如此,当代特殊教育课程的价值取向逐渐从单一的补偿性或发展性、功能性,向以综合素质能力发展为核心的多元整合型发展,强调三者的相互渗透、和谐统一。这种走向融合的课程范式虽然还在不断地形成发展中,但已初见端倪,具有如下的特征。

(一) 课程设计取向适应学习者的特殊需要

补偿性课程、发展性课程与功能性课程的设计取向必须根据特殊学校的类型,或学生的具体的特殊教育需要而有所兼顾,做到相互渗透、和谐统一。基于此,要处理好三者的关系,就要注意以下几个方面:就特殊学校的类型来说,盲校、聋校课程设置应以发展性课程为主要取向,兼顾课程的功能性和补偿性,而培智学校的课程,则应以功能性课程为主要取向,兼顾课程的发展性和补偿性;就学生障碍的程度来说,中重度障碍学生课程的功能性要高于其他学生,相对而言,重度或兼有多重障碍学生的课程,更趋向于功能性和补偿性的设置。

(二) 课程内容组织注重适度的整合与分化

除了要根据不同障碍类别学生的特殊需要决定课程范式的取向度外,还要在课程设置时把握好课程内容组织的整合与分化的关系。分化性指的是课程内容的分科特征,在形式上主要表现为以学科知识传授为主的分科课程,体现了发展性的课程取向;而课程的整合性指的是课程内容的综合特征,在形式上主要表现为以经验活动为主的综合课程,或功能性学科内容,体现了功能性的要求,而功能性课程的教学更多地表现为把各种知识、技能及适应性的行为训练等整合在一起,或一个主题的教学中。比如一节数学课,教师可以通过实际购物的主题活动,把计算、识字等整合在一起,形成一节以数学为主题,但又包含了语文、运动技能训练等内容的综合课程。

与普通课程比较,特殊教育课程更加强调其内容组织的整合性。因为对于许多身心障碍的学生来说,相对于传统的脱离生活实际的纯知识性教学,他们更需要把所学的知识与自己的实践经验、自身的生活和社会生活相联系,做到学以致用,独立生活。因此,注重把知识、经验与生活相联系,强调课程内容的整合性是满足学生特殊教育需要的必然要求。分化与整合的适度把握取决于学生的身心特点及其发展的阶段性。整体而言,对于认知功能受限的障碍学生(包括多重及重度障碍),课程的整合程度应高于其他学生,且障碍程度越高,整合度也应越高;低龄障碍学生课程的整合性要高于大龄学生,但随着心理、生理年龄的增长,应逐渐增大分化性课程的比重。因此,理想的整合与分化关系的处理,应根据特殊需要学生的需要,有层次地递减或递增(见图2)。[12]

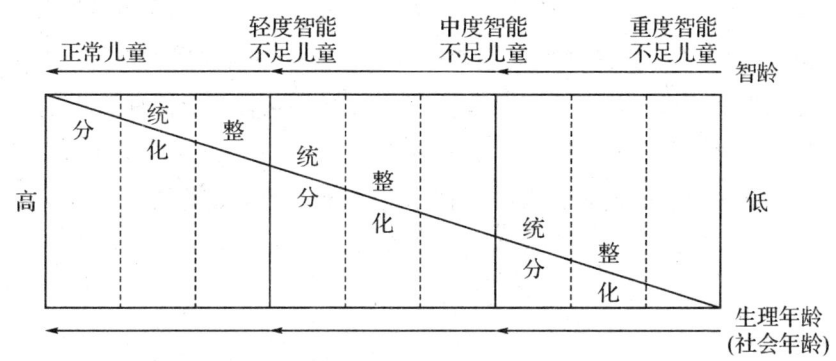

图 2　智障儿童课程整合与分化关系图

（三）课程结构安排采取二元的融合设计

以融合为导向，为每一位残疾儿童参与普通课程的学习创造条件，进而提高学业水平，是当代特殊教育课程设计的重要特征。课程融合的根本目的不是为了拷贝普通教育课程，而是试图以普通课程为基本框架，作为达成基础教育标准的手段，并以此确保包括障碍学生在内的所有学生能获得全面的最基本的概念与技能，挖掘其潜在的能力；同时，也为特殊学校与普通学校之间的教学、障碍学生与普通学生之间的学业检测提供相互比较参照的统一依据，从而促进教育整体质量的提高。为了兼顾学生的特殊教育需要，走向融合的课程模式在课程结构上采取二元设计，基本保留普通教育课程的学科性科目（主要包括语文、数学、历史、地理、化学、生物等），然后增设特殊性课程科目（主要包括感知觉训练、康复治疗、生活自理、社会交往等科目），形成普通科目模块和特殊科目模块的二元互补模式。我国 2007 年三类特殊教育学校课程试验方案基本上采取这样的理念与思路，但在具体实施时，还应依据学生特殊教育需要的性质、类型、程度和数量，通过调整、替代、分层、选择等策略以及现代教学辅助技术的应用，使课程满足所有多样化的个性需要，实现课程补偿性、发展性和功能性的统一。

## 五、结语

当代国际特殊教育课程改革的一个重要指导思想是以人为本，在强调人的全面性发展的同时，力争使每一个有特殊教育需要的学生获得整体、和谐发展，最大限度地为障碍学生提供参与和发展的机会，提高其生活质量，实现个人存在的价值。为此，实现当代特殊教育课程范式的转向，"最重要的是必须把课程视为为包括有特殊需要学生在内的所有学生提供有效的学习机会"[13]。其课程设计应从单纯注重特殊需要学生的缺陷补偿或知识技能的培养，转向注重培养学习者的社会适应能力、综合的生活能力以及情感、态度、价值观等全面素质的发展，追求特殊教育工具性、效应性和发展性价值的统一。这种发展趋势必然促成各种课程观的融合，使得特殊教育课程的价值取向逐渐从单一的补偿性或发展性、功能性，向以综合素质能力发展为核心的多元整合型发展，呈现出不同课程范式理念的相互影响、相互渗透，从彼此对立与分离，逐步走向借鉴与融合。它既反映着人们解决学习主体与内容客体矛盾关系的重大进步，也反映着特殊教育课程的基本观念和方法论的转变。

**参考文献：**

[1] 钟启泉，崔允漷，张华.为了中华民族的复兴　为了每位学生的发展——《基础教育课程改革纲要（试行）》解读[M].上海：华东师范大学出版社，2001：3.

[2] 黄甫全.论课程范式的周期性突变律[J].课程·教材·教法，1998(5)：16—19.

[3] 傅敏.论学校课程范式及其转型[J].教育研究，2005(7)：38—42.

[4][7] Lani Florian. The SAGE Handbook of Special Education [M]. London：SAGE Publications Ltd，2008：179.

[5] Emanuelsson. Special Education，History of，in International (2nd) [M]. Oxford：Pergamon Press，1994：56—58.

[6] Peter Clough，Jenny Corbett. Theories of Inclusive Education：A Students' Guide [M]. London：Paul Chapman Publishing Ltd，2000：8.

[8] 世界卫生组织.国际功能、残疾和健康分类[Z].2001：18.

[9] David L，Westing，Lise Fox. Teaching Students with Sever Disabilities (4th) [M]. New Jersey：Pearson Education Ltd. 2009：442.

[10] Tomlinson，S. A Sociology of Special Education[M]. London：Routledge，1982：26.

[11] Byers，D. Banes. Implementing the Whole Curriculum for Pupils with Learning Difficulties (2nd) [M]. London：David Fulton. 1996：107—120.

[12] 毛连塭.特殊教育行政[M].台北：五南图书出版公司，1993：354.

[13] Richard Rose. Curriculum Considerations in Meeting Special Educational Needs[A]// Lani Florian. The SAGE Handbook of Special Education[M]. London：SAGE Publications Ltd. 2008：22.

（原文发表于《中国特殊教育》2011年第12期）

# 为了每一个残障学生的发展
## ——关于三类特殊教育学校义务教育课程设置实验方案的述评

丁 勇

2007年2月,教育部正式下发了《聋校义务教育课程设置实验方案》、《盲校义务教育课程设置实验方案》和《培智学校义务教育课程设置实验方案》(以下简称《实验方案》,教基[2007]1号)。这是我国基础教育课程改革之后,特殊教育领域里的一次重大改革,意义非常重大。本文拟从历史回顾与改革背景、特色与亮点、评价与反思三个方面对三类特殊教育学校课程《实验方案》作一总体的概括和分析,并在此基础上对深化特殊教育学校课程与教学改革提出一些建议。

### 一、我国特殊教育学校课程改革的历史回顾和此次新课改的背景

(一)新中国成立后的四次特殊教育学校课程改革

第一次是20世纪50年代中期的课程改革。新中国成立之初,中央人民政府颁布《关于改革学制的决定》,明确规定:"各级人民政府应设立聋哑、瞽盲等特种学校,对有生理缺陷的儿童、青年和成年,施以教育。"教育部先后于1955年、1956年颁布了关于盲校和聋校教学计划指导性意见,如1955年9月发布的《1955年小学教学计划在盲童学校中如何变通执行的通知》,1956年6月发布的《关于聋哑学校使用手势教学的班级的学制和教学计划问题的指示》,1957年4月发布的《关于聋哑学校口语教学班级教学计划(草案)的通知》。[1]同时,教育部组织力量为聋哑学校、盲校编写和出版了语文、数学等教材、教参(这套教材在70年代又多次修订)。课程改革的目的:改革旧教育,建立与社会主义新中国相适应的新的特殊教育学校课程体系。

第二次是20世纪80年代中期的课程改革。这是我国在经历了"文革"十年浩劫,开始实行改革开放后的一次课程改革。因此,改革的目的非常清楚:拨乱反正,根据改革开放和发展残疾人教育事业的需要,重建三类学校课程体系。1984年教育部颁布了《全日制八年聋哑学校教学计划(征求意见稿)》,还分别出台了聋校和盲校小学阶段的教学计划(初稿),委托上海、山东等地编写了聋校、盲校的语文、数

学、常识等教材。这一次课程改革最具有历史意义的事件是出台了《全日制智力落后学校(班)教学计划(征求意见稿)》(1987年12月),开辟了我国培智教育之先河[2]。

第三次是20世纪90年代初期的课程改革。1993年10月,原国家教委下发了九年制《全日制聋校课程计划(试行)》和《全日制盲校课程计划(试行)》(教基[1993]19号)。同年秋季,为智力落后学校编写的全国统编教材开始使用。1996年秋季,为聋校和盲校编写的义务教育教材开始使用。这次课程改革是在《教育体制改革决定》、《义务教育法》和《残疾人保障法》颁布的背景下进行的。因此,课程改革的思路和目的非常清晰,就是遵循教育"三个面向"的战略思想,面向全体学生,普及残疾儿童少年九年义务教育,全面贯彻教育方针,全面提高特殊教育质量,为学生的全面发展打好基础。

第四次是2007年的这次课程改革。

(二)《实验方案》出台的背景

特殊教育学校课程《实验方案》是在基础教育课程改革大背景下出台的。2001年6月,教育部下发了《基础教育课程改革纲要(试行)》,揭开了我国第八次基础教育课程改革的序幕。这次改革的根本任务就是要全面贯彻教育方针,构建符合素质教育要求的新的基础教育课程体系,以实现我国基础教育课程从学科本位、知识本位向关注每一个学生发展的历史性转变[3],促进基础教育从应试教育向素质教育的转轨。义务教育阶段的特殊教育作为基础教育的重要组成部分,其学校课程应随基础教育课程改革而改革,这既是实施基础教育课程改革与推进素质教育的必然要求,也是时代发展的需要。而且,特殊教育学校课程改革必将进一步丰富和促进基础教育课程改革的全面深化。

特殊教育学校课程也已到了非改不可的地步。

(1)特殊教育的对象发生了变化。如培智教育学校原来只是招收轻度弱智学生,但自从开展随班就读后,很多轻度弱智学生到普通学校就读,培智学校更多是招收中重度弱智学生,而原有的培智学校的课程是根据智力轻度障碍教育对象而设置的,显然课程及教材明显不符合学生的发展实际。

(2)特殊教育课程理念、培养目标、课程内容明显落后于时代发展和特殊教育发展的要求。譬如在特殊教育理念和方法上,只注意缺陷补偿,不注重潜能开发;培养目标不适应时代发展的要求和残障学生的特点,存在着矮化、窄化和功利化等问题;课程内容同样存在着"繁、难、偏、旧和过于注重书本知识的倾向",而且严重脱离残障学生的生活实际和生活经验。

(3)课程设置过于偏重学科本位,忽视残障学生身心发展规律和特点;课程结构单一、僵化,缺少整合和弹性;课程管理统得过死,学校与教师缺少课程开发的自主权,因而难以满足残障学生多样化的个别需求和特殊需要。在课程实施上,过于偏重知识传授,忽视自主学习、探究性学习与合作学习,特别是教学组织偏重班级授课制,教学方法单一,难以适应残障学生身心特点和个别差异,教学效益和质量都不高。

所以,特殊教育学校课程改革势在必行。

## 二、《实验方案》的几个亮点

综观三类特殊教育学校课程《实验方案》,我们认为,课程设计者们在制订三类特殊教育学校课程方案时,针对特殊教育学校原有课程所存在的问题,以以人为本的科学发展观和基础教育课程改革的精神为指导,以为了每一个残障学生发展为目的,既注意继承、总结与发展我国特殊教育的成功经验,借鉴与吸收国外特殊教育先进的理念、方法,又注意根据义务教育的基本性质(公平性、均衡性、统一性、基础性)和残障儿童身心特点整体重构课程体系。因此,《实验方案》不仅充分体现了基础教育课程改革的基本精神,而且还具有其自身的鲜明特色。

### (一)课程目标

培养目标和课程的目标功能强调使每一个残障学生获得整体、和谐的发展和对残障学生进行潜能开发及缺陷补偿。

1. 培养目标

培养目标强调人的全面性发展(或者说是"四有"新人的培养)和合格公民的培养。首先是更加重视德育,不仅表现在品德规格、素质要求方面,重视人的思想方向性、基础性和民族优秀文化传统等素质规格的培养,如爱国主义、集体主义精神,使学生能够热爱社会主义,继承和发扬民族优秀传统和革命传统,而且重视公民意识和公民的基本法律、道德素质养成,如民主法制意识、社会公德、社会责任感等,同时重视学生正确的世界观、人生观和价值观的培养,使其努力为人民服务。其次是注重培养和形成学生"初步的创新能力、实践能力、科学和人文素养以及环境意识",注重学生"双基"的培养和可持续发展,如使学生"具有适应终身学习的基础知识、基本技能和方法"。再次是注重培养学生的"健壮体魄和良好心理素质"、"健康的审美情趣和生活方式",以使每一个学生德智体美等多方面全面、和谐发展。这些培养目标体现了教育方针、现代社会主义民主与法治国家、市场经济、知识经济和信息社会发展对于公民培养的新要求,同时又继承和发展了我国义务教育(包括特殊教育)实践的成功经验,因而使得培养目标既具有强烈的时代特征和先进性,又具有很强的实践可操作性和本土性。

2. 课程目标功能

课程目标功能除了坚持知识与技能,过程与方法,情感、态度与价值观三位一体的目标功能观(与基础教育课程改革纲要保持一致)外,还注意根据残障学生身心特点,加强残障学生乐观的生活态度和积极的人生进取精神("四自"精神)的培养,努力使残障学生学会学习、学会关心、学会共处、学会做人的同时,注重他们的潜能开发和缺陷补偿,帮助他们形成独立生活、社会适应和就业的能力等[4],从而使得培养目标具有特殊教育的鲜明个性。

(二)课程内容

课程内容上,既注意课程门类与义务教育课程设置方案大体一致,又注意根据残障学生的身心特点和特殊需要增设专门课程。

第一,聋校、盲校课程方案的课程门类、课程标准与义务教育课程设置方案大致相同,主要包括德育(品德与生活、品德与社会、历史与社会)、科学、语文、数学、外语、体育、艺术、综合实践活动和地方与学校课程九大类,以确保课程目标的实现和学生素质的全面养成。

第二,根据残障学生不同障碍类型特点,增设了具有针对性、综合性的康复与教育类课程,以满足残障儿童少年发展的特殊需要。如聋校的"沟通交往"课程,内容主要包括感知觉训练、口语训练、手语训练、书面语训练及其他沟通方式和沟通技巧的学习与训练,旨在帮助聋生掌握多元的沟通交往技能与方式,促进聋生语言和交往能力的发展。培智学校的"康复训练"课程针对学生智力残疾的成因,以及运动技能障碍、精细动作能力缺陷、言语和语言障碍、注意力缺陷和情绪障碍等,课程注意吸收现代医学和康复技术的新成果,融入物理治疗、言语治疗、心理咨询和辅导、职业康复和社会康复等相关专业的知识,促进学生健康发展。盲校的"康复"课程包括综合康复、定向行走和社会适应三类课程,其中综合康复课程借鉴国际上教育康复的经验合成为综合康复,主要内容包括生活指导、感觉训练、行为矫正、言语治疗、物理治疗、职业治疗等若干个领域的康复与训练。

第三,三类课程方案都很重视"综合实践活动"课程。盲校和聋校都设有"综合实践活动"课程,培智学校也同样开设了该课程类型中的信息技术应用课程。"综合实践活动"课程是一种以学生的经验与生活为核心的实践性课程,是与学科课程领域有着本质区别的新的课程领域,因此也是我国基础教育课程体系的一种结构性突破,其内容主要包括信息技术教育、研究性学习、社区服务与社会实践及劳动与技术教育。三类学校课程方案将这一实践性活动课程引入特殊教育课程领域,对于培养残障学生综合实践能力、信息素养、创新精神和社会责任感以及职业技术能力等,必将产生重要而积极的作用。

(三)课程结构

课程结构上,根据义务教育课程设计原则和不同类型残疾学生身心发展规律,整体建构课程体系。

第一,既注意依据学科知识的内在逻辑和残疾学生身心发展的规律,整体设置九年一贯的义务教育阶段课程,又注意根据不同类型残障学生的身心特点调整和优化课程结构的比例,发挥教育的整体作用,促进学生全面、均衡、可持续发展。譬如,聋校的课程方案根据聋生听力言语障碍和沟通困难这一主要特征,加大了语文课程的比例,增设了"沟通与交往"课程,二者相加课程比重达31.6%,同时减少"英语"等课时比重,并使其成为选修课,以使课程结构既突出重点,又整体均衡、合理。再如,盲校的课程方案明显提高"康复"(7.4%)和"英语"(7.8%)的课程比重,"数学"略升,"语文"等略有降低。为了解决课程内容增加及总课时数不足的矛盾,盲校课程方案增加了350课时,若再将每课时由40分钟改为45分钟而增加的5分钟计入,实际增加了1 149课时,相当于10年教育。[5]

第二,在课程内容的组织和逻辑展开上,采取综合课程和分科课程相结合的方式整体展开课程体系。课程门类由低年级到高年级逐渐增加,小学阶段(一~六年级)以综合课程为主,初中阶段(七~九年级)设置分科与综合相结合的课程。

第三,重视学科知识和残疾学生生活经验的整合,加强学科之间的渗透与整合。首先是三类特校课程方案都注重学科知识与残障儿童少年生活经验的联系与整合,尤其是培智学校课程提出了"以生活为核心"[6]的课程理念,并试图以生活为核心整体建构课程体系,即通过生活化的课程,教会学生独立生活。其次是通过更多的开设综合性课程(如聋校、盲校开设的"科学"、"品德与生活"、"品德与社会"、"艺术"等),加强学科横向之间的交叉、渗透与整合,同时在课程的纵向联系上做好各年级课程之间的衔接与过渡,发挥课程的整体育人功能。

(四)课程实施

课程实施上,既注意积极倡导学生自主、合作、探究性学习,又注意根据残障学生的身心特点及个别差异,因材施教。譬如三类特殊教育学校都从关注教师的"教"向关注学生的"学"转变,重视研究性学习和合作学习,强调学生学习兴趣的激发和自主性的培养。如盲校课程方案就明确提出对盲生和低视力学生实行分类教学,对有其他障碍和需要个别矫正的视障学生,要给予专门指导和个别矫正,在学习方法指导上,各门课程要结合本学科特点,注重调动盲生多种感官参与学习等;培智学校的课程方案要求学校应全面推进个别化教育,为每个智力残疾学生制订和实施个别化教育计划;聋校的课程方案不再坚持口语法为主的提法,而是强调根据聋生的不同情况,选择最适合于聋生语言发展需要的方式进行教育和训练,在教学方法上,强调以人为本,采用多元的沟通、交往方式和教学方式。

(五)课程管理

课程管理上,既注意面向全体学生,又注意根据不同地区、学校和学生的个体差异,增强课程的选择性和灵活性。主要是通过增加课程课时弹性比例,扩大校本课程开发空间,增加选修课程等方式加以实现。譬如,聋校课程方案明确要求"学校应创造条件,积极开设选修课,开发校本课程";培智学校课程方案"选择性课程"占整个课程比重的 20%～30%,且课时比例的选择弹性很大;盲校的校本课程和其他选择性课程也占到 15.1%。

### (六) 课程评价

课程评价上,提倡建立多元化、科学的课程评价体系,发挥评价的诊断、激励和导向功能,促进课程建设和教学改革,促进学校、教师和学生的发展。

## 三、《实验方案》的评价与反思

这次教育部下发三类特殊教育学校课程设置《实验方案》,对于转变一线校长和教师的特殊教育观念,解决特殊教育学校课程落后于时代发展、不适应残障儿童少年身心特点等主要矛盾,推动特殊教育学校课程和教学改革,提高特殊教育教学质量,从而促进每一个残障学生全面、和谐的发展,必将产生重大而深远的影响。但从完善与实施我国三类特殊教育学校《实验方案》,做好课程标准和教科书等课程建设工作的角度考虑,以下几个问题需要我们进一步反思与改进。

### (一) 关于课程目标与课程功能

《实验方案》的课程目标及其要求集中体现在培养目标上。从理论上看,义务教育阶段聋校与盲校的培养目标及素质规格要求与普通中小学应无本质差别(至少文科要"基本达到"或理科要"基本接近"),这是义务教育的基本性质所决定。但实际上,特殊教育学校的学生用九年时间整体、全面达到义务教育培养目标及规格要求(特别是学科知识掌握的宽度与深度),是很困难的。由此,盲校的《实验方案》采取的解决办法是增加实际总课时数,而聋校的《实验方案》则是适度降低课程的知识标准。这两种做法尽管实事求是,但法理上均站不住脚。那么,怎样才能较好地解决这一课程建设的两难问题呢?一是延长特殊教育义务教育阶段的学制或实行弹性学制(这当然要通过特殊教育立法加以确立)。再者,就是在特殊教育学校课程改革上确立新思路:淡化学科(但至少聋校和盲校各科课程标准要达到义务教育阶段各科教学的底线要求),回归生活,发展能力,有效教学。

三类特殊教育学校的《实验方案》都将"开发学生潜能"作为课程设计的新理念和重要原则,并在课程研发上进行了积极的探索,这无疑是课程理念和课程实践的一次飞跃和重大进步。但从课程设计和实施的角度看,仍有一系列的问题亟待解决,譬如,不同类型残障学生的潜能包括哪些内容,如何诊断和发现,课程如何整体开发学生的潜能,等等。这些问题如果不搞清楚,"开发潜能"可能就是一句空话,或者至多是一种美好的教育理想和愿望。所以,我们一方面要在今后加强不同类型残障学生的潜能研究,探明残障学生潜能开发的规律和方式;另一方面,我们要加强教师培训,引导教师结合各科教学,积极在教学实践中进行探索,并根据残障学生潜能的个体差异生成个性化的课程和教学模式(其实潜能开发是相当个别化的,因为每一个人的潜能类型和区域可能是完全不同的),最大限度地开发学生潜能。

(二)关于课程内容和课程设置

选择什么样的内容,才最适合于不同类型的残障学生?课程是学科知识本位,还是生活本位?对于这些问题,尽管课程设计者们做了较为深入的思考和探索,努力使课程从学科知识中心向儿童生活中心回归(这种回归不是要否定学科知识,而是强调知识的获得和形成是儿童生活经验自主探究和主观建构的过程及其结果),但是应当看到这些探索仍有一些不尽如人意的地方。譬如,盲校的《实验方案》(个别学科)在选择内容时,不够注意盲生的身心特点(如因视觉障碍导致认知视觉表象匮乏等),而过多地选择视觉形象为主的内容及材料等;再如,主张"以生活为核心"的培智学校课程方案,无论是课程门类的确定(我们姑且不论"一般性课程"与"选择性课程"的分类是否科学),还是课程的逻辑展开,最终还是没有从根本上扬弃学科知识本位的课程观(即课程方案仍是按"语文"和"数学"学科进行分类和开设的)。尽管课程设计者希望在课程方案实施时,学校和教师能根据生活的需要,打破学科界限,以综合课程来组织和实施教学,[7]但如何综合和展开,课程设计者并未提供可操作的方案。所以,"以生活为核心"的培智学校课程还有待在今后的课程实施中继续探索和完善。

在课程内容的组织与展开上,盲校和聋校课程方案的内在逻辑应当根据残障学生身心发展的规律螺旋形地展开,但什么是残障学生的身心发展规律?譬如,聋生具体形象思维向抽象逻辑思维过渡的时序与正常儿童是一样的吗?如果聋童的抽象思维发展的时序迟于正常儿童,那么课程中学科知识(特别是抽象知识内容)的逻辑展开是否应做稍后安排(这样做,就可能大大减少聋生学习抽象学科知识而出现的理解困难和学业失败)?遗憾的是,迄今聋童心理学对于这一类问题并未作出深入和科学的解释,这就使得聋校的课程内容及其逻辑展开缺少足够的科学依据和理论支撑。

(三)关于课程实施

课程实施关系到学校校长、教师和家庭、社会心理及课程资源配套等诸多因素。实践表明,课程改革方案若不能得到有关方面的重视、理解和支持,若没有足够的课程资源(包括经费、设备、教材、影像资料、网络及信息等资源)予以支撑,课程改革方案的实施就会相当困难。那么,如何才能使课程方案在实施过程中尽量不变形、不走样,从而确保课程目标最大限度地得以实现?

首先是各级教育行政机关要加强校长的培训。关键是要通过校长培训,使校长在全面准确地把握《实验方案》精神实质的基础上,结合本地区、本学校的实际和学生的特点,制订出切实可行、科学合理的学校实施课程方案的总计划和总课表等,这样,才能确保《实验方案》在学校层面得到全面、严格地执行。

其次是加强教师的培训。课程的实施归根结底是靠学校的全体教师。因此,学校应组织教师加强课程方案和课程理论的系统学习,帮助他们从思想上搞清楚课程方案的基本理念和整体结构,立足课程整体把握自己所教学科(目)的地位和作用,提高教师的课程意识和课程开发能力,以使教师能在学科教学中最大限度地将课程方案的整体要求转化为个体的自觉实践,确保课程目标在教学实践中得以全面实现。

再次是加强校本课程建设和校本研究,推动特殊教育学校教学改革的深入进行。三类特殊教育学校课程,除了盲校课程是国家课程、地方课程和学校课程三级管理外,聋校和培智学校课程实际是由国家课程和学校课程两大类构成,因此,如何建设校本课程就成为课程实施的一个重点。但目前的情况是特殊教育学校的校本课程开发各自为政,比较无序,且水平不高。所以,有必要以省为单位,至少要以大城市教研室牵头,组织学科、课程专家和一线教师,加强对特殊教育学校校本课程的研究、指导和组织,提高校本课程的建设水平。再如三类特殊教育学校"综合实践活动"课怎么开,聋生和盲生如何进行研究性学习,个别化教学、合作教学如何与分类教学和小班教学等方式优化组合为最佳教学模式,如何加强信息技术在特殊教育中的应用,等等,这些都是课程改革提出的新课题。特殊教育学校要善于通过这些(校本)课题研究,促进学校深化教学改革,提高教学质量。

最后是保证课程实施需要的各种资源的配备。譬如与康复课程相配套的功能康复训练设备、器材、场地、实训教室、资源教室和特殊软件等。再如一些新开设的综合性课程(如"科学"、"沟通与交往"、"康复"等课程)的教师从哪来?课程建设和功能训练教室及设备添置等所需的大量经费如何保障?这些与课程实施相配套的资源、设施等若不到位,课程的实施及效果是要大打折扣的。所以,政府及教育主管部门必须加大经费投入,加强与课程实施相配套的设备等硬件建设和教师培训,以确保课程有效实施。

(四)关于三类特殊教育学校课程方案的前瞻性和包容性

当融合(全纳)教育已成为国际教育发展的重大趋势时,我国的《实验方案》仍是按三类特殊教育学校分别加以开发的,尤其是《实验方案》在课程设计的理念和原则上体现和借鉴融合教育理念的方面还是不够的。再如我国的特殊教育学校已从单一类型向综合化方向发展,但《实验方案》并未更多地考虑同一特殊教育学校里其他类型残障学生的特殊需要,尤其是对随班就读的残障学生关照不够,因而课程的包容性还显不足,这些都需要在今后的课程改革中进一步加以改进和完善。

**参考文献**：

[1] 张福娟,马红英,杜晓新.特殊教育史[M].上海:华东师范大学出版社,2000:215—234.

[2] 朴永馨.特殊教育辞典[M].北京:华夏出版社,2006:69.

[3] 朱慕菊.走进新课程——与课程实施者对话[M].北京:北京师范大学出版社,2002:1.

[4] 程益基.以生为本,构建聋教育课程新体系[J].现代特殊教育,2007(4):6.

[5] 钱志亮.努力构建有中国特色的视力残疾儿童义务教育课程体系[J].现代特殊教育,2007(5):4—5.

[6][7] 许家成.以生活为核心,满足智障儿童发展的特殊需要[J].现代特殊教育,2007(6):4—6.

（原文发表于《中国特殊教育》2009 年第 10 期）

# 第五篇

# 特殊教育教师

特殊教育师资培养与培训是特殊教育发展中的一个核心问题。近些年来,世界各国普遍展开了特殊教育领域内的教师教育研究,以期通过教师教育改革和教师专业化来提高特殊教育教师的职前培养与职后继续教育水平,从而为本国特殊教育的发展提供高素质的师资力量。我国特殊教育领域内的教师教育研究还相对滞后。然而,一些研究者近些年来已经开始自觉地关注特殊教师教育改革与特殊教育教师专业化等问题,相关的研究成果已逐渐形成规模,对推进我国特殊教育的教师教育改革,探索多元的师资培养模式,提升我国特殊教师教育研究水平起到了重要的作用。

本篇共编选了8篇文章。《专业化视野下的特殊教师教育——关于特殊教师教育培养目标和培养模式的研究》从教师专业化理论的视角,结合三年制专科特殊教师教育实践,对特殊教师教育专业化发展的必要性、特殊教师教育培养目标和培养模式进行了开拓性的思考。《特殊教育教师培养目标、课程与培养模式的比较研究》一文则从另外一个视角——比较研究的角度,分析了国内外特殊教育教师的培养目标、课程与培养模式等问题。《我国特殊教育师资职前培养模式研究的回顾与展望》分析了特殊教育师资职前培养模式研究的过去、现在,并对未来发展做出了展望。《中国教师专业化研究对特殊教育师资培养的启示》一文从特殊教育教师的资格认定、培养方式等方面阐述了特殊教育教师的专业化问题。《三年制专科特殊教育专业培养目标和规格研究》基于三年制专科特殊教育专业的特点,提出应用型复合性人才培养的基本定位,在此基础上具体地分析了人才培养的基本规格所应达到的要求。《专业化视野下的随班就读教师:困境与出路》从教师专业化的视角来分析随班就读教师,认为从目前来看随班就读教师还不算真正意义上的专业化教师,并尝试构建和提出随班就读教师专业化的路径与方法。《对随班就读教师差异教学能力构成的分析》一文将视角聚焦于普通学校里的随班就读教师,认为差异教学适应了特殊教育发展对教师教学能力提高的要求,并通过一般意义上的教学能力结构模式构建出了随班就读教师的差异教学能力构成模型。《全纳背景下的教师教育改革》一文从全纳教育的视角出发来思考未来全纳型教师的养成问题,并提出在未来全纳教育持续发展的背景下,我国的教师教育改革应该是全方位的,它涉及全纳型教师的职前培养、教师任用与职后继续教育等各个环节。

# 专业化视野下的特殊教师教育
## ——关于特殊教师教育培养目标和培养模式的研究

丁 勇

自1966年联合国教科文组织与国际劳工组织在《关于教师地位的建议》中把教师职业确立为专门职业以来，世界各国都把教师专业化作为提高教师队伍质量的主要措施和基本策略，教师专业化已成为世界教师教育发展的趋势与潮流。20世纪90年代中期开始，我国亦顺应世界教师教育发展大趋势，把教师专业化确定为我国教师教育改革与发展的战略目标和主要任务，积极加以推进。随着教师教育向着专业化方向发展，关于教师专业化的理论研究方兴未艾。但是，从教师职业专业化的角度研究高等特殊教师教育的并不多见。从实践进展的情况看，随着三级师范向二级师范的过渡，国内为数不多的中等特师（如南京特师）在独立升格后，已开始进行三年制专科特殊教育教师培养（高中后起点的）的探索。因此，开展高等特殊教师教育的研究，不仅具有理论价值，而且具有重大的实践意义。本文结合三年制专科特殊教师教育实践，从教师专业化理论的视角，主要对特殊教师教育走向专业化的必要性、特殊教师教育培养目标和培养模式作一番探索和研究。

### 一、特殊教育教师专业化和特殊教师教育走向专业化的必要性

所谓专业化视角就是运用教师专业化理论对特殊教师教育现象及其本质进行研究的角度、分析模式和方法，研究的主要内容包括特殊教师教育专业化发展取向及其意义、特殊教师教育培养目标、课程和培养模式及其途径等。在这里，我们首先从专业化的视角对与特殊教师教育专业化相关的几个基本概念和意义做一梳理，为后面的讨论提供基础。

（一）教师职业是一种专门的职业

这是因为教师职业作为一种培养人的精神活动，具有复杂性、灵活性、创造性、长期性和长效性等基本特点。这些本质特点决定了从事教师职业的人必须经过专门训练，在专业道德、专业知识和专业能力方面达到教师专业资格法定标准，成为专门人员。所以，教师职业被视为一种专门职业，至少应是一种正在成熟过程中的

准专业[1]。

(二)特殊教育是一种专业化要求更高的专门职业

特殊教育是以残疾儿童少年作为教育对象的一种培养人的活动,因此较之普通教育而言,更为复杂。所以,作为一个从事特殊教育的教师,除了应掌握教师所共同必备的知识、能力和技能之外,还应掌握关于残疾儿童身体、心理、医学、康复、社会等多方面的知识,具有对残疾儿童身心缺陷进行诊断、评估及教育、康复等更为综合化、个性化和精细化的特殊教育能力。也就是说,特殊教育职业是一个对教师专业化要求更高的专门职业。

(三)特殊教育教师专业化

专业化是一个社会学的概念,其含义是指一个普通职业群体在一定时期内,逐渐符合专业标准、成为专门职业并获得相应的专业地位的过程。教师专业化是指教师在整个专业生涯中,通过终身专业训练,习得教育专业知识技能,实施专业自主,表现专业道德,并逐步提高自身从教素质,成为一个良好的专业工作者的专业成长过程。[2]关于教师专业(化)发展过程及阶段划分的理论研究较为丰富,有"关注"阶段论(富勒)、教师职业生命周期论(伯顿、费斯勒、休伯等)、心理发展阶段论(利思伍德)、教师社会化发展阶段论(莱赛)和综合阶段论等。根据上述教师专业发展的理论对特殊教育教师职前培养活动进行分析,我们认为,在职前培养阶段,特殊教育教师专业化是指一个师范生通过专门训练,实现培养目标及规格标准要求、形成合格特殊教育教师所应具备的专业素质和专业资格的培养和成长过程。

(四)特殊教师教育走向专业化是提升特殊教育教师专业化水平的迫切需要

特殊教育职业要求从业教师具有更高的专业素养(如前所述),但从我国特殊教育学校教师的现状来看,特殊教育教师专业化发展水平不高是一个突出的问题,主要表现在以下几个方面。

1. 特殊教育教师学历层次偏低

世界许多国家不仅要求特殊教育教师至少必须具备本科学历,而且必须持有教师资格双证,方能上岗。但是,我们的调查表明[3],我国特殊教育教师的学历层次明显偏低:在所调查的3 207名教师中,中师学历的1 292人,所占比例40.3%;专科学历的1 394人,占43.6%;本科学历的505名占15.7%;硕士2名,占0.06%。

2. 特殊教育教师的专业素养不高

主要表现在:(1)特殊教育学校教师接受过特殊师范教育专业训练的教师仅占教师总数的27.5%。(2)特殊教育教师专业知识和专业技能明显不足。这从校长对教师专业知识和技能的两个选项的评价中可以看出,其中教师掌握专业知识一项,校长认为教师掌握"丰富"特教专业知识的仅占3.9%,"一般"的占到33.9%;特教技能一项,教师特教技能"强"的3.9%,"一般"的竟达40.8%。因此,导致相当一部分教师不适应特教教学。(3)特殊教育教师运用信息技术和教育科研的能力比较薄弱。

3. 特殊教育教师专业化缺少专业组织支撑和制度保障

由于缺少制度保障和充分的专业、学术及信息交流,特殊教育领域相对比较封闭,观念比较落后,教师专业化发展动力和后劲不足。导致特殊教育教师专业化水平不高的原因是多方面的,但特殊教育师范院校办学水平不高是一重要原因。因此,以专业化引领我国特殊教育教师教育改革与发展,提升特殊教育师范院校的教育质量,不仅是提高我国特殊教育教师专业化整体水平的迫切需要,也是教师教育专业化共性发展规律的必然要求。

## 二、特殊教师教育培养目标和培养规格——专业化的标准和内容

特殊教师教育培养目标和培养规格是决定特殊教师教育人才培养方向和培养质量的根本因素,也是特殊教育未来教师实现初步专业化的基本标准和具体内容。特殊教育职业对教师专业化提出了更高和更复杂的要求,因此,我们在思考和确定特殊教师教育的培养目标及规格和专业化具体内容时,除了应把教师所应有的共同素质[4]考虑在内之外,还应把特殊教育职业所特别需要的专业道德、专业知识和专业能力纳入培养目标和专业化的整体建构中。具体地说,特殊教育教师培养目标和特殊教育教师专业化目标应包括以下几方面内容。

(一) 特殊教育教师应具有崇高的专业道德和良好的个性品质

特殊教育是一项崇高但又复杂的育人事业,因此,它要求教师除了具备教师应有的共性职业道德,如高度的责任感、敬业爱岗、为人师表等之外,还应形成以爱心为核心、以生命关怀为基本内容、以正确的人生观和价值观为导向的职业操守。我们认为,一个特殊教育教师,如果没有对人及生命本质的深刻认识和对生命形成一种厚重的人文关怀和情感体验,那么,就很难对人及其教育事业产生一种持久而深刻的热爱和忠诚。热爱,"是教育素养中起决定作用的一种品质","培育教师、教养员的情感便是高度教育素养的实质所在"(苏霍姆林斯基)。因此,对于一个特殊教育教师来说,最重要的专业道德品质之一,就是要在深刻认识和感悟生命本质过程中,逐步体会到生命的价值和教育工作的价值,进而产生一种对人及教育事业深深的热爱和为之奋斗终生的崇高理想及信念,并将信念逐步固化为教师的人格品质。作为特殊教育教师,还应具有公正、平等、尊重、非歧视性、在职业实践中客观评估、强烈的团队合作意识等职业道德。此外,还应具有良好的个性品质,这包括积极向上的工作动机,正确的自我意识和自我评价、耐心、恒心、坚韧、平衡、泰然、自信、幽

默、机智和良好的心理调适、调控能力等积极健康的个性品质。[5]这些专业道德和个性品质"合金"形成教师人格发展的动力机制和个性色彩,引导和规范着教师成"人"、做"人"的方向、内涵和品位。

(二)特殊教育教师应具有较为精深的、复合性专业知识结构

一般认为,教师的专业知识结构由三部分构成:普通文化知识、所教学科知识、教育学科知识。普通文化知识的功用在于潜移默化地积淀师范生的人文底蕴,这对于他们形成人文关怀的态度极为重要;所教学科知识主要解决"教什么"的问题;而教育学科知识主要帮助师范生学会"如何教"的问题。特殊教育未来教师除了应具有比较广博的普通文化知识外,还应在所教学科知识和教育学科知识方面具有"复合性人才"所应具有的复合性的学科知识结构。首先是在所教学科知识上,师范生必须较为精通和系统地掌握一门所教学科(主修学科)的基本知识和基本原理,同时还应大致了解或粗晓另一门辅修学科的基础知识。如特殊教育专业的师范生,应具有在学校教一门主课(语文或数学)的学科知识,同时又具有对残疾儿童进行教育康复训练的知识;再如,面广量大的农村特殊教育学校的音、美教师不仅要会教艺术(音、美),还必须能教一门文化课。其次是在教育学科知识方面,要根据特殊教育学校从单一的某一类残疾儿童(如盲校、聋校)向多类残疾儿童集于一体的综合性学校发展的需要,按照"一专为主,多科相通"的原则设置特殊教育专业课程。通过训练,使师范生不仅精通一类残疾儿童的教育和训练,同时还大致知晓其他几类残疾儿童的缺陷状况、身心特点、评估、诊断、评价和教育及康复训练等方面的知识。这种两个学科和教育学科双重复合的复合性人才适合在多个教学岗位进行教学,具有较宽的职业适应面,因此深受特殊教育学校的欢迎。

(三)特殊教育教师应具有娴熟的专业能力和技能

作为一个特殊教育教师,其应是一种应用性人才。所谓应用性人才是具有较强实践能力和创新能力的人才。特殊教师教育培养应用性人才(教师)是特殊教育职业本质特点的要求。特殊教育与医学相似,具有很强的临床性,要求教师应在大量教育个案的基础上形成"临床"经验。因此,特殊教育未来教师除了应具备较强的"三字一话"(基本功)、教学设计、教学组织、应用教学媒体和信息化教学、教学评估、班级管理、教育活动、终身学习、反思能力、教育科研等教师的基本专业能力、技能和教育智慧外,还需具备较强的从事特殊教育职业所应有的特殊专业能力和技能,主要包括:认识和了解残疾学生身心特点的方法;使用特殊(专门)的评估工具进行客观公正诊断和评价的能力;在评估、了解学生基础上,根据学生身心的不同特点制定课程及教学计划(个别化教育方案),选择合适的、有利于满足学生身体、认知、语言、情感、交往、生活能力等多方面发展需求的教学模式、策略、方法、器械、

信息技术等进行教学及康复训练的能力,包括熟练运用手语、盲文技能;设计、创建教与学的环境(如资源教室),并善于灵活依据实际、变通地利用环境及专门技术对残疾学生进行教育教学的能力;创设社会性的互动环境,形成学生社会交往和社会性发展的技能(如心理辅导和行为矫正),促进学生的社会行为和自我(自尊、自信)的发展;开展家庭教育、运用社区资源及与学生、家长、同行、其他专业人员进行沟通和合作的技能;参与特殊教育专业组织活动的技能等。[6]特殊教育教师的能力结构作为教师人格的重要组成部分,是教师共性专业能力和特殊教育个性能力的立体建构和多维统一。

### 三、特殊教师教育培养模式——专业化的方式和途径

特殊教育师范院校应以培养知识基础较为宽厚、人文素养和综合素质较高、实践能力和创新能力较强、职业适应面较宽、一专多能的特殊教育教师为其根本宗旨。为了实现这一培养目标,促进师范生专业发展,特殊教育师范院校应以专业化为其方向和基本内容,形成特殊教育教师培养模式和培养途径。下面,我们结合南京特殊教育职业技术学院近几年的改革实践,从三方面对我们在建构"人格化[7]、复合性、应用型特殊教育教师"培养模式中所做的探索作一介绍。

在德育和教育观上,根据"人格化、复合性、应用型特殊教育教师"培养目标及规格的要求,以对人及生命本质形成厚重的人文关怀为核心内容,以终身追求丰富的精神生活为价值取向,以培养博爱自强、健康向上的人格为根本目的,全面进行德育、课程改革和校园文化建设。首先是积极进行德育改革,逐步形成以人文关怀教育及情感体验(主要包括爱心教育、生命教育、生涯教育、人生观和价值观教育等)为主要内容,以"两课教育"为主阵地,以课程教学、社会实践和校园文化建设为重要途径的"人格化"德育体系,努力塑造热爱生命、热爱事业、学会关心、学会合作、自强不息的健全人格。其次是积极进行以素质教育为导向的课程改革,加大人文教育课程的比重,开展"双休日"综合素质系列讲座(邀请一些人文、社会和自然科学领域的著名专家、教授来学院讲座,每周一次,总计学分),努力用广博的普通文化知识,为师范生的专业成长注入深厚的人文底蕴。再次是积极开展校园文化和学习型校园的建设,营造高品位的校园文化和浓厚的学习氛围,努力用高品位的文化培养高品位的师范生。

在课程上,根据"人格化、复合性、应用型特殊教育教师"培养目标及规格的要求,通过实行主辅修相结合的模块化、综合化和弹性化的课程模式,促进师范生在人格素质全面养成的基础上实现专业的复合性发展。国外在特殊教育教师培养上一般采取两种模式:一是学科教育加特殊教育专业模式;二是师范教育加特殊教育专业模式。而我们要在三到四年的时间里实现人格化、复合性、应用型人才的培

养,课程建设中课程门类、内容偏多与培养时间偏短的矛盾十分突出,学生专业实践能力的训练缺少课时保证。因此,在课程建设的思路上,我们确立了"整体设计,有所侧重,有所为有所不为"的指导原则。首先是按照培养目标及规格的整体要求(或者说是按照人格养成和专业素养形成的共同规律要求)对课程进行整体设计。根据人才培养规格的横向结构(人格结构中的德、知、能联系)和纵向结构(人格素质形成的时间、逻辑顺序)的整体联系,整体建构课程体系,加强课程以及课程之间横向与纵向的整合、渗透和联系,提高课程的集约化、综合化和系统化程度,促进课程形成多维、立体、系统的整体影响力,以使学生在比较宽阔的知识背景和比较深厚的知识基础上进行知识的融会贯通、能力转化、智慧生成和教师人格素质的全面养成。其次是在课程的内容和课程结构的设计中,根据"有所侧重"的原则要求,通过主辅修制,以实现"复合性人才"学科知识复合的培养要求。譬如特殊教育专业(其他学科亦然),主修学科是特殊教育专业,主要由十余门专业基础课程和专业方向课程构成,辅修学科是文科课程或理科课程,由2～3门从事学科教学所必备的学科科目所构成。无论是课程的门类数量,还是课程的时间,主修学科所占比重都比辅修学科要高,这样既突出了主修学科,又兼顾了辅修学科,同时也为人文课程、实践性课程和教学实践提供了课程空间,确保了人格化、复合性、应用型人才培养目标的实现。再次是通过学分制、选课制、重修制等教学制度的改革,实行必修与选修相结合,增强课程的方向性、选择性、多样性和灵活性(或者说是弹性),以适应学生的个别差异及不同需要,促进他们特色(长)化、多样化发展。譬如特殊教育专业在专业平台课程的基础上,通过设置若干个专业方向(盲、聋、弱智等)课程模块,文、理学科课程模块,通识以及选修(限选与任选相结合)等课程的方式,引导师范生在基本的知识基础上,逐步拓宽和加深专业知识,提高专业水平和综合素质,实现一专多能。

　　在教学上,根据"人格化、复合性、应用型特殊教育教师"培养目标及规格的要求,加强教学改革和实践环节,着力培养师范生的终身学习、教学反思、教育教学实践和教育创新能力。首先是加强师范生的职业定向教育、信息技术教育和学法指导,使学生一进校就明确专业学习方向,学会运用信息平台和信息技术进行终身学习。其次是加大教学改革的力度,加强实践能力的训练。如开设系列专业讲座(邀请国内外知名特教专家来学院做关于专业发展前沿知识的讲座),增加教育类课程和实践性课程的比重,提高教学法课程的综合化程度,尝试运用以"案例教学"为主要形式改革教育专业课教学,采取措施鼓励师生到特殊教育学校和家庭开展残疾儿童的个案研究和训练,等等。通过这些教学改革措施使师范生开阔视野,更新观念,积累经验,形成初步的教育实践能力。再次是以见习、实习为主线,以强化校内教学实践(教学基本技能过关、教材分析、说课、试讲、小讲课、评估诊断与学做个别化教学方案等)训练为主要形式,加强实践环节和学生的教学反思活动,引导师范生理论联系实际,在实践的基础上举一反三、触类旁通,生成智慧,不断提高教育创新和教育实践的能力。

**参考文献:**

[1] 顾明远.师范教育的传统与变迁[J].高等师范教育研究,2003(3):3—5.

[2][4] 教育部师范教育司.教师专业化的理论与实践(第2版)[M].北京:人民教育出版社,2003:11,32—50,68—72,51—67.

[3] 李泽慧.特殊教育学校师资现状的调查与分析——对我国特殊师范教育的反思[J].南京特教学院学报,2004(4):9—12.

[5] 史宁中,等.教师职业专业化:21世纪高师教育持续发展的生命力[A]//教育部中外大学校长论坛领导小组.大学校长视野中的大学教育[C].北京:中国人民大学出版社,2004:199—210.

[6] 华国栋.特殊教育师资培养问题研究[M].北京:华夏出版社,2001:79—84.

[7] 朱嘉耀.走向人格化[M].南京:江苏教育出版社,2002:23—28,158—193.

(原文发表于《中国特殊教育》2006年第10期)

# 特殊教育教师培养目标、课程与培养模式的比较研究

丁 勇 陈 岳

近几年来,随着三级师范向二级师范的迅速过渡,一批中师升格为高师。由于学校的层次、性质和培养对象发生了重大变化,升格后的中师面临的一个突出问题,就是如何按照高等教师教育的特点、规律的要求重新思考和明确培养目标(即培养什么样的教师)、课程(用什么内容培养)和培养模式(如何培养)这三个基本问题。从理论上弄清楚这些问题,对于一批从中师升格的学校提高人才培养质量,具有重要的意义。本文主要从比较研究的角度,运用比较的方法,着重对国外特殊教育教师培养目标、课程和培养模式进行研究,希望通过研究,为我国高等特殊教师教育的改革与发展提供有益的启示和经验。

## 一、特殊教育教师培养目标的比较

培养目标是人们对人才培养质的规定和标准的一种思考及认识。这一认识的深刻、正确与否从根本上决定着人才培养的方向、内容、进程和质量。因此,我们在对特殊教育教师的教育进行比较研究时,首先应对特殊教育教师培养目标这个人才培养的根本问题作一番比较分析,这对于进一步明确我国特殊教育教师的培养目标,具有重要的意义。总体来看,各国对特殊教育教师培养目标的认识及表述不尽相同,但共同方面是都遵循教师教育专业化发展的一般性规律和共性要求来确定培养目标。由于特殊教育培养对象的特殊性(如身心残疾)和特殊教育活动的复杂性,所以,特殊教育教师培养目标上的规格要求与普通教师培养目标相比,无论是在专业的知识方面,还是在专业的技能方面,都有着更高的标准和更复杂、更特殊的要求。

(一)学历要求高

各国对从事特殊教育的教师的学历要求普遍较高。许多国家特殊教育教师资格的任职起点学历是大学本科四年加特教专业课程培训一到两年,实施教师资格双证书制度,即从事特殊教育职业的教师,不仅要具有普通教师资格证书,还必须

具有特殊教育教师资格证书。有的国家(如美国)在某些特殊教育职业(如语言治疗师、物理治疗师)的任职资格标准上,规定至少应具有研究生以上学历。

(二)专业素养的要求

从事特殊教育的教师要具备这一职业所必需的专门知识、专门能力、技能和职业道德。以美国特殊教育教师从教资格标准为例(详见美国特殊儿童委员会1995年制定的《每个特殊教育者必须知道什么——有关特殊教育教师准备和资格的国际标准》),美国以立法的形式,从八个方面非常具体地规定了从事特殊教育职业的教师在知识、能力和技能方面所应达到的专业资格水准。这八个方面包括:(1)特殊教育的哲学、历史和法律基础知识。①从历史的角度了解特殊教育理论的流变和发展;知道历史上曾经做过的经典研究,对推动学术发展有重要贡献的代表人物;知道当前及未来发展中有影响的不同学术观点和争论的焦点。②了解并能执行国家关于特殊教育的法律、法规和政策。③明确本专业的基本概念,包括特殊教育名词术语的定义、鉴定标准、各类残疾儿童目前的发生率和流行率。④了解特殊教育的安置体系和服务体系。(2)关于学习者特征的知识和技能。①学生的缺陷及致残原因,缺陷对学生教育、心理、职业安置和个人生活、家庭的影响。②学生心理包括认知、概念、记忆、语言、情感、运动技能等方面的发展特点。③关于教育、医疗、学校、家庭和社会各部门向学生提供专门帮助方面的知识。(3)具备评估、诊断、评价方面的知识和技能。①掌握评估的专业术语,恰当、公正地运用评估、诊断工具及程序。②正确利用评估、诊断结果,制定个别教育计划,适当地选择教育安置形式和进行教育活动。③严格遵守评估所涉及的道德规范和法律规范,同时要具备依据评估结果对学生、家长提出建议的能力。(4)在教学内容和教学实践方面所应具备的知识、技能。①强调教师要具有根据不同类型、不同学生的特点选择、设计不同的教学内容、方法、结构、策略和模式的能力等;强调根据学生的不同需要,开发出满足学生身体、认知、语言、情感、交往、生活能力等各方面发展需求的课程。②教师要具有一定的教研能力。(5)具有教学环境设计、管理方面的知识和技能。①教师要具有为不同的残障学生设计、创设理想的、适合于学生发展的教学硬环境(校园、教室)和软环境(教具、学具、教学技术等)的能力,动手能力较强。②教师在教学设计、教材处理、教学管理等方面要善于根据学生的实际情况和需要及时做出调整,具有较强的灵活性和变通能力。③教授不同类型残障学生的教师还要具有特殊的知识和技能,如从事情绪和行为障碍教育的教师要懂得记录学生的行为变化等。(6)在形成学生行为和社会交往方面应具备的知识和技能。学生的社会性发展是其进入社会的必要条件,但残障学生往往在行为、社会交往等社会性发展方面存在异常和困难,因此,特殊教育的教师要具有形成学生行为和社会交往技能、帮助学生适应社会的知识和技能。这其中包括了解残障学生个体行为问题的理论、身体缺陷对行为的影响;具有创设有利于学生社会交往和社会性发展环境的能力;懂得在管理上应减少干预,具备增进学生自尊、自信、回应社会的积极态度和行动上的自我促进的方法及能力等。(7)在交往与合作伙伴关系方面具有与家长、其他专业人员、社区人员打交道的社交与合作的能力以及利用各种社会资源的开放意识及能力。(8)特定的职业品质与职业道德规范。除了强调特殊教育教师要尊重、爱护和关怀学生外,还特别强调教师具有公正、正直、平等、无文化和种族歧视等品质。在知识产权和专业团体组织规范方面,要求教师在职业实践中客观地进行评判,以道德方式使用已获得版权的教育资料,并在法定的特殊教育教师资格的道德标准和其他专业标准及政策范围内工作等。

(三) 启示

通过以上的分析,我们在思考和确定我国特殊教育教师培养目标时,至少可以得到以下几点启示:(1)特殊教育教师必须具有较高的特教理论素养和政策、法律知识素养。一个特殊教育教师不仅要从历史的角度弄清楚特殊教育理论的流变、发展、学派、观点和学术前沿,而且还要具有高屋建瓴的哲学概括和理论思维能力;不仅要了解特殊教育的各种术语和各类残障儿童发病率,还要熟悉与残障儿童相关的各种法律、政策。只有这样,才能在正确的理论指导下,驾驭纷繁复杂的特殊教育工作,确保教育工作在法制的轨道上顺利运行。(2)特殊教育教师必须具有很强的专业能力和技能。这是做好特殊教育工作的基本条件和重要保证。特殊教育的专业能力、技能包括对各类残障儿童身心特点的了解;对各类残障儿童进行诊断、评估和制定个别化教育计划的能力;灵活应对不同学生的需要,应对教学内容和瞬息多变教学情景的变化的能力;教学环境设计和管理的能力;形成学生社会交往和社会性发展能力的技能;开展家庭教育和运用社区资源的能力等。在特殊教育教师的培养过程中,我们必须着力培养特殊教育教师的这些专业技能。(3)特殊教育教师要有较高的职业道德规范和人格素养。尤其是公正、公平、平等、正直、尊重、关怀、团队合作的理念和品质,更是我们在教师培养中,应给予高度重视的。

## 二、特殊教育教师培养课程的比较

培养目标决定课程,同时培养目标的实现又依赖于课程和教学。课程是实现人才培养目标、具有灵魂性的知识载体和保证。课程质量决定人才培养的质量。因此,在思考特殊教育教师教育改革与发展时,我们要把课程作为一个基本问题加以比较研究。

(一) 课程模式

世界各国的特殊教育教师培养的课程可分为五种模式。(1)能力本位模式。

这种课程模式强调教师专业能力的培养。作为特殊教育教师,其专业能力不仅包括教师所共有的一般性能力,还包括特殊教育的专业能力。(2)教师资格证书导向模式(如美国)。这种课程设置是以国家制定的教师资格标准为依据,课程的内容是以人才培养全面达到法定的教师资格标准为目的。(3)教师教育一体化模式(如英国)。这种课程模式以终身教育的观点为依据,把教师职前教育和职后教育结合起来,职前教育强调课程的系统性,职后教育重视课程的拓展性、针对性和灵活性。(4)儿童本位课程模式。这种课程模式以儿童及其需要为中心建构课程,因此,除了一般规定外,特别强调儿童的需要、经验和主体积极性在课程建构中的作用,加大了治疗、矫正、运动体验和运动行为的课程功能。(5)知识与技能并重课程模式(如俄罗斯、瑞士)。这种课程的基本理念是:知识的基础促进能力的发展,能力或专业的发展依赖理论的支持。因此,课程设置的一般原则是使教师从思想、知识、能力、技能均处在一种自觉的主动状态,以使他们能灵活应对各种情况。

(二) 课程结构

各国特殊教育教师培养课程结构因人才培养模式的不同而不同,大致亦有以下几种模式。(1)俄罗斯模式。采用师范类课程加特殊教育专业课程模式。师范类课程(主要包括一般文化类课程的全部和部分心理教育类课程)是普通教育的师范生和特殊教育的师范生共同学习的,心理教育类的另一部分课程和特殊教育专业课程,是特殊教育学生必须学习的。(2)美国模式。自20世纪90年代以来,美国的特殊教育教师培养课程发生了向综合化方向发展的趋势,如课程不再为某一种特殊儿童开设,而是针对某一类障碍,譬如言语障碍可能会在多种学生中间存在,因此教师培养课程可以有针对性地开出综合性的课程(如沟通、非口语交流等课程)。(3)英国模式。英国从事特殊教育的教师必须在获得一般教师的教育证书和教师证书的基础上,再获得特殊教育证书,因此,英国的课程结构是学科专业课程加特殊教育专业课程的结构模式。

(三) 启示

综观各国特殊教育教师培养课程的改革与发展情况,我们认为,以下几点值得我们重视和借鉴。

第一,特殊教育教师培养课程综合化的趋势。这种综合化表现在三方面:(1)特殊教育和普通教育的融合。在融合教育和全纳教育理念及改革潮流推动下,特殊教育课程和普通教育课程正在进行融合,出现了所谓普通教师教育特殊化,特殊教育教师教育普通化的发展趋势。(2)课程目标上更加重视教师综合素质的提高,注重把比较宽厚的学科知识结构和特殊教育专业知识进行整合,提高特殊教育教师的专业化水平和职业适应性。(3)课程内容和功能上,正从为一种儿童设置课程向将一类或几类儿童的课程综合化的方向发展,课程的简约化和概括化程度提高,因而课程的功能、效率明显提高。

第二,特殊教育教师培养课程的模块化、弹性化和个性化的发展趋势。特殊教育教师培养课程和整个世界性的高等教育课程改革趋势一致,以课程模块化和加大选修、实行学分制等相结合的方式,增加课程的灵活性和选择性,实现学生的个性化、多样化发展。

第三,特殊教育教师的培养课程从单一的教学知识向注重教师的诊断、评估,个别化教育方案的设计,教育和研究等综合智能的方向转变,课程的针对性、操作性和实用性越来越强。如英国、美国的一些大学和我国的香港大学言语听觉科学系的课程和教学基本采用案例教学,以培养学生的实际工作能力。

### 三、 特殊教育教师培养模式的比较

和普通教师教育的改革、发展趋势一样,特殊教育教师的培养模式也正在经历着两个转变:一是从封闭式、定向型师资培养向开放式、非定向型师资培养模式转变;二是从单一的师资培养模式向多样化的师资培养模式转变。

(一) 定向型培养模式

所谓定向型教师培养模式一般是指通过专门的师范教育机构培养师资,像我国、前苏联和瑞士等,特教师资的培养大多通过中等、高等特师培养。如瑞士中等特殊教育师资培养机构,招收持有小学、幼儿园任教证书及手工业或家政任教资格的教师以及高中毕业生,通过学习和培训获得特殊学校或全纳性学校任教资格或从事语言矫正、精神治疗工作。这种培养模式的优点是,学生的专业思想比较巩固,较快进入临床教学活动的组织与实施,长于设计并完成单科课堂教学,具有学科教学能力。缺点是教育活动比较封闭,知识范围较窄,学术水平较低,适应能力较差。因此,不少国家在特教师资培养上是采取非定向型师资培养模式。

(二) 非定向型培养模式

非定向型师资培养模式一般是指由综合性大学培养特教师资,如我国北京联合大学特教学院、韩国、瑞士等国的一些综合大学的特殊教育学、教育学、心理学和医学等专业为特殊教育培养师资。菲律宾大学则培养具有理学学士学位且修过特殊教育课程的特教师资。这种模式的优点是,师资的知识面宽,学术水平较高,具有较强的教育心理基本理论与知识,具有一定特殊教育观,较能从宏观上把握特殊教育,教育教学方向感、判断力较佳。缺点是,临床实践不足,实际工作能力不强。因此,各国都在探索进行改革,积极增加学生的实习时间或开办临床学校,以培养学生的实践能力。

### （三）定向与非定向型相结合的师资培养模式

定向与非定向型特教师资培养模式走向融合是教师教育的改革与发展的大趋势。这种模式的最大优点是，糅合了两种特教师资培养模式的长处，既注重了普通教育的知识、能力的获得，又重视特殊教育的专业知识、专业能力的培养，人才培养的方向更明确，更具有针对性，更有利于教师的专业化发展。目前，世界上采用这种模式的主要代表是美国、日本和澳大利亚等国。澳大利亚从事特殊教育的教师都必须受过高等教育和师范教育，在已经具有教师资格的基础上接受特殊教育的专业培训，且更注重实践培训和实践锻炼。在美国，要成为特殊教育教师，必须是大学毕业，并经教师教育、获教师资格证后，再经特殊教育课程培训，获得特殊教育专业资格，才能担任。俄罗斯原是用师范教育加特教课程模式培养盲、聋、智力落后、言语矫正四个专业特教师资，近些年来，特殊教育教师的培养也在向综合化的方向发展。

**参考文献：**

[1] 顾定倩,等.美国特殊教育教师任职资格及其对我们的启示[J].外国教育研究,1999(4).

[2] 马庆发.特殊教育师资培育比较研究[J].高等师范教育研究,2002(2).

[3] 华国栋.特殊教育师资培养问题研究[M].北京:华夏出版社,2001.

[4] 丁勇,王辉.近年来我国对特殊教育教师教育研究综述[J].中国特殊教育,2003(4).

[5] 李其龙,等.教师教育课程的国际比较.北京:教育科学出版社,2002.

（原文发表于《中国特殊教育》2005年第1期）

# 我国特殊教育师资职前培养模式研究的回顾与展望

王　辉　顾培玉

我国自特殊教育产生以来就面临着一个重要问题：特殊教育师资职前培养的问题。这一问题的成功解决则必须依赖科学、合理、符合我国国情的职前培养模式的建立。回顾历史，展望未来，特殊教育师资职前培养模式的形成、发展受社会的政治、经济发展的影响，在不同社会历史时期，其培养模式也有所不同。要使我国特殊教育师资职前培养模式发展得更科学、合理，为特殊教育事业输送更符合特殊儿童需要和社会需求的特教人才，必须对21世纪前我国各个时期的特殊教育师资职前培养模式及其特征进行反思，以为当今及后续培养模式的研究、改革提供借鉴、指导。

## 一、旧中国特殊教育师资职前培养模式——萌芽

### （一）"师傅带徒弟"模式

我国特殊教育师资职前培养是伴随19世纪末特殊教育学校的产生而萌芽的。1874年和1887年，英、美两国传教士分别在我国北京和山东烟台地区开办了"瞽叟通文馆"（今北京盲人学校前身）和"启喑学馆"（今烟台市聋哑中心学校前身），标志着我国特殊教育的产生。外国人要教中国的残疾学生显然力不从心，因此，他们在办校初期就考虑到培训中国特教师资的问题。

他们最初采用的是个别训练即"师傅带徒弟"的模式进行培训。严格地讲，这还不能成为一种规范的培训模式。据载，烟台启喑学馆创办人之一米尔斯夫人（A. T. Mills）就曾运用这种培训方式开展过聋教育师资的培训。这种模式从19世纪末产生，一直持续到20世纪20年代才出现新的培养模式。"师傅带徒弟"模式没有明确的、一致的培养目标和规格，没有相应的课程结构和体系，没有培训的保障措施，缺乏对培训质量的评估等。培训的随意性强，老师仅传授个人的从教经验，缺乏科学、系统的理论学习、指导，完全是无政府、无计划、无系统的状态。

(二)"师范班"模式

到20世纪20年代,特殊教育师资职前培训由个别训练方式转为办师范班的模式。当时的培训非常简陋,据参加过培训的学员回忆,聋教育师范班"为期一年,学费大洋百元,膳费自备"[1]。"虽有师范班名义,但未见有何专为师范生研究之课程。每日除随班上课见习,或自己试教一班外,仅有'聋哑教育讲义撮要',十数页略供参考而已。"[2]如以办师范班论,当以我国近代实业家、教育家张謇在1915年于南通举办的"盲哑师范科"为最早。此后,有的特殊学校也开设了培训盲教育教师的"师范科",正常人和盲人兼收。

这种"师范班"模式在旧中国成为特教师资培养的模式之一。它与"师傅带徒弟"模式相比有了进步,在培训内容上逐步形成了基础课与教育理论课相结合的课程结构。如南京盲哑学校盲生部师范科的课程共15门,其中基础文化课11门,包括公民、体育、国文、英文、数学、地理、历史、生物、物理、音乐等;教育理论课4门,有教育概论、教育心理、教育行政、教材及教法。它还有了简单的培训讲义,培训的对象不再是一对一,而是以能同时培训多人的班级出现,注重理论指导下的观摩、实践。[3]但总的来看,旧中国特殊教育师资的培养处于无政府、无计划、无系统的状态,得不到政府和社会的重视,无论是"师傅带徒弟"模式,还是"师范班"模式,都没有形成明确的培养目标、培养规格、培养计划、培养内容、培养措施、评估方法等统一规范的师资培养模式。如吴燕生所著的《聋教育常识》描述,当时聋校"各校之间,彼此既无联络,又无组织,至于研究学术,交换心得,更无机会"。他指出:"在政府方面,对于聋教育,尚无统一之领导,欲培养师资之学校设立,使以现有各校之教授方法,课程标准,修业年限,行政方针殊难一致,此皆阻碍吾国聋教育进步之一重大原因也。"[4]

## 二、新中国成立初期的特殊教育师资职前培养模式——空白

新中国的成立翻开了我国特殊教育崭新的一页,特殊教育的师资培训方式也发生了改变。从新中国成立至1976年,我国的特殊教育发展处于整顿创新阶段,在此阶段特殊教育师资的职前培训没有专门的机构或形式,处于空白阶段。代之而起的是在职培训,培训的方式则采用新中国成立前的"师傅带徒弟"和"培训班"的培训模式。

在整顿创新阶段,我国特教师资少量来源于旧有学校,大量来自普通学校教师和普通师范学校毕业生。由于没有专门的特教师资培养结构,因此,对新补充的特教师资,仍然沿用"师傅带徒弟"和办培训班的方式进行特教专业培训。1959年教育部和一些地方教育部门举办了为期3~6个月的聋教育和盲教育师资短期训练班,学习内容包括听课、讨论、见习实习。[5]这种短期集中式的培训与分散的"师傅

带徒弟"式的培训成为当时特教师资培养的主要形式。这两种形式都属于在职培训,虽然一定程度上缓解了特教师资不足的困难,但是它们还不能从根本上满足特教事业的发展对特教师资数量与质量上的需求。

### 三、20世纪80年代至世纪末特殊教育师资的职前培养模式——产生

20世纪80年代,我国特教师资的培养工作发生了划时代的转变,特教师资由短期非正规的在职培训为主转向以长期正规师范院校职前培养为主,并形成两种系统、规范的培养模式:中等特殊师范教育及高等特殊师范教育模式。

(一)中等特殊师范教育模式

1977年10月,时任教育部部长蒋南翔同志在中国盲人聋哑人第三届全国代表会议上讲话指出:"尽快地筹办一所全国性的特殊教育师范学校,为各地新建学校培养特殊教育师资。"[6]之后,我国开始筹建中等特殊师范学校。1981年黑龙江肇东师范学校首先开办特殊教育师范部。1984年国家兴建的南京特殊教育师范学校开始招生。至1998年,全国建立了35个中等特殊教育师范学校(部、培训中心)[7],形成了我国历史上第一种规范的特殊教育师资职前培养模式——中等特殊师范教育模式。中等特殊师范教育模式主要有如下特征。

第一,培养目标明确。1989年国家教育委员会颁发了《中等特殊师范学校教学计划(试行)》的通知,通知中规定,中等特殊师范学校的培养目标为,"培养学生热爱社会主义祖国,热爱中国共产党,初步树立马克思主义基本观点,具有良好的社会公德和艰苦奋斗、求实创新精神,热爱并愿意从事特殊教育事业,理解和尊重残疾儿童,掌握从事初等特殊教育所必备的中等文化科学知识与专业技能,具有健康体魄,使他们成为合格的初等特殊学校教师"[8]。

第二,学习时间统一。中等特殊师范学校在学制安排上分为两种:一种是三年制特师,其全学程共156周,其中教学活动107周,教育实践10周,寒暑假36周左右,机动3周(用于社会活动、集体教育活动等)。另一种是四年制特师,其全学程共208周,其中教学活动144周,教学实践不少于12周,寒暑假48周左右,机动4周。

第三,课程结构明确。中等特殊师范学校的课程由两大块构成,即必修课和选修课。必修课又分为公共必修课和专业必修课。专业必修课按照三个不同的专业(盲教育、聋教育和智力落后教育)分别设置专业课程,每个专业7门。如聋教育专业设聋童心理学、聋童教育学、手语基础、耳聋预防及康复、小学语文教学法、小学数学教学法及小学常识教学法;盲教育专业开设盲童心理学、盲童教育学、盲字基础、目盲预防及康复、小学语文教学法、小学数学教学法及小学常识教学法;智力落后专业开设智力落后儿童心理学、智力落后儿童教育学、儿童精神发育迟滞及测

查、行为矫正基础、小学语文教学法、小学数学教学法及小学常识教学法。两种学制的必修课相同,教学内容和时间可根据实际情况进行调整。选修课一般开设文化知识、艺术、体育、普通小学各科教材教法、其他特殊教育专业必修课以及适应当地特殊教育发展需要的职业技术教育等类课程。三年制的选修科为184课时,四年制的不少于总课时的7%(约280课时)。

第四,学习内容一致。当我国特教师范学校刚刚建立时,教育部就重点抓了课程计划和教材建设。自1989年起教育部先后颁发《中等特殊教育师范学校教学计划(试行)》,中等特殊师范学校盲教育、聋教育、智力落后教育三个专业专业课教学大纲,组织编写和出版了22门专业课教学用书。

第五,保障措施有力。为了保障特教师资培养的顺利进行,1986年《义务教育法》颁发之后,有关特教师资培养问题得到党和政府的高度重视,在国家的法律、法规和文件之中多次作出规定。例如,1989年5月4日经国务院同意的《关于发展特殊教育的若干意见》就特教师资培养问题,提出"设立特教师范学校,高师开办特教专业,选调中师毕业生、高中毕业生,普通中小学、儿童福利机构的在职教师或民办教师培训后分配到特教机构任教,对在职特教教师进行培训,普通中等师范学校、幼儿师范学校、高等师范院校在课程中增加特殊教育内容"的五项措施。1990年12月28日全国人大通过的《残疾人保障法》和1994年8月23日国务院颁布的《残疾人教育条例》则进一步以法律、法规的形式对特教师资的培养方式、机构、内容、要求、管理和待遇等问题作出明确的规定。特教师资的培养走上法制化的道路。

此外,中等特殊师范教育模式还对特教师资的培养过程和教育评价作出了要求,如各门课程的教学方法、教育实践和课外活动的实施要求等都有不同的规定。

职前培养模式实行直接招收初中毕业生,毕业后分配到各类特殊学校、特殊班担任教师或负责特殊儿童随班就读的辅导工作。它侧重对学生的基本功训练,能使学生较快进入临床教学活动的组织与实施,善于设计并完成单科课堂教学,具有学科教学能力。此模式虽然注重了特教师资的方法能力的培养,但培养出的师资在教育教学理论广度、深度等方面不足,教育观念、教育评价能力及把握完整、系统的教学活动能力有限,专业化程度偏低,还不能满足特殊教育事业发展的需要。因而该种模式逐步为大专或本科学历培养模式所代替。

(二)高等特殊师范教育模式

1986年,经原国家教委批准,北京师范大学设立了我国教育史上最早的高等特殊教育专业,并于同年招收了第一批15个特殊教育专业的本科生。至1998年,全国建立了7个高等师范的特殊教育专业,承担中等特殊教育师范学校及相关机构师资的培养任务,逐步形成了我国特殊教育师资职前培养的另一种培养模式——高等特殊师范教育模式。

高等特殊师范教育模式主要有如下特征：

第一，总的培养目标相同。各所师范大学特殊教育专业的培养目标在表述上虽不尽相同，但总目标一致：为各中等特殊教育师范学校及相关机构培养特殊教育师资或从事理论研究、管理工作等方面的专业人才。此外，学制相同。各所高师特殊教育专业修业年限都是四年，符合要求则授予学士学位。

第二，培养内容是共性与个性相结合。1989年10月召开了全国高等师范院校特殊教育专业课程方案研讨会，对制订高师特教专业教学计划提出了指导性意见。[9]在此基础上各校根据自己的师资情况和研究专长研制课程计划，确定具体的专业课程、课程标准，如北京师范大学最初的课程侧重于教育学方面的知识理论，而华东师范大学特殊教育专业的课程则侧重于心理学方面的知识理论。同时，不仅各自的侧重点不同，而且在课程的排列顺序及教学时数等方面也不尽相同，甚至，相同的课程其内容、授课时间等也有差异。

第三，保障措施异同兼具。相同的是各校都以国家的法令、政策作保障；此外各自还制订了自己的管理方案和经费投入方案，确保师资培养的质量。不同的是各校所处的位置不同，得到的重视程度不同，因而其发展速度、规模也不相同。如，华东师范大学特殊教育专业受到上海市高度重视，并将其列为市重点学科和华东师范大学特色学科，特教师资培养所需的经费得到保障。[10]因此，虽然他们建立的时间是在1988年，晚于北京师范大学，但其发展速度和规模已经超过其他任何一所师范大学的特殊教育专业。

高等特殊师范教育模式培养出的师资具有较强的教育心理基本理论与知识，具有一定的特殊教育观，较能从宏观上把握特殊教育，教育教学方向感、判断力较佳。从该模式的培养目标"为中等特殊师范学校培养专业课教师"来说，基本达到了培养要求。然而，事实是中等特殊师范学校目前在我国已基本消失，代之以特殊教育专科学院或本科特殊教育专业（系），因而，高等特殊师范教育模式培养出的师资从知识层次和学历上来说都与这些院校所需的专业化师资要求相差较远，也无法胜任这些学校的教育教学及研究工作。因此，该模式培养出的师资只能去特殊教育学校及相关的康复训练机构。而当今的特殊教育学校对师资的专业化要求更高，老师不仅要有一定的专业理论知识，具备从事特殊学校教科研工作的能力，而且要有具体的实践操作、针对某一类儿童进行教育教学的能力。[11][12]审视高等特殊师范教育模式的课程设置，可以发现，其指向性不明确，没有按某一类残疾类型组合课程，课程内容更偏重于综合性、理论性。[13]只学了综合性教育、心理理论，而没有受过数学、语文等学科专业训练的特教专业学生难以胜任特殊学校的教学工作，专业化程度不够。这种模式培养出的师资虽然具有系统的理论知识，但临床实践不足,基本功不足,适应一线的教育教学实践需较长时间,因此,该模式也将逐渐被新型的本科特殊师范教育模式所替代。

### 四、21世纪特殊教育师资职前培养模式的展望

回顾历史,展望未来。从19世纪特殊教育在我国产生以来,特殊教育师资职前培养问题就一直是我国特殊教育发展中的一个重要问题。特殊教育的发展与特殊教育师资水平的高低有密不可分的关系,而特殊教育的师资水平又与师资培养模式密切相关,国内外的实践已证实了这一点。反思我国特殊教育师资的职前培养模式,可以得出如下结论:它虽是一个从无到有的过程,但还不是一个成熟的过程;它虽形成了自己的特色,但还不能充分满足社会和特殊儿童的需要;它顺应了我国国情,在较短的时间内培养了大批中等学历的特殊教育一线教师,但还没能充分反映出时代特征和国际特殊教育师资培养的趋势,没能培养出既懂特殊教育的理论又有实践操作技能的高学历的特殊教育教师。因此,在21世纪的今天,我们应站在历史的高度,展望未来真正符合特殊教育发展需要的新型的特殊教育师资职前培养模式。这些模式培养出的特殊教育师资不仅要具备特殊教育教师专业化的能力,掌握特殊教育的理论知识、研究方法、实践技能,而且还应具备终身学习和自我发展的能力,还要具备先进的现代化的教育理念和思想,具备崇高的职业道德和职业信念,具有爱心、耐心和责任心等。为此,必须充分研究我国的国情及特殊儿童的需要,充分学习研究国外的先进经验,既要避免夜郎自大,又要避免全盘照搬,要根据我国的实际情况,探索出多种适合我国特殊儿童不同需要的特殊教育师资职前培养新模式。

**参考文献:**

[1] 王立夫.烟台启喑学馆简介[A]//烟台市文史资料(第一辑)[Z].烟台:烟台市政协文史资料研究委员会编印,1982:11.

[2][4] 吴燕生.聋教育常识,1935.转引自中国聋教育大事记一览表[EB/OL]. http://www.deafstar.net/vb/showethread.php,2003-2-10.

[3] 顾定倩.特殊教育导论[M].大连:辽宁师范大学出版社,2001:55.

[5][7][13] 肖非,刘娲,等.跨世纪的特殊教育:中国高等教育学会高等特殊教育研究会学术研讨会论文集[C],2002:123—125.

[6] 王雁,顾定倩,等.对高等师范特殊教育师资培养问题的探讨[J].教师教育研究,2004(4):55—60.

[8] 中华人民共和国国家教育委员会.中等特殊教育师范学校专业课教学大纲[Z].北京:人民教育出版社,1993.

[9] 华国栋.特殊教育师资培养问题研究[M].北京:华夏出版社,2001.

[10] 曾凡林,刘春玲,等.上海市特殊教育师资的需求及其对策[J].中国特殊教育,2003(1):7—10.

[11] 丁勇,王辉.近年来我国对特殊教育教师教育研究综述[J].中国特殊教育,2003(4):78—83.

[12] 丁勇,陈岳.特殊教育教师培养目标、课程与培养模式的比较研究[J].中国特殊教育,2005(1):89—92.

(原文发表于《中国特殊教育》2006年第5期)

# 中国教师专业化研究对特殊教育师资培养的启示

谈秀菁

1966年,国际劳工组织和联合国教科文组织在《关于教师的地位和工作建议》这一官方文件中提出,要将教师工作视为一种"专业"。20世纪80年代以来,以"教师"、"教师文化"、"教师教育"等为主题的研究构成了教育研究的重要领域,"教师专业化"成为许多国家关注的中心和焦点主题之一。[1] 自此,尽管在我国对教师是否是一种专门职业、教师职业是否具有不可替代性还存在一些争议,但波及世界各国的教师专业化运动已使教师从"职业"到"专业"的属性得到了广泛的认可。

美国特殊儿童委员会1995年制定的《每个特殊教育者必须知道什么——有关特殊教育教师准备和资格的国际标准》,实际上对从事特殊教育工作的教师提出了专业发展的水准和要求。我国目前对特殊教育教师专业化问题的研究不是很多,国家也未对从事特殊教育工作的教师提出统一的规格要求,但在目前教育全球化的背景下,我国也将很快通过实施"特殊教育教师资格证书"的制度,对特殊教育教师的从业资格、专业化水平予以规范。那么在特殊教育教师专业化问题上,有哪些问题应当予以关注?哪些问题必须解决?又有哪些手段可以借鉴呢?为此我们检索并分析了近年来我国有关教师专业化研究的论文和专著,试图从中借鉴一些研究的成果,为特殊教育教师的专业化进程带来一些启示。

**一、我国教师专业化研究的现状**

我国学术界对教师专业化问题的研究是从引进和借鉴国外的教师专业化理论与实践经验开始的。1988年,由范宁编译的《霍姆斯协会报告:明天的教师(1986)》可能是国内最早引进的国外教师专业化专题研究的论文[2],随后我国教育界从理论到实践开始了有关教师专业化研究的热潮。检索近年来有关教育和教师问题研究的主要刊物,发现有关教师专业化问题的研究主要集中在教师专业化的基本理论、教师专业化实施的制度保障和教师专业化的实施策略等方面。

## （一）教师专业化的基本理论研究

### 1. "教师专业化"的含义

对"教师专业化"进行解释的学者很多，主要的观点有以下几种。

教师专业化是指教师个体专业水平提高的过程和结果，以及教师群体为争取教师职业的专业地位而进行努力和奋斗的过程，前者是指教师个体专业化，后者是指教师职业专业化。[3]

教师专业化是指教师职业具有自己独特的职业要求和职业条件，有专门的培养制度和管理制度。其基本含义是：第一，教师专业既包括学科专业性，也包括教育专业性，国家对教师任职既有规定的学历标准，也有必要的教育知识、教育能力和职业道德的要求；第二，国家有教师教育的专门机构、专门教育内容和措施；第三，国家有对教师资格和教师教育机构的认定制度和管理制度；第四，教师专业发展是一个持续不断的过程，教师专业化也是一个发展的概念，既是一种状态，又是一个不断深化的过程。[4]

教师专业化主要是指教师在整个专业生涯中，依托专业组织，通过终身专业训练，习得教育专业知识技能，实施专业自主，表现专业道德，逐步提高自身从教素质，成为一个良好的教育专业工作者的专业成长过程。[5]

教师专业化既是教师成长发展的过程，更是教师成长发展的结果。[6]

对教师专业化作出的解释还有很多，但各人的定义中至少有两点共识：一是认定教师职业是一种专业，必须具备学科知识和教育专业知识；二是教师专业化是一个持续发展的动态过程。

### 2. 专业化教师应具备的基本素质

对专业化的教师应具备的素质问题，许多学者进行了大量的研究。有的学者认为，教师应具备专业理念、知识结构、能力结构这几方面的素质。[7]

有的学者认为，教师专业化应有以广博的科学文化知识、系统的学科专业知识、坚实的教育专业知识构成的知识整合，并具有临床实习的实践基础和一定的学术基础。[8]

有学者提出，教师应具备知识系统、教育实践和教育研究能力、积极情感和高尚人格等组成的专业素质。[9]

也有的学者对教师应具备的知识结构进行了分析，认为一名专业化程度高的教师，其专业知识（素养）结构应当由通识性知识、本体性知识、素养性知识、条件性知识、行为性知识、实践性知识等几方面的知识所组成。[10]

教育部师范司组织编写的《教师专业化的理论与实践》一书在总结概括了各家的学说以后，从教师的专业知识素养、教师的专业技能、教师的专业情意这三个方面提出了专业化教师应具备的条件。[11]这些条件的提出,基本上涵盖了一个专业化的教师应该具备的基本素养。

(二)教师专业化实施的制度保障

1. 建立教师资格制度

教师资格制度是国家对教师实行的一种法定的职业许可制度,规定了教师职业必备的基本条件,对于促进教师专业化发展、依法管理教师队伍、扩大教师培养和聘任渠道等有着极其重要的意义。我国目前虽然开始实施了教师资格证书制度,但仅凭学历就能取得终身有效的教师资格证书,这对教师的专业发展是不具备约束力和激励作用的。因此,有研究指出,应明确教师资格的有效分期,加强教师资格的有效性;完善教师资格种类;设立两级教师资格证书,明确教师资格的有效使用范围。[12]

将学历教育转变为资格证书制度,就要求改进和完善我国现行的教师资格制度,改进其目前存在的标准粗放、对教师专业发展缺乏激励机制等不足,对教师专业课程、教师资格有效期、教师资格社会考试制度等作出明确的要求,确立科学、规范的教师资格认定程序,并将教师资格认定机构置于法律监控之下,以确保教师资格认证工作的公正与有效。同时逐步建立教师教育机构认可制度、教师教育课程鉴定制度、教师教育质量评估制度等。[13]

提出建立教师资格制度,将对规范教师的素质要求、激励教师不断提升自己的专业化水平起到积极的作用。

2. 创办专业发展学校

专业发展学校是20世纪80年代中期在美国出现的一种教师培养的新形式。它并不是指建立一所新学校,而是在原有中小学的基础上,与大学合作形成的一种新功能。1990年美国霍姆斯小组发表的《明日之学校》报告中要求改变以往教师培养全部由大学负责的局面,把教育学院与中小学联合起来,建立类似于医学行业中教学医院的专业发展学校(简称PDS学校),加强大学教师、中小学教师与师范生之间的合作与联系。也就是说,PDS学校不仅是供大学研究教育的实验学校,而且也是培养新教育专业人员的学校、供有经验的教育专业人员继续发展的学校。

我国部分地区和学校结合自身教育改革的需要在建立专业发展学校方面作了一些探索,积累了一定的经验。如通过采取教师专业发展工作小组、教研组、备课组、学习小组等促进教师专业发展的组织形式,采用教师论坛、学术沙龙、课题研究、观摩研讨、网络交流等策略,促使学校所有教师都能得到良好的专业发展。[14]

这种学校对培养反思型教师、开展反思性实践活动有着重要的作用。尤其在目前基础教育课程改革的背景下,对于提高中小学教师的教学水平、促进教师的专业化发展有着积极的意义。因为教师的发展离不开自己学校这个特定的基础和环境,教师的学习和研究不是闭门造车,而应根据学校确定的发展要求来安排自己的研究课题,对自己的教育教学实践活动进行研究。同时,让大学的教师来到中小学,理论与实际结合,有利于大学教师自身的专业发展,有利于发展理论,更有利于中小学教师教育理论水平的提高。

3. 培养反思型教师

反思性教学思潮是20世纪80年代从美国、英国等西方国家兴起的,他们从杜威那里找到了理论源头,并从认知心理学、批判理论、后现代主义等思想流派里吸收了丰富的营养,充分发展为新的思潮。如今,"反思性实践"等口号似乎已被国际社会特别是美国、加拿大、英国、澳大利亚等西方国家的教师、教育工作者和教育研究者们所广泛接纳,"反思性实践"似乎也已成为衡量优秀教师的当代标准。在这一背景下,"反思型教师"成为理想的教师类型。[15]

我国的基础教育课程改革也提出了培养反思型教师的要求,认为"反思是促进教师专业发展的有效策略和途径","通过反思以往教育事件、反思教学过程、集体反思等方式,可以有效地促进教师的专业成长,提升教师的反思意识和能力"。[16]

教师专业化是教师个体专业连续的、动态的、终生的、不断发展的历程,是教师不断接受新知识、增长专业能力的过程,其发展水平的高低,除了受社会制度的约束、环境的影响以外,更依赖于个人对专业成长的追求。而教师这个职业是创造性要求较高的职业,因为教师面对的是永远变化的环境、不断变化的学生个体,没有一种固定不变的教育方法能应对这种千变万化,因此教师只有不断研究新情况、解决新问题,才能适应教育工作的特殊要求,从而顺利开展教育教学工作。这就要求教师不仅要具备良好的文化素养、深厚的学科知识和教育理论素养,还应该有敏感的问题意识、较强的教育科研能力,能依据现有的专业知识,不断反思自己的教育教学行为、探究解决问题的策略,从而开展有效的教育教学工作。提出培养反思型教师,必将有利于加快教师专业化的进程。

(三)教师专业化的实施策略

1. 改革职前教育模式

建立以现有师范为主体、综合性大学参与的开放的师范教育体系,以利于打破师范教育与非师范教育在科研性和学术性之间的界限,从源头上保证从教人员的素质。[17]

2. 改进教师在职继续教育方式

教师的在职教育和培训是教师在职前教师教育基础上的专业继续教育,但传统的在职教育培训存在着强调理论知识特别是专业学科理论知识而忽视教学实践能力培养的偏差,造成培训的"目的不明、重点不清、内容散乱、时间短促、组织无序、方法单调、脱离实际等问题"[18]。

因此,在职培训的意图应放在改善教师的专业水平上,使之在专业上有所发展。应把注意力转移到教师个人长处和自我知识的更新上,转移到帮助教师增强专业决策和解决专业实践问题的能力,帮助教师拓宽从事专业活动的知识来源,改善教师的专业水平,促进教师的专业成熟上。[19]

教育模式是决定教师专业素养的一个重要因素,目前我国许多教师的素质难以满足课程改革的需要,与我国职前教育模式单一、职后教育培训方式落后不无关系。提出改革职前教育模式、改进教师在职继续教育的方式,有利于教师专业素养的提升。

## 二、教师专业化研究给特殊教育的启示

(一)制定特殊教育教师的专业标准,将教师的学历要求转为资格要求

特殊教育是教育体系中的一部分,由于教育对象的特殊性,决定了从事特殊教育的教师比普通教育的教师有着更强的专业性,他们不仅要具备一般教师所具有的基本条件,要有规定的学历标准,还要具备从事特殊教育工作所必备的专业知识、教育教学能力和职业道德。

我国特殊学校的教师中除了少部分是师范院校特殊教育专业毕业的,其余大部分是普通师范院校或其他综合性大学毕业的,他们没有受过特殊教育的专业训练,严格地说,他们不具备从事特殊教育的资格。目前,我国部分地区已经开始准备对特殊学校的教师颁发特殊教育教师资格证书,并且对这部分非特殊教育专业毕业的教师进行了特殊教育理论知识的培训,以帮助他们取得特殊教育教师的资格。但由于没有相应的专业标准和要求,使得这类培训的目标要求、课程设置、培训时间、培训方法、评估标准等都比较随意,这显然难以达到特殊教育教师的专业要求。

专业认证是现代教育的一大特征,专业认证就需要制定专业标准。对特殊教育教师任职资格规定最新,较为系统、全面,并其影响力的是美国特殊儿童委员会1995年制定的《每个特殊教育者必须知道什么——有关特殊教育教师准备和资格的国际标准》,明确规定了所有准备成为特殊教育教师和获得专业资格者都应掌握的知识和技能要求。由于不同的社会背景和文化传统的影响,使得我们不可能全盘照搬这个标准,但我们可以学习借鉴别人的经验,结合我们自身的实际制定出符合我国国情和需要的特殊教育教师资格标准,从而规范特殊教育教师的专业化水准。这样做一方面可以提高特殊学校教师入门的门槛,从源头上从严把关,保证特殊学校教师的专业素质;另一方面,可以依据标准,提升在职教师的专业化水平,从而保证特殊教育教学质量的不断提高。

## (二)建立和完善特殊教育教师专业发展的保障体系

实施教师资格证书制度能为特殊教育教师的专业发展提供一定的学术保证。但资格认定只是承认了一个人的从教资格,还不能保证其达到较高的专业化程度。教师的专业发展是一个连续的成长过程,是一个终身发展的过程,一方面需要教师个人的努力,另一方面也需要国家建立和完善特殊教育教师专业发展的保障体系,给予教师继续学习、进修、不断提升专业水平的机会。

因此,在实施教师资格证书制度的同时,必须有相应的制度,要求教师在规定的时间内参加指定的进修学习、教育科学研究等活动,以保证教师专业化程度的不断提高。

## (三)改革特殊教育教师培养方式,构建职前、职后一体化的专业教育体系

改革高校特殊教育专业的教与学的方法。高校特殊教育专业的教师和学生都应积极参与到特殊学校的各项教育活动中去。教师应定期在特殊学校从事教学和科研工作,学生在特殊学校有连续性的实习制度,以使师生对我国特殊学校的现状有一定的了解和体验,有一定的研究,从而解决过于重视理论知识的教学以及理论与实际严重脱节的问题。

改进特殊学校教师在职培训的方式。除了部分集中的特殊教育专业知识和技能的培训要更强调针对性、实用性以外,更多的应提倡结合自身的教育工作实际开展校本培训和反思行动研究。教师专业发展的基础和生命是实践,只有在教育实践中与特殊学校的日常生活相联系、与身边的教学相联系、与具有各不相同需要的特殊学生相联系,针对他们遇到的问题进行分析研究,提出解决问题的方案,培养教师的反思行动能力,才能真正促进特殊教育教师的专业发展。

建立大学与特殊教育学校的合作模式。在共同研究解决特殊教育的现实问题中,大学教师得以发展和验证特殊教育的理论,特殊学校的教师也能提升自己的科研水平,获得自我完善和持续发展的机会和可能。

## (四)提升特殊教育教师的专业地位

教师专业化不仅是教育自身的问题,也是社会职业发展的问题。要使特殊教育得到较好的发展,需要一个和谐的社会环境和适度的经济支持、社会保障措施,才能保证特殊教育教师专业化水平不断提高,从而使特殊教育的质量真正得以提高。

国家应在特殊教育教师的培养、使用、职称评定等方面给予一定的政策倾斜,并且以一定的经济待遇和工作条件作为特殊教育教师专业化的物质保证。因为教师们也关心自己从事的职业的物质层面上的问题,关注这个职业的经济收入、工作条件等。因此除了继续很好地执行特殊教育津贴这项政策外,改善特殊学校的办

学条件将是提高特殊教育质量的关键因素之一。

　　社会的肯定和鼓励是特殊教育教师专业化程度提升的精神动力。特殊教育教师大都受过良好的教育，他们在追求物质需要的同时，更关注自己精神需要的满足。由于教育对象的特殊性决定了他们很难从自己学生的成功中获取职业的成就感，因此他们更关注特殊教育教师专业地位的提升、自己的劳动成果获得他人的承认。所以，社会、有关部门、特殊学校应对教师的工作给予及时的评价和精神激励。

**参考文献：**

[1][5][8][15] 刘捷.专业化：挑战21世纪的教师[M].北京：教育科学出版社，2002：27，42—43，220—244，253—254.

[2] 陈方.近年来我国教师专业化研究综述[J].中小学管理，2005(2)：46.

[3] 傅道春.教师的成长与发展[M].北京：教育科学出版社，2001：95.

[4][11][18] 教育部师范司.教师专业化的理论与实践[M].北京：人民教育出版社，2001：1,34—43,81.

[6][10] 张传燧.教师专业化：传统智慧与现代实践[J].教师教育研究，2005(1)：16.

[7] 叶澜.新世纪教师专业素养初探[J].教育研究与实验，1998(1)：41—46.

[9] 张素玲.教师专业发展的特点与策略[J].辽宁教育研究，2003(8)：81.

[12] 课题组.我国教师资格有效性的推进策略[J].人大书报资料中心教育学，2005(2)：71.

[13][19] 曲铁华,冯茁.专业化：教师教育的理念与策略[J].教师教育研究，2005(1)：14,13.

[14] 钟智.教师专业发展学校的构建[J].教师教育研究，2005(4)：10—11.

[16] 张菁.在反思中促进教师专业成长[J].教育研究.2004(8)：59—61.

[17] 张祥明.对教师专业发展评价的重新审视[J].教育评论，2002(1)：26.

（原文发表于《中国特殊教育》2006年第6期）

# 三年制专科特殊教育专业培养目标和规格研究

盛永进

## 一、问题的提出

随着全国师范教育体制的调整,特殊师范教育中心也随之逐步上移,五年制专科将让位于三年制专科,并在当今及以后一段时期内成为培养特殊教育学校师资的主流。但是,特殊教育专业三年制专科在我国高等师范教育体系中,是一个全新的尝试,整个专业建设尚处于试验、探索阶段。它不是原初中起点五年制专科的移植改良,也不是高师四年制本科的瘦身,而应是按照三年制专科学历特殊教育学校教师自身的培养目标规格的新要求,对这一专业进行全新的重构。培养目标规定着人才培养的基本规格和质量标准,也是专业建设中培养模式、课程设置、教学改革的依据。没有明确的培养目标,教育的实践活动就可能迷失方向,就很难谈得上规范、质量和评价。要培养高质量受社会欢迎的适应特殊教育发展需要的专科学历层次的特殊教育教师,首先必须明确人才的培养目标和规格,这样人才培养的定位问题已迫切地摆到了我们的面前。

## 二、三年制专科培养目标制定的依据

### (一)社会发展对教师教育提出的挑战

以信息技术为核心的新科技革命正推动着社会生产力基础性的变化和以前所未有的惊人速度向前发展,推动社会的政治、经济和文化发生着深刻的革命。伴随着知识经济的到来,知识的创新和应用成为社会发展的主要动力,它要求人们充分发挥自己的创造性和主动性,积极应对社会变革。时代和社会的发展不仅对教师教育提出了巨大的挑战,也对教师的素质提出了新要求。这种新要求突出地表现在以下五个方面:[1]

第一,科技与人文的综合素养。教师不仅要具有科学知识,还要具有科学的思想方法、科学的研究能力、对整个社会发展的关心、对和平与发展的关注、对环境的意识、对整个社会共同进步的意识,以及对民族、社会、国家的责任感。

第二,信息能力。信息技术的发展已经深入到生活的各个方面,它极大地改变了我们的生活方式和工作环境。如何培养出在未来信息化程度越来越高的社会里具有理解信息、掌握信息、处理信息能力的教师,是一个非常重要的课题。

第三,外语能力。经济的全球化,对我国融入整个世界、与国际社会进行国际交往的能力提出了新要求。

第四,社会交往与活动能力。在信息化水平越来越高的社会里,人们可以足不出户地获取各种信息,但社会生活节奏加快又需要人与人之间良好的沟通和理解。培养教师形成良好的社会交往与社会活动的能力也成为非常重要的方面。

第五,实践创新能力。勇于创新并能够将理论应用于实践、转化为技术的实践能力是素质教育的核心,也是近年来教育改革中取得明显进步的一方面。对如何培养教师的创新能力和实践能力的问题要继续加强研究。

(二)教师教育的专业化走向

不断提高教师专业化水平,走教师专业化之路,不仅是我国教师教育改革与发展的方向,更是世界教师教育发展的趋势和潮流,也是特殊教育教师培养面临的现实选择。

教师专业化是指教师是一种专门职业,是一种经过严格训练且需持续不断地研究才能获得并维持专业知识和专门技能的职业。教师专业化意味着教师职业具有自己独特的职业要求和职业条件,有专门的培养制度和管理制度。这也意味着教师教育需要以专业化的理论指导教师教育实践。有关研究认为[2],作为一门专业,教师专业的实现包括以下几个方面:专业智能、专业道德、专业训练、专业发展、专业自主、专业组织。其中专业智能、专业道德、专业训练主要依靠职前教育来培养,为未来的专业发展、专业自主和专业组织打下基础。据此,职前教师的素质培养必须以教师专业化理论为指导,充分考虑到教师教育专业的特点,即教师教育专业是以理论知识和复杂技能为基础,既包括学科专业,也包括教育专业;既有学术要求,也有技能和能力要求;既需要专业理念引导,又需要专业道德建设;既要考虑现实情境中实践能力训练,又要培养专业的自我发展能力。

(三)特殊教育发展对特殊教育教师培养的新要求

我国特殊教育起步较晚,但发展较快,特别是改革开放以来,随着经济、科技的高速发展,中国特殊教育出现了前所未有的跨越式发展,特殊教育由普及开始走向提高,特殊教育发展的现实呼唤着特殊教育教师培养由数量扩张转向质量优化。

另一方面,伴随着基础教育课程改革的全面实施和推广,以追求教育平等、满足残障儿童特殊教育需要、使之回归正常主流生活为价值取向的"全纳教育"融合观,对特殊教育教师的角色有着全新的规定:它要求教师不仅是学生学习的参与者、组织者、引导者和促进者,还应成为有特殊教育需要学生个别差异的诊断者,学生个体潜能的开发者,个别化教学的设计者和共同指导学生学习的合作者。因此,全纳教育的理念与实践在思想观念、知识素养、能力结构、行为方式等方面对从事特殊教育的教师提出了更高更新的期待。

(四)我国高等师范教育的总体目标

高等师范教育的培养目标是对我国社会主义教育目的和国家高等教育总体培养目标的具体化、专业化。因此,我国高等教育总体培养目标是确立三年制特殊教育专科培养目标的首要依据,必须在这一总目标的基础上尊重专科的层次性和特殊教育专业类别的基本特征,遵循特殊教育师范专业人才成长的客观规律,适应社会对特殊教育人才的需求,使培养出的人才具备特殊教育基本理论和教育教学基本技能,同时具备从事以教育为主、兼顾医疗和康复以及初步科研工作的能力,能够更好地为社会主义现代化建设服务。

### 三、三年制专科特殊教育专业特性分析

(一)三年制专科特殊教育专业的现实地位

三年制专科特殊教育专业是我国特殊教育发展的历史产物,也是我国现阶段特殊教育学校教师培养的主流形式,基于国情的现实和特殊教育的基础,其培养的层次和模式都带有浓厚的中国特色和鲜明的时代特征,突出地表现在发展的过渡性上。

国际上,以欧美为代表的发达国家特殊教育学校师资已完全实现本科层次以上的高等教育培养,主要采取学科加专业,诸如3+2、4+1等的培养模式。由于国情的不同以及教育基础的差异,我国与发达国家相比还存有一定的差距。目前,在我国高等师范教育体系中,特殊教育师资培养主要有两种类型:一是以北京师范大学等高师院校为代表,主要培养特殊教育师资的基础性研究型人才,其学制为四年本科或三年研究生学历;二是以南京特殊教育学院为代表的师范专科院校,主要面向特殊教育学校培养特殊教育教学的应用型人才,学制一般为五年或三年制专科。随着全国师范教育体制的调整,五年制专科将让位于三年制专科,并在当今及以后一段时期内成为培养特殊教育学校师资的主流。

但是,社会的进步和特殊教育的发展对特殊教育的师资培养提出越来越高的要求,提高特殊教育学校教师的质量规格和学术层次,不仅是我国特殊教育发展的总体方向,也符合国际特殊教育发展的基本规律。伴随着全国师范教育体制的改革调整,特殊师范教育体系已经基本完成从三级师范向二级师范的过渡,并最终走向一级师范或更高的层次。可以这样认为,作为当今及以后一段时期内培养特殊

教育学校师资的主流形式,在高等特殊教育师资培养的历程中,将起着总结经验、开拓未来的作用。

(二)三年制专科特殊教育专业的特性

对三年制专科特殊教育专业特性的深刻认识是科学地确定培养目标和规格的前提。特殊教育专业三年制专科在我国高等师范教育体系中,是一个全新的尝试,整个专业建设尚处于试验、探索阶段。研究特殊教育专业三年制专科的培养目标及规格,首先必须对其层次、专业科类的特性进行分析。

1. 层次目标的基本规定:专科层、技能型

在高等教育的三个层次中,三年制专科特殊教育专业无疑属于专科生的教育层次,与本科相比有着层次与类型的差距。专科教育培养目标的原则应该是专业性、技能性和职业性。其核心是"技能型",即能使学生进入社会谋生,有"一技之长",因此,强调"要突出理论知识的应用和实践动手能力的培养。基础理论的教学要以应用为目的,以必需、够用为度,以掌握概念、强化应用为教学重点。实践教学要在教学计划中占较大的比重"。[3]在实践培养模式中切忌把专科教育变成本科教育的"压缩饼干"。

2. 学制专业的限定:学制短、要求高

从学制的角度分析,相对于五年制专科,三年制专科招收的是高中生,具有基础高、文化知识扎实的优势;相对于四年制本科,人才培养又有"短平快"的省时优势。但是,从专业培养的要求来考察,这种优势又有其限定性。极强的综合性是特殊教育专业的重要特征。由于特殊教育专业的特殊性,在专业知能、专业技能上比普通教育教师有着更广、更多、更高的智能复合要求:一方面既要掌握多方面的知识,又要具有多方面的能力;另一方面,又要将一般文化知识、学科专业知识、普通教育和特殊教育专业知识加以综合,形成综合化的知识结构,将教育能力、教学能力、初步的科研能力加以综合,形成综合化的能力结构。在此基础上,进一步追求知识结构和能力结构在特教学校教育实践层面上的综合,形成新型特殊教育师资知识能力结构的综合化。这种知识能力高度综合化的特质就决定了专业要求的高标准。因此,短学制与高要求往往形成一种矛盾。这种矛盾冲突主要表现在以下三个方面。

首先,学科与专业。特殊教育教师首先要能胜任学科教学任务。无论从逻辑的角度还是从理论的角度,都要求学生应有1~2门精深而系统的学科专业知识和技能,并了解本学科发展历史、科学知识的来源、科学家的创造活动和创新精神,把握本专业学科前沿的最新研究成果。但是学制的限定性在很大程度上限制了学科知识的学习深化和扩展,在兼顾教育专业知识和学科专业知识上存在着明显的冲突。

其次,普教理论与特教理论。特殊教育是教育的一个组成部分。从学科角度

说,普通教育基础理论知识是特殊教育基础理论知识的基础,学生不仅要掌握一般的具有共性的教育学科知识和技能,如教育学、心理学、教学论等,还要掌握特殊儿童心理与教育教学的知识技能,以及与此相关的康复、医学知识。其知识能力的培养在很大程度上需要依靠延长学习的年限来保证。无疑,三年的培养时间显得捉襟见肘。

最后,专业基础与专业方向。由于特殊教育的发展,尤其是特殊教育对象范围的扩大,特殊教育教师不仅要具备某一类别障碍儿童的教育教学能力,同时也要具备其他类别特殊儿童教育教学能力。实际上,由于障碍的性质差异,教育对象无论在心理还是在具体的教育教学方法以及康复训练方法上都有着很大的不同。因此,专业基础知识能力与专业方向能力的兼顾复合同样存在着矛盾。

学制专业的限定性使得三年制专科特殊教育专业人才培养呈现出其特殊性和诸多矛盾,基础高、"短平快"优势的发挥取决于诸多矛盾的协调解决,而解决矛盾的把手在于人才的定位。定位不准、不当,不仅会导致"高不成,低不就"的尴尬,还会造成要么专业不专,要么学科水平不高的两难境地。

### 四、三年制专科特殊教育专业培养目标的基本定位

(一)基本定位:应用型复合性

三年制专科特殊教育专业培养目标定位,主要是指三年制专科特殊教育专业人才培养的基本规格和质量标准,亦即对三年制专科特殊教育专业人才在知识、能力、素质三个方面应该达到的基本规格和质量标准的主观预期。培养目标在其定位的过程中,首先涉及一个基本问题——培养什么性质、什么类型的人才,即培养基础型、研究型、应用型人才,还是"通才"、"专才"、复合人才,或者其他类型的人才。从培养目标定位的逻辑程序看,首先需要确定的是基本定位,然后才是具体的规格要求和质量标准。

三年制专科特殊教育专业目前属于高等教育层面,但它是源于过去中师的高等教育中的全新专业,仍然必须坚持为特殊教育改革和发展服务的方向。根据我国社会经济和特殊教育发展对专科人才的实际需求情况,本研究认为,三年制专科特殊教育专业培养目标的基本定位应是应用型复合性人才。据此,我们可以在高师与原中师的结合点上,从以下两方面进行表述。一是人才的培养方向和服务范围:特殊教育专业三年制专科从属于高等师范教育体系,培养从事特教学校教育工作的教师,它服务的方向为特教学校及相关机构。特殊教育专业专科要面向基层特教学校(机构),是为特教学校教育的改革和发展服务的。二是人才培养的层次、性质和类型:特殊教育专业专科是在高等教育框架内来建设的,是培养专科学历的特殊教育技能性人才。

## （二）"应用型复合性"特征分析

"应用型复合性"这个基本定位包含着两个方面的内涵：人才的基本性质和人才的基本类型。"应用型"是指人才的基本类型。"应用型人才"是与"研究型人才"或"学术型人才"相对应的不同类型的人才。"应用型"要求所培养的人才面向实际，能将掌握的基础理论知识、能力应用于社会实践第一线。因此，特殊教育专业"应用型人才"的培养涉及的主要是技能、能力问题。它虽然也强调基本理论、基本知识，但更强调基本能力，即从事实际特殊教育教学工作的各种应用能力或技能。

"复合性"是从质的角度进行规定，指称的是人才的基本性质。与"复合性人才"相对应的是"通才"或"专门人才"。对于三年制专科特殊教育专业人才的培养，"复合性"的内涵主要是指素质的复合。首先是知识的复合，包括人文社会科学和自然科学基本知识的复合，学科知识与专业知识的复合，理论知识和应用知识的复合。其次是能力复合，包括普通教育能力和特殊教育能力的复合，教学技能与康复技能的复合等。素质的复合是一个递进的过程。知识的复合通过知识互补形成合理的知识结构，进而促进能力的复合，并最终实现素质的复合，这样才能成为复合性人才追求的价值目标。

## （三）特殊教育应用型复合性人才的基本特征

所谓特殊教育应用型复合性特殊教育人才，实际上是这样一种人才：了解一般的关于人、社会和自然的基础理论知识，对一门或一门以上学科知识有一定程度的掌握，熟悉特殊教育专业理论知识和技能，主要面向特殊教育学校或机构，从事实际教育教学工作的人才。它具有以下三个主要特征：第一，知识面广、结构合理。应用型复合性人才强调知识的复合，既具有一般的人文、社会和自然科学知识，又具有一门或一门以上学科及特教专业理论知识和技能，因而知识结构比较合理。第二，能力强、素质高。应用型复合性人才由于知识结构比较合理，因而能力与素质结构也比较合理。具有多种能力和发展潜能，能在特殊教育学校和相关教育机构多方位地开展工作，有较强的适应、理解、探索能力和创新精神。第三，上手快、后劲足。不仅有特教专业技能，上手快，且由于知识面广、结构合理，能力强、素质高，因而专业发展的后劲也较足，为人才的专业自我发展打下良好的基础。

### 五、三年制专科特殊教育专业规格特质

专业规格是专业培养目标实现的具体化要求，也是衡量人才培养目标的具体质量标准，它集中地体现在形成人才基本质量的专业素质结构上。三年制专科特殊教育专业规格的制定首先应基于教师共性的素质基础之上，其次要满足特殊教师素质的特殊要求，然后根据"应用型复合性"人才的基本定位来确定其规格。

(一)专业化对特殊教育教师素质结构的规定

教师专业化的走向是我们分析特殊教育教师素质结构的基点。以专业化的要求,作为一名专业教师应具备如下的基本素质:专业道德、专业理念、专业知识、专业技能、专业能力。一般教师的共性素质是特殊教育教师必须具备的前提,但是,特殊教育自身的内在规定性,对特殊教育教师的素质提出了更高更多的要求。我们可以通过下表的比较分析,来进一步明确特殊教育教师规格特质。

表1 普通教师与特殊教育教师的素质要求

| 素质结构 | 教师的共性素质要求 | 特殊教育教师素质的独特要求 |
| --- | --- | --- |
| 专业道德 | 热爱教育事业,尽职尽责,教书育人;热爱关心学生,公平对待学生,尊重学生人格;严谨治学,刻苦钻研,谦虚谨慎,团结协作,不骄不躁;严于律己,作风正派,以身作则,廉洁从教等。 | 以人道主义为基石的尊重生命差异、尊重生命权利的职业使命感,强烈的社会奉献意识和高尚的人文情怀。 |
| 专业理念 | 站在时代和发展的高度,学习教育前沿理论,投身教育实践改革,创造性地开展工作,创建新的教育教学模式和新型学校。 | 对特殊儿童的生命价值的确认、尊重;对生命潜能的挖掘、对生命力量的发挥。具体表现为:积极的教育期望、无歧视评估、适应性的个别化教育理念。 |
| 专业知识 | 广博的科学和人文素养,1~2门精深而系统的学科专业知识、工具性学科知识、教育学科知识等。 | 生命哲学、医学、康复学、特殊教育理论、特殊儿童心理、特殊教育科技资讯等知识。 |
| 专业技能 | 毛笔字、钢笔字、粉笔字、简笔画、普通话和课件制作。 | 盲文、手语、感觉统合训练、特殊教育教学具制作等。 |
| 专业能力 | 组织管理能力、交际能力、运用现代化教育教学手段的能力、开展教育科学研究的能力等。 | 障碍、个别差异的诊断与评估,IEP制定,特殊教育现代技术的运用。 |

专业道德是指作为教师必须遵循的最起码的道德准则和道德要求。特殊教育需要教师给予特殊儿童更多的爱心,这是从事特殊教育最基本的道德前提。这除了需要具备基本的道德品性之外,更重要的是要具有以人道主义为基石的尊重生命差异、尊重生命权利的职业使命感,强烈的社会奉献意识和高尚的人文情怀。

有无专业理念是专业人员与非专业人员的重要区别。专业理念是指教师在从事教育教学工作的基础上,通过对教育的深入思考而形成的关于教育的基本观点和信念,包括教学观、学生观、评价观等。特殊教育教师面对的是具有异常的生命个体,教育对象生命的独特性要求教师超越一般的、传统的教育思想,从生命的解放与实现的高度去理解特殊教育、践行特殊教育。这就要求教师对特殊儿童抱有积极的教育期望、进行无歧视的教育评估、采取适应性的个别化教育理念来实现特殊儿童生命的个体价值和社会价值。

专业知识。本文的"专业"是从社会学的角度进行定义,"是指一群人通过特殊的教育或训练掌握了科学或高深的知识技能,并以此进行专门化的处理活动,从而解决人生和社会问题,促进社会进步的专门性职业"[4]。作为特殊教育教师,首先应像普通教育教师一样具有比较广博的科学和人文知识、系统的学科专业知识和坚实的一般性教育专业知识,还要特别以生命哲学来观照自己的专业成长,即还必须熟练掌握认识和了解特殊教育对象、开展特殊教育教学活动和科学研究所需的特殊教育学科知识和技能,如医学、康复学、特殊教育理论、特殊儿童心理、特殊教育科技资讯等知识,并能对这些知识加以综合运用,以满足特殊儿童的特殊教育需要。

专业技能,是教师从事专业实践的技术、技巧的能力。毛笔字、钢笔字、粉笔字、简笔画、普通话,即俗称"三字一画又一话"和课件制作是对一般教师技能的基本要求。在此基础上特殊教育教师还有着更多的要求,主要是盲文、手语、感觉统合训练、特殊教育教学具制作技能等。

专业能力。教师要顺利开展教育教学活动,取得良好的教育效果,必须具备相应的专业能力。除了通常的组织管理能力、交际沟通能力、运用现代化教育教学手段的能力和开展教育科学研究的能力外,特殊教育教师更需要、更强调障碍、个别差异的诊断与评估以及 IEP 制定等能力。因为,"每一个儿童有其独特的个人特点、兴趣、能力和需要;教育制度的设计和教育计划的制订要考虑到这些特性和需要的广泛差异"[5]。

(二) 三年制专科特殊教育专业的质量规格

基于特殊教育教师素质结构的分析,结合三年制专科特殊教育特性分析和对学生培养目标的基本定位,我们确定三年制专科特殊教育专业人才的具体质量规格要求。

1. 专业培养目标

本专业招收高中毕业生,修业三年,培养德、智、体全面发展的,具有现代特殊教育理念,能够主动适应特殊教育发展需要,从事有特殊教育需要儿童教育教学和康复训练的复合性应用型专业人才。

2. 专业培养规格

专业服务范围:本专业学生毕业主要从事特殊儿童的教育、教学及康复训练工作,根据个人素质及工作需要,也可从事相关机构的管理、咨询和研究等方面的工作。

专业素质要求:三年制专科特殊教育专业的特殊性要求所培养的人才具有高度综合化的知识、能力结构,同时要求突出特殊教育专业知识、能力,因此,在强调一般科学人文知识、学科专业知识和普通教育专业知识与能力的整合基础上,突出特殊儿童心理与教育、特殊学校课程与教学、特殊儿童康复训练三个方面的知识、能力作为主体,构成三年制专科特殊教育专业的知识体系。具体要求如下:

(1) 专业道德

①以人道主义为基石的尊重生命差异、尊重生命权利的职业使命感;

②敬业、爱生,强烈的职业奉献意识和高尚的人文情怀;

③一定的艺术修养、健康的审美情趣、良好的心理取向、健全的人格。

(2) 专业理念

①了解当今教育发展的特点和趋势;

②了解本专业国内外教育发展前沿和动态;

③确认特殊儿童生命存在的价值,以积极的教育期望、无歧视的评估态度和适应性的个别化教育作为专业的基本教育理念。

(3) 专业知识

①熟悉本专业所必需的科学、人文基础知识;

②熟悉本专业所必需的学科专业基础知识;

③熟悉本专业所必需的共性教育基础理论知识;

④掌握本专业所必需的比较系统的特殊教育基础理论知识;

⑤熟悉本专业所必需的比较系统的特殊儿童心理基础理论知识;

⑥熟练掌握本专业某一障碍类型儿童教育所必需的系统的心理与教育、教学和康复训练基础理论知识。

(4) 专业技能

①普通话、外语及计算机达到规定的等级;

②具有正确规范和较为美观的书写画技能;

③基本掌握盲文、手语、感觉统合训练的运用技巧和方法,根据专业方向,其中一种应达到熟练运用和掌握;

④掌握特殊教育教学设备、康复训练器材的使用和管理的方法和技能。

(5) 专业能力

①具有初步的获取新知促进专业自我发展的能力;

②具有学科教学和康复训练能力,尤其在某一障碍类别方向上较强;

③具有初步的对特殊儿童的特殊教育需要进行诊断评估的能力;

④具有较强的个别化课程开发、设计、组织、教学等能力;

⑤具有较强的对学生个体和群体进行组织和管理的能力；

⑥具有良好的教育沟通、协调和合作能力；

⑦具有一定的特殊儿童教育教学具制作能力；

⑧具有初步的运用现代化教育教学手段的能力，包括特殊教育现代教育技术能力；

⑨具有一定的外语阅读能力；

⑩具有初步的开展特殊儿童教育教学和康复训练研究的能力。

## 六、结束语

"培养目标是教育实践活动过程中具有先决性质的核心概念。"[6]特殊教育教师培养目标与规格问题是高等特殊教育理论和实践中的一个重要问题。当前，我国高等特殊教育教学改革正面临着一系列理论问题和现实挑战。譬如，由于培养的专业性不突出，导致培养出来的特教师资缺乏从事专业工作的实际技能以及专业理念不足等，"特教师资培养在观念、体系、目标、规格、课程设置、管理等方面已经暴露出许多不适应形势发展的矛盾和问题"[7]。因此，培养目标不明确，特殊教育人才培养工作就会迷失方向；特殊教育培养目标出现偏差，特殊教育人才培养工作就会出现失误，从而导致教育资源浪费。三年制特殊教育专科培养目标与规格是我国高等特殊教育体系人才培养中需要首先考虑的因素，我们认为其人才培养的核心理念是应用型复合性，据此通过具体的规格要求来规范专科特殊教育人才培养实践活动的性质、任务、内容、方式和方向，同时也以此作为衡量专科特殊教育人才培养质量的基本标准。当然，根据"应用型复合性"的基本定位，我们还必须对特殊教育人才培养模式、课程设置、教学方法等作一系列的进一步改革，以此保证专科特殊教育培养目标的实现。

**参考文献：**

[1]钟启泉.加强和改革教师教育　为基础教育作出更大贡献[A]//朱小蔓，笪佐领.新世纪教师教育的专业化走向[C].南京：南京师范大学出版社，2003：1.

[2][4]刘捷.专业化：挑战21世纪的教师[M].北京：教育科学出版社，2002：65,42.

[3]郝维谦，龙正中.高等教育史[M].海口：海南出版社，2000：451.

[5]《萨拉曼卡宣言》，转引自：张福娟，等.特殊教育史[M].上海：华东师范大学出版社，2000：310.

[6]杨志坚.中国本科教育培养目标研究（之一）——导论.辽宁教育研究[J]，2004(5)：10.

[7]王雁，顾定倩，陈亚秋.对高等师范特殊教育师资培养问题的探讨.教师教育研究[J]，2004(4)：56.

# 专业化视野下的随班就读教师：困境与出路

李 拉

教育的飞速发展对教师素质的要求愈来愈高。近些年来，在随班就读蓬勃展开的背景下，大量视障、听障与轻度智障等特殊儿童开始进入到普通中小学随班就读。随着随班就读规模的不断扩大，随班就读教师整体素质不高、随班就读教师专业化水平偏低的问题日益凸显，并逐渐成为影响我国随班就读健康发展的瓶颈与桎梏。从当前国内已有研究来看，关于随班就读教师的研究相当匮乏，随班就读教师专业化的研究几乎更是一片空白。提高随班就读教师素质，促进随班就读教师专业化已经成为当前随班就读发展与研究中一个迫在眉睫的话题。

由于随班就读工作的展开是一个多类型、多层次人员参与的过程，因而，在行文展开之前，我们首先有必要对随班就读教师的概念进行界定。随班就读工作的独特性，决定了它需要多种类型人员的参与和合作，包括担任随班就读班级教学的教师、担任补救教学与特殊儿童康复训练任务的资源教师、担任特殊儿童专业指导与帮助的巡回指导教师等。这实质上是一个广义范围内的随班就读教师概念。而本文中所讨论的随班就读教师，主要指在有特殊儿童随班就读的普通班级里担任教育教学任务的中小学教师。这既是一般意义上的随班就读教师，也是广义范围内的随班就读教师队伍中最重要、最核心的构成人员。

## 一、随班就读教师的困境：专业化发展背景下的非专业化教师

教师专业化是世界各国教师教育发展的方向与趋势。教师专业化意味着教师职业具有自己独特的职业要求和职业条件，有专门的培养制度和管理制度。教师专业化的基本含义是：第一，教师专业既包括学科专业化，也包括教育专业性，国家对教师任职既有规定的学历标准，也有必要的教育知识、教育能力和职业道德的要求。第二，国家有教师教育的专门机构、专门教育内容和措施。第三，国家有对教师资格和教师教育机构的认定制度和管理制度。[1]从教师教育的整体发展来看，我国的教师职业正在向专业化迈进，专业化的教师队伍正在形成。然而，如果从专业化的含义与要求来审视我国教师队伍组成部分之一的随班就读教师，会发现在教师职业整体向专业化迈进的背景下，随班就读教师与教师职业整体的专业化程度

相比还相当滞后,还不是真正意义上的专业化教师。

(一)专业身份尴尬

具有明确的专业身份是专业化的重要标志,专业身份决定了专业人员的专业地位。目前,随班就读教师在我国教师队伍中还缺乏明确的定位,这使得随班就读教师身份模糊不清,随班就读教师的专业地位尴尬。

一方面,从职业分类的角度来看,随班就读教师在教师职业中的分类不明。2000年,我国出版的第一部对职业进行科学分类的权威性文献《中华人民共和国职业分类大典》中,首先将我国职业归并为八个大类。其中教师属于"专业技术人员"一类,定义为"从事各级各类教育教学工作的专业人员"。在进一步的分类中,又将教师划分为高等教育教师、中等职业教育教师、中学教师、小学教师、幼儿教师、特殊教育教师、其他教学人员等小类。而从随班就读工作的特殊性上看,随班就读教师不同于一般意义上的中小学教师,更非专门的特殊教育教师。可见,这种分类并未包含随班就读教师。另一方面,更为重要的是,随班就读教师缺乏专门的资格认证。资格认证是专业化的重要体现,在现有的教师资格认证制度中,并没有对随班就读教师资格作出专门规定。1995年开始执行的《教师资格条例》中将教师资格分为幼儿园教师、小学教师、初级中学教师、高级中学教师、中等职业学校教师、中等职业学校实习指导教师、高等学校教师七大类别。随班就读教师不明确属于现有教师资格认证制度中的规定类别。随班就读教师只能和普通学校的其他教师一样,根据所在学校性质申请与学科专业相对应的教师资格证书,如小学语文教师资格、初级中学数学教师资格等,随班就读工作的特殊性并未凸显。

随班就读教师既在教师职业分类中地位不明,又在教师资格认证制度中没有明确体现。虽然从学科教师的角度来看,他们是持有教师资格证书的专业人员,但从随班就读的角度来看,他们却是教师专业队伍中的非专业人员。这使得教师所担任的随班就读教育教学工作,充其量是一种兼职,而非专职。这种"名不正、言不顺"的尴尬地位既不便于对随班就读教师的聘用和管理,又将极大地影响和削弱随班就读教师的工作热情和积极态度。

(二)专业素养偏低

专业素养是一门专业对专业人员的整体要求和核心价值的体现。叶澜认为,教师的专业素养是当代教师质量的集中表现,主要包括专业理念、专业知识与专业能力。[2]从目前随班就读教师的专业素养来看,随班就读教师存在着专业理念缺乏、专业知识与能力薄弱的问题。

在专业理念方面,由于受传统普通教育的影响,随班就读教师对于如何面对班级里出现的特殊儿童还缺乏足够的心理准备,尚未树立完整的特殊儿童观、特殊教育观。甚至对于是否应该接纳特殊儿童这一基本问题还存在疑惑。一项关于普通小学教师对特殊儿童接纳态度的调查表明,39.6%的普校教师对于能否接纳特殊儿童持否定或怀疑的态度;82.6%的教师认为特殊儿童会让教师缺乏成就感;81.8%的教师感到自己想教好特殊儿童,但担心不能胜任。[3]另一项研究表明,虽有多数普校教师在权利和义务上认同将特殊儿童安置于普通班的措施,但一旦把特殊儿童放置到自己班上,态度和行为表现就会有很大的变化。[4]特别是随着全纳理念的提出,随班就读教师还缺乏一种以纳的思想和高度来审视随班就读的理念。除了专业理念的缺乏,随班就读教师在专业知识与专业能力上的薄弱更为明显。随班就读班级是由普通儿童与少数特殊儿童构成的群体,特殊儿童与普通儿童在发展水平、认知方式等方面存在着差异。教育对象范围的扩大,异质的学生群体的形成使得随班就读班级完全不同于传统的普通班级,随班就读教师必须具备应对不同差异儿童教育教学的专业知识与能力。专业知识与能力主要分为学科专业与教育专业两个层面。随班就读教师的教育专业,尤其是关于特殊儿童教育的知识与能力相对匮乏,如特殊儿童心理学、特殊儿童诊断与评估、特殊儿童课程与教学等特殊教育方面的基础知识与能力。知识体系上的不完整使得随班就读教师经常在面对特殊儿童时无所适从。

（三）专业培养与培训缺位

随班就读教师专业素养的不足实际上与当前随班就读教师缺乏专业培养与培训机制有直接的联系。如前文中所指出的,教师专业化的基本含义之一就是国家必须有专门的教师教育机构、专门教育内容和措施。而专门的教师教育机构、专门教育内容和措施恰恰是当前随班就读教师所缺乏的。

具体来说,首先,从现有教师职前培养体制来看,普通学校的教师与特殊学校的教师都有专门的职前培养机构、专门的职前课程以及随着教师教育改革越来越成熟的培养体系。普通师范院校主要承担普通中小学师资培养的任务,特殊师范院校或普通师范院校下设的特殊教育学院（系）等主要承担特殊教育教师培养的任务。随班就读教师几乎没有被列为一个专业进行专门培养。而事实上,我国目前的随班就读教师主要是由毕业于普通师范院校的普通中小学教师担任的。普通师范院校在进行师资培养时却很少开设特殊教育课程或与随班就读相关的课程。一项针对全国137所师范院校的调查显示,仅有19所师范学院已开设特殊教育必修或选修课程,占调查对象总数的13.9%,而且这19所师范院校中有的也只是偶尔开设或曾经开设,坚持每学年开设的很少。即使每学年都开设特殊教育课程的院校,也受重视程度、师资、学时等条件的制约,规模均很小。[5]专业培养上的缺位,使得普通中小学的教师在担任随班就读教育教学时存在着"先天不足"的困境。随班就读教师的专业理念、知识与技能只能主要依靠职后培训的方式进行。但随班就读教师的职后培训体制也同样存在问题。这种培训往往是短期培训,教学时数一般为 60 课时左右。组织培训的机构也呈现出多样化的倾向,有的是特殊教育学校,有的是教育行政部门,有的是高等学校,有的是残疾人联合会。[6]培训组织、培训内容、培训方式等的无序与混乱使这种后天的"补偿式"教育很难满足教师面对随班就读班级教育教学时的需要。

## 二、专业化:随班就读教师的必由之路

随班就读教师的非专业化必然将极大地影响我国随班就读的健康与持续发展。随班就读教师必须要走向专业化的道路,这既是时代发展对随班就读教师的要求,也是随班就读自身发展的必然趋势与选择。

### (一)时代的呼唤:教师教育改革与全纳教育发展

教师教育改革的深入与全纳教育的发展是随班就读教师走向专业化的时代背景。从世界范围内来说,教师职业向专业化发展是教师教育改革的核心内容。经过近些年的努力,我国传统的师范教育已经向职前、职后一体化的教师教育转型,教师专业化的程度日益提升,教师职业在我国已经被认定为是一门专业,至少是一门正在向专业化标准迈进的"准专业"。教师专业化从范围上来讲应该是整个教师群体的专业化,包含学前教师、小学教师、中学教师、职业学校教师、特殊教育教师、高等教育教师、随班就读教师等所有教师类型。随班就读教师是教师群体中一个不可或缺的构成部分,随班就读教师的非专业化必然会影响到我国整个教师群体的专业化进程与层次。缺少了专业化的随班就读教师,我国的教师专业化将是不完整的。

同时,在全球范围内蓬勃兴起的全纳教育思潮也对随班就读教师提出了更高的要求。全纳教育自提出伊始,便成为世界各国 21 世纪教育与社会发展普遍追求的愿景与目标。全纳教育如何在中国实施还是一个有待深入研究的问题,但随班就读是中国向全纳教育迈进的第一步。随着未来随班就读教育对象的扩大、支持体系建设的增强,随班就读的发展过程必然会成为全纳教育的实现过程。[7]随班就读与全纳教育的紧密联系决定了随班就读教师必须要具备很高的素质与要求。随班就读教师要以全纳教育理念为指导和追求目标,随班就读教师应该为成为未来全纳教育发展背景与要求下的教师做好心理上与专业上的准备。从这个意义上来说,随班就读教师必须走向专业化,才能首先在满足随班就读发展的前提下,为未来全纳教育的实施提供高素质的师资力量。

### (二)随班就读自身发展的必然趋势与选择

随着近些年来国家教育政策的大力支持,随班就读获得了蓬勃发展,随班就读

的规模在不断扩大,随班就读的特殊儿童无论从数量上,还是从所占特殊儿童的比例上都在逐年增加。据教育部《2009年全国教育事业统计发展公报》显示,在普通学校随班就读和在附设特教班就读的残疾儿童招生数和在校生数分别占特殊教育招生总数和在校生总数的65.23%和62.87%。[8]2010年出台的《国家中长期教育改革与发展纲要》中也明确提出,要"不断扩大随班就读和普通学校特教班规模"。随班就读规模扩大所带来的一方面,就是担任随班就读教育教学的教师人员数量的显著增加。随着大量特殊儿童就近进入普通学校就读,随班就读教师队伍的数量在急剧膨胀,随班就读教师已经成为教师队伍中一支不容忽视的力量和构成要素。随班就读这种教育安置方式的推行程度和实施效果如何,在很大程度上取决于这支从事随班就读教育教学工作的教师队伍。随班就读规模的扩大所带来的另外一方面就是对随班就读质量要求的不断提高,随班就读不能仅仅是将特殊儿童形式上安置于普通班级,更重要的是要从公平和人权的角度来平等看待所有儿童,使他们都能获得良好的发展。而随班就读教育质量的提高需要大量高素质的、专业化的教师。目前非专业化的随班就读教师队伍不仅会严重影响随班就读的质量与持续发展,更重要的是还会极大地削弱随班就读这种教育安置方式在教育体系中的地位与价值,从而影响我国整个教育事业的和谐发展。

### 三、随班就读教师专业化的实现途径

随班就读教师的专业化已经成为教育发展中一个势在必行而又迫在眉睫的任务。随班就读教师的专业化需要通过实施专门的资格认证来确认随班就读教师的身份和地位,从全纳视角出发改革现有的教师教育体制,同时需要随班就读教师树立专业发展意识,实现专业成长。

其一,实施专门的资格认证,严格随班就读教师职业准入。

前文分析业已指出,随班就读教师在非专业化的发展态势下面临着身份危机和地位尴尬。联合国教科文组织在第45届国际教育大会上提出:推进教师专业化是改善教师地位和工作条件的最有前途的中长期策略。[9]改善随班就读教师地位,促进随班就读教师的专业化,首先要解决随班就读教师的资格认证问题,并通过资格认证来严格随班就读教师职业准入,优化随班就读教师队伍。正如顾明远所言"如果不实行教师资格证书,就等于不承认教师是一个专门化的职业"[10]一样,如果随班就读教师无法获取与随班就读相对应的资格证书,就很难确立随班就读教师的专业地位。

随班就读教师的资格认证从我国目前的教师资格制度来看,有两种途径可供参考或选择。第一种是建立独立的随班就读教师资格认证制度。要求在普校担任随班就读教育教学的教师要在申请到学科教师资格证书的前提下,再参加专门的

随班就读教师资格认证。只有同时获得了这两个证书,才有资格承担随班就读教育教学工作。这种方式要求现有的教师资格制度必须改革,增设专门的随班就读教师资格认证程序。第二种是将随班就读教师资格认证纳入到特殊教育教师资格认证制度中。到目前为止,我们国家还没有专门的特殊教育教师资格制度,关于建立特殊教育教师资格制度的呼声愈来愈高。从近年来国家相应的政策文件来看,制定特殊教育教师资格规定已列入日程。[11]另外,上海市已经于20世纪90年代开始了特殊教育教师资格认证制度的试点,并将随班就读教师纳入到特殊教育教师资格认证体系之中。[12]这样,随班就读教师就必须要在获取普通教师资格证书的基础上,再申请到特殊教育教师资格证书,才能具备随班就读教师资格。当然,在具体实施的过程中,对随班就读教师的资格认证要与特殊学校教师、特教班教师的资格认证区别开来,根据随班就读教师的工作性质,认证标准要相对低一些。

从目前来看,将随班就读教师资格认证纳入到正在构建中的特殊教育教师资格认证体系之中是一种相对可行的选择。从长远来看,应该改革现有的教师资格认证制度,对普通学校中所有申请教师资格证书的人员,在资格考试中都要有特殊教育、随班就读与全纳教育等方面的相关知识与技能考核,如此才能保证为未来全纳教育的实现提供高素质的人才。

其二,改革随班就读教师培养模式,构建一体化的随班就读教师养成机制。

针对现有随班就读教师职前培养与职后培训缺乏的现状,随班就读教师的专业化需要教师教育体制作出相应的变革,构建职前、入职、职后一体的随班就读教师养成机制。

在职前阶段,我国的教师教育要进一步思考随班就读教师的培养模式问题。由特殊教育师范院校通过设置专门的随班就读专业来培养随班就读教师固然可行(如南京特殊教育职业技术学院已经专门设置了随班就读专业,培养随班就读师资),然而,由特殊教育师范院校设置专门的专业来培养随班就读教师,本身却存在着一些特殊师范院校无法解决的问题。一方面是培养力量的薄弱,每年毕业的随班就读师范生数量极少,对于迫切需要大量专业随班就读教师的普校来说,无异于杯水车薪。另一方面,就是限于特殊教育师范院校自身的特点,在注重特殊教育师范性的同时,却容易忽略和无法完全满足普通学校学科教学的专业性。另外,从专业取向上来培养随班就读教师本身就是一种值得商榷的做法。因而,随班就读教师的培养必须由普通师范院校来承担,要充分利用普通师范院校数量众多和人才培养体系完善的特点,探索有效的随班就读教师培养体制。普通师范院校仍然要坚持学科方向的教师培养模式,但在课程设置上要增加有关特殊教育的课程,包含特殊教育基本理论、特殊儿童心理学、随班就读与全纳教育等课程,并且要作为每个师范生的必修课程固定下来。这已经不仅是当前随班就读教师培养的需要,随着未来全纳教育的发展,特殊教育需要儿童的数量与范围会越来越广,一些以前不作为随班就读对象的儿童,也将逐步纳入到随班就读对象行列之中,如普通班级里的学习障碍儿童、心理障碍儿童、情绪与行为障碍儿童等。这势必要求未来的普通班级里的教师都要具备基本的特殊教育知识与能力,才能满足全纳教育发展的需求。而这方面的基本知识与能力要通过师范院校改革人才培养模式和课程设置来实现。同时,要重视师范生的实习,打破普通师范院校的师范生只能去普校实习的惯例,建立普通中小学与特殊学校共同接纳师范生实习的机制,增加师范生在特殊教育方面的实践能力。另外,做好随班就读教师的入职教育与职后培训也是必不可少的重要环节,地方教育行政部门要重视随班就读教师的入职教育与职后培训,建立随班就读教师入职教育制度和职后培训制度,统筹安排培训机构、培训内容与培训经费,保障培训的质量,从而构建起一个一体化的随班就读教师养成体系。

其三,树立专业发展意识,促进随班就读教师专业成长。

教师专业化的研究表明,教师专业化是一个持续的、渐进的过程。它通常包含两个层面,一是教师职业的专业化,即教师职业整体向专业化迈进;二是教师个体的专业发展。从本质上说,教师专业化发展是教师个体专业不断成长的历程,是教师不断接受新知识,增长专业能力的过程。教师要成为一个成熟的专业人员,需要通过不断的学习与探究历程来拓展其专业内涵,提高专业水平,从而达到专业成熟的境界。[13]教师专业化是一个教师职业专业化与教师个体专业发展相辅相成的过程。

从专业化的角度来看,随班就读教师的专业化是一个通过专业资格认证、专业培养与培训等外在方式促进的过程,更是一个内在能动的提高过程。教师是教育实践的执行者,随班就读中的许多理论困惑与实践问题需要随班就读教师在专业发展的意识下主动去探索和解决,通过这种能动的实践,获取实践智慧,提升专业水平。正如有学者所指出的:教师自身、教育实践、个体知识、教育经验、教育情景、"关键事件"等日渐成为教师发展、教师学习的依靠性力量。[14]我国随班就读实施的时间不长,随班就读教育教学的相关理论研究还不够深入,随班就读实践还存在着诸多问题。随班就读的发展现状呼唤随班就读教师更多的能动性与自觉,需要随班就读教师自身的专业发展来推动随班就读的深入开展。随班就读教师个体的专业发展对于随班就读这种教育安置方式的有效探索与推进具有至关重要的意义与价值。随班就读教师首先要树立正确的专业发展观念,应该意识到教师自身的专业发展不仅仅是外界力量推动的过程,更是自我知识更新与实践探索的过程。随班就读教师还需要树立一种研究的自觉,能够以一种研究者的角度来审视自我的教育实践,并能通过实践进行专业反思,从而不断促进个体自身专业水平的提高和随班就读教育教学质量的有效提升。而随班就读教师个体的专业成长,必将带动和促进随班就读教师队伍整体的专业化发展。

**参考文献：**

[1][13] 教育部师范教育司.教师专业化的理论与实践[M].北京:人民教育出版社,2003:1,50.

[2] 叶澜.新世纪教师专业素养初探[J].教育研究与实验,1998(1):41—46.

[3] 刘春玲,杜晓新,姚健.普通小学教师对特殊儿童接纳态度的研究[J].中国特殊教育,2000(3):34—36.

[4] 陈光华,等.我国大陆随班就读态度研究综述[J].中国特殊教育,2006(12):27—32.

[5] 汪海萍.普通师范院校特殊教育课程开设情况的调查[J].中国特殊教育,2006(12):13—17.

[6] 李泽慧.近二十年我国随班就读教师培养研究回顾与反思[J].中国特殊教育,2010(6):8—11.

[7] 李拉.当前随班就读研究需要澄清的几个问题[J].中国特殊教育,2009(11):3—7.

[8] 教育部网站.2009年全国教育事业统计发展公报[EB/OL].[2010-10-24].http://202.205.178.7/publicfiles/business/htmlfiles/moe/moe_1485/201008/xxgk_93763.html.

[9] 赵中建."国际师范教育发展的里程碑"——第45届国际教育大会简介[J].高等师范教育研究,1997(2):76—80.

[10] 顾明远.教师的职业特点与教师专业化[J].教师教育研究,2004(6):3—6.

[11] 顾定倩.特殊教育教师资格制度的比较研究[J].比较教育研究,2005(9):53—58.

[12] 于素红.上海市特殊教育教师资格制度的现状与发展[J].中国特殊教育,2008(6):52—57.

[14] 龙宝新.对当前我国教师教育中存在的"钟摆"倾向的反省[J].教师教育研究,2009(1):1—5.

（原文发表于《教育理论与实践》2012年第23期）

# 对随班就读教师差异教学能力构成的分析

李泽慧　周珉

## 一、问题的提出

随班就读经过 20 年的发展,已经成为我国特殊教育发展的主体。随班就读,一般要经过三个发展层次[1]:(1) 形体式随班就读。这个层次随班就读仅仅是把残疾学生纳入普通班级,而没有采用具体的康复措施或教学方法,残疾学生只是形体上在班级里,有人称之为"随班就坐"。(2) 社会融入式随班就读。在这个层次,残疾学生和普通学生一起活动,互相交往,尽量与社会多接触,增进残疾学生的社会适应性,但是残疾学生的学习状况没有得到很好的改善,有人称为"随班就混"。(3) 教育效果式随班就读。残疾学生不仅形体随班,和同学友爱相处,社会适应性得到发展,而且强调残疾学生能够在教师的精心设计下完成学习目标,获得符合其能力的发展。目前,在我国随班就读实践中,形体式和社会融入式较多,教育效果式的随班就读较少,这不仅影响随班就读的教育教学质量,也阻碍教育公平的实现,因此提高随班就读水平成为特殊教育发展的新任务。在影响随班就读质量的诸因素中,随班就读教师的教育教学水平是一个关键因素。我们认为,提高随班就读教师的教学能力,能促进随班就读质量的提高。

差异教学是指"在班集体教学中立足学生个性的差异,满足学生的不同学习需要,以促进每个学生在原有基础上得到充分发展的教学"[2]。差异教学从教育对象、教学策略、教学方法等方面,与随班就读紧密契合,适应了随班就读的教学形式和要求。当我们把随读生与普通学生看做是同一个有差异的群体时,随读生和普通儿童有着更多的共性。以往在随班就读中强调个别化教学,可能是过多地重视了残疾儿童的特殊性的一面,而忽略了儿童共性的一面。因为有班级共同学习目标、内容作基础,我们只需要针对随读生的特殊需要,在目标、内容、教学方法、过程等方面做出适当调整,通过并列式教学计划体现出来,就可能在教学中兼顾普通生和随读生的不同需要,并让普通生和随读生相互促进、共同提高。当然,因为差异教学是立足班集体的教学,对于有特殊需要的随读生来说,仍需要个别教学的补充,以满足残疾学生的特殊教育需要。差异教学从教学理念、教学策略、教学方法等方面适应了随班就读的发展,能促进随班就读向全纳教育发展,是提高随班就读质量的必然要求。[3]那么,如何使随班就读教师具有差异教学能力呢?我们认为,这种差异教学能力是能够通过教师培训和教学改革来实现和提高的。所以,通过对教师差异教学能力构成的分析,结合随班就读教师所应承担的教学任务,提炼出随班就读教师差异教学能力的构成因素,可以为随班就读教师培训与培养明确内容,为随班就读教师改进教学提供方向,以达到促进随班就读教学质量提高的目的。

## 二、概念的界定

### (一)随班就读

"随班就读"(Learning in Regular Class)一词的正式提出最早见于1988年公布的《中国残疾人事业五年工作纲要(1988—1992年)》的第42条。国家教委1994年颁布的《关于开展残疾儿童少年随班就读工作的试行办法》中对随班就读做了具体规定。我们认为随班就读是指残疾儿童(主要是视觉障碍、听觉障碍、轻度智力障碍儿童)在普通教育机构中和普通儿童一起接受教育的一种特殊教育形式。[4]这是一种由政府主导、自上而下、由点到面的特殊教育实践探索活动。随班就读在理论上无疑借鉴了"一体化教育"和"全纳教育"的理论,但是"在教育发展的水平和教育改革的深度上,还有很多差距"[5],在概念上不能完全对等起来。本文所采用的随班就读概念,即指残疾儿童在普通教育机构中与普通儿童一起接受教育、共同成长的教育形式,这种形式更多地契合"一体化教育"的思想。

### (二)随班就读教师

本文使用"随班就读教师"概念时,特指担任随班就读教学的学科教师,不包括专门为残疾学生进行专项训练和提供教学补充的资源教师。

### (三)教学能力及其构成

1. 教学能力

本文采用申继亮等人的研究成果,将教学能力看成"是以认识能力为基础,在具体学科教学活动中表现出来的一种特殊能力(专业能力)"[6]。根据申继亮等人提出的教学能力结构模式(见图1),将教师的教学活动看成是一种认识性活动,具有鲜明的智力基础。在教学能力的智力基础中以分析性思维、创造性思维、实践性思维最为关键:分析性思维直接影响教师传授知识的准确性、全面性、系统性;创造性思维与教师教学活动中思想的开放性、教学设计的灵活性、教学方法的启发性等有密切关系;教师的实践性思维与其解决教学问题的能力、处理突发事件的教育机智密切相关。认为各式各样的教学活动都涉及三种能力：即教学监控能力、教学认知能力和教学操作能力。其中，教学监控能力是指教师为了保证教学的成功，达到预期的教学目标，而在教学的全过程中，将教学活动本身作为意识对象，不断地对其进行积极主动的计划、评价、反馈、控制和调节的能力。教学认知能力是指教师对教学目标、教学任务、学习者特点、教学方法与策略以及教学情境的分析判断能力，主要表现为分析掌握教学大纲的能力、分析处理教材的能力、教学设计能力、对学生学习准备性与个性特点的了解、判断能力等。教学操作能力主要是指教师在实现教学目标过程中解决教学问题的能力，主要表现为：言语表达能力，如言语表达的准确性、条理性、连贯性等；非言语表达能力，如言语的感染力、表情、手势等；选择和运用教学媒体的能力，包括呈现教材的能力、课堂组织管理能力、教学评价能力等。[7]

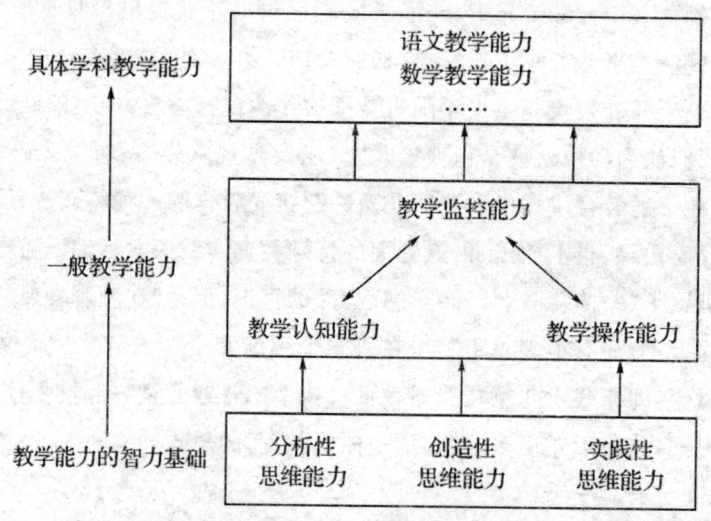

**图1 申继亮等人提出的教学能力结构模式**

2. 教学能力的构成

基于以上对教学能力的认识，对教学能力的构成，本文也采用申继亮等人的研究成果，认为：首先教学能力作为一种特殊能力，其"特殊性"可以分为不同层次，即教学能力的智力基础→一般教学能力→具体学科教学能力，其特殊性依次升高。其次，教学活动是由一系列性质不同的具体活动构成的，每种活动都对应一种特定的能力，因此，教学能力是由多种成分构成的一种综合体。最后，教学活动是一种有目的、有计划、有组织的活动，实施活动的过程中不仅有活动的执行成分，还应有保证活动顺利进行的调控成分。本文讨论的是一般教学能力的构成，可以归结为教学监控能力、教学认知能力、教学操作能力。这三种能力互为关联，教学监控能力分别与教学认知能力、教学操作能力直接相关,而教学认知能力与教学操作能力的联系往往是通过教学监控能力而实现的。[8]

(四)差异教学能力和随班就读教师差异教学能力

根据以上采用的教学能力的定义,本文认为差异教学能力是指教师实施差异教学时应该具有的一种特殊能力,与教学能力一样,其"特殊性"可分为不同层次,即智力基础→一般教学能力→具体学科教学能力,且依次升高。由于目前差异教学在具体学科中的探讨刚刚起步,研究积累尚不充足,所以本文暂时不对差异教学的具体学科教学能力进行研究。

随班就读教师差异教学能力是指随班就读教师在实施差异教学时应该具有的教学能力。

### 三、随班就读教师教学能力的研究现状

对随班就读教师教学能力的研究,在我国目前进行得较少,主要是体现在随班就读师资培训的相关著作中。

陈云英编著的《随班就读的课堂教学》(1996)和《中国一体化教育的理论与实践》(1997),可能是我国最早涉及随班就读教师的教学能力的研究。书中提出教师需要掌握以下知识技能才能实现随班就读:(1)更新教育思想。承认儿童是有个别差异的,教师需要反省自己教学中不利于儿童学习的做法,认真改进教学,帮助儿童克服学习上的困难。(2)掌握协作的能力。儿童的困难有些教师可以自己克服,有些可以结合校长、专家、家长、儿童本人或街道社区的有关人员共同克服,教师需要调动人员并与他们合作。(3)掌握特殊教育的基本原则和方法。[9]

华国栋主编的《随班就读教学》(2000)提出,随班就读教师应具有对随班就读学生测查评估与教育安置的能力,制订随班就读教学计划的能力,照顾差异的课堂教学能力,进行有针对性的教育训练的能力,如进行语言训练与行为矫正的能力,以及获得教学需要的帮助与支持的能力。[10]

华国栋主编的《特殊需要儿童的心理与教育》(2004)一书中,在进一步阐述教师需具有照顾差异的课堂教学能力的同时,提出教师还应具有建立平等参与的学习环境的能力、对特殊需要儿童的评估能力、与特殊需要儿童进行沟通的能力,还提出教师应具有行为改变技术、沟通方法与技巧,应具有创设良好的师生合作关系等方面的要求。[11]

这些表明,我国对随班就读教师教学能力的研究中,对随班就读教师的素质和能力要求关注较多,对随班就读教师教学能力构成的研究较少。而对随班就读教师教学能力构成的研究,能为随班就读教师培训与培养明确内容,为随班就读教师改进教学提供方向,从而促进随班就读教学质量的提高。

## 四、随班就读教师差异教学能力的构成

### （一）差异教学能力的构成要素

由于差异教学在我国尚未普遍、主动、积极地开展，因此对差异教学能力构成的分析，还是一个应然的分析，主要通过对差异教学能力进行阐述的文献进行分析和逻辑推理，从中推理出实施差异教学所需要的能力。由于从目前的研究成果来看，关于差异教学能力的研究，主要集中在华国栋的《差异教学论》、美国学者卡洛·安·汤姆林森的《多元能力课堂中的差异教学》和黛安·荷克丝的《差异教学——帮助每一个学生成功》三本著作中，所以将这三本著作作为文献分析的主要对象。

通过对以上文献的分析，笔者把差异教学能力归纳为以下12种基本要素：

（1）对学生差异进行测查的能力：教师能运用多样的方法和工具，对学生差异进行心理测查和教育测查，了解学生的个体间差异和个体内差异，了解学生的智力水平、学习目的、学习动机、学习兴趣、学习态度、准备水平、学习风格、学习类型等。

（2）对学生进行恰当的教育安置的能力：教师能采用适当的教学组织形式，对学生进行合理的教育安置，并能根据学生的学习需要进行弹性分组。

（3）根据学生差异，进行教学设计的能力：教师能根据学生的学习需要，制订明确的教学目标，教学目标处于学生的最近发展区，并促进潜在发展水平向现实发展水平过渡；能根据教学内容、性质、学生的特点，以及教学方法、手段、形式等因素灵活安排教学时间，使课程具有弹性；能制订面向全体学生，兼顾不同学生需要的教学计划。

（4）根据学生的学习准备，用多种方法激发不同学生学习动机的能力：教师要了解学生学习新知时的认知准备和情感准备，会用多种方法使不同学生的学习动机都得到激发和调动。

（5）根据学生的学习实际，对学习内容进行调整和选择的能力：教师能根据学生的学习实际，联系学生的生活和已有经验，对学习内容的深度、广度、顺序，以及学习速度、学习内容的呈现方式进行调整，在明确关键知识技能点的基础上，能根据学生的学习需要，设计开放的、可选择的学习内容。

（6）根据学生的不同学习基础，组织分层和分类学习活动的能力：针对学生的不同学习基础，教师能设计分层和分类的学习活动。在设计分层活动时，进行隐性分层和动态分层，以消除分层的"标签效应"；能根据学生的不同学习类型，设计学习活动，让学生有自主选择的机会；在设计分层和分类学习活动时，能将同质分组和异质合作相结合。

（7）针对学生差异，采用多样化教学方法和手段的能力：根据学生的学习准备和学习类型，会采用多样化的教学方法与手段，使教学方法和手段与学生的学习尽

量匹配;能运用多种教学方法和手段,丰富学生的思维,促进学生思维的灵活性;在教学中,能安排一定的学生独立学习时间,给学生根据自己学习方式进行学习的空间。在课前对教学方法认真谋划,在课中运用教学机智,提高教学方法和手段的有效性。同时帮助学生及时总结和积累学习策略,学会学习。有效运用多媒体手段,拓宽信息通道,提高教学效率。

（8）对多样活动的课堂进行管理的能力:课前预设合理的集体教学、小组学习、个别教学、合作学习的教学流程,在课中安排弹性活动时间,满足不同学生的学习速度;和学生事先讨论和约定课堂规章,清晰发布学习指令和学习安排,培养学生的学习自主性,养成良好的学习习惯。

（9）及时获得大面积教学反馈和进行多元评价的能力:通过提问、作业、讨论等多种方法和渠道,及时地获得大面积的学生学习的信息,根据学生的反馈,及时调整教学计划和教学速度,并进行教学补救;及时引导学生进行自我评价、相互评价、小组评价等,加以教师评价激励,在教学中发现和照顾学生的差异,通过评价促进每个学生的发展,既注意评价的客观公正,更强调通过评价指出学生发展的方向。

（10）设计可选择的多种类型作业的能力:根据学生的差异,允许学生选择自己喜欢的方式展现学习成果和完成作业。鼓励学生用多种方式来表达自己的作业,培养学生的创新精神和创新能力。同时根据学生的学习目标,在作业数量、作业难度上考虑作业的可选择性,满足学生的不同需要。

（11）进行及时的、有针对性的个别辅导和技能训练的能力:根据学生的准备水平,在课前进行铺垫辅导,帮助全体学生尽可能在同一知识水平上开始学习;在课中兼顾学习优秀学生和学习落后学生,及时辅导,既引导拓展,又拾遗补缺;在课后强化辅导,使学习落后的学生及时弥补知识技能上的缺陷,使学有余力的学生拓宽和加深有关知识,发展特长。针对学习困难学生的实际,采用小单元辅导,将知识技能按单元理成体系,促进知识正迁移。

（12）营造良好教学环境的能力:尊重学生的差异,平等、民主地对待学生,让每位学生都参与教学,形成和谐民主的教学气氛;对学生保持爱心和热情,形成良好的师生关系,营造平等、和谐、宽容的班风,形成良好的学生关系,使学生的心理环境得到优化。维护和改善教学环境,满足学生的不同需要;利用校内外资源,和家长、社区合作,改善影响学生学习的社会环境,最终促进学生全面和谐的发展。

依据申继亮等人提出的教学能力结构模型,对差异教学能力的12个要素进行分析,我们发现差异教学能力与教学能力模型基本一致,在构成上并没有显著的不同,但是在能力内涵上,体现出差异教学的鲜明特点,比一般教学能力的结构更为丰满（见图2）。

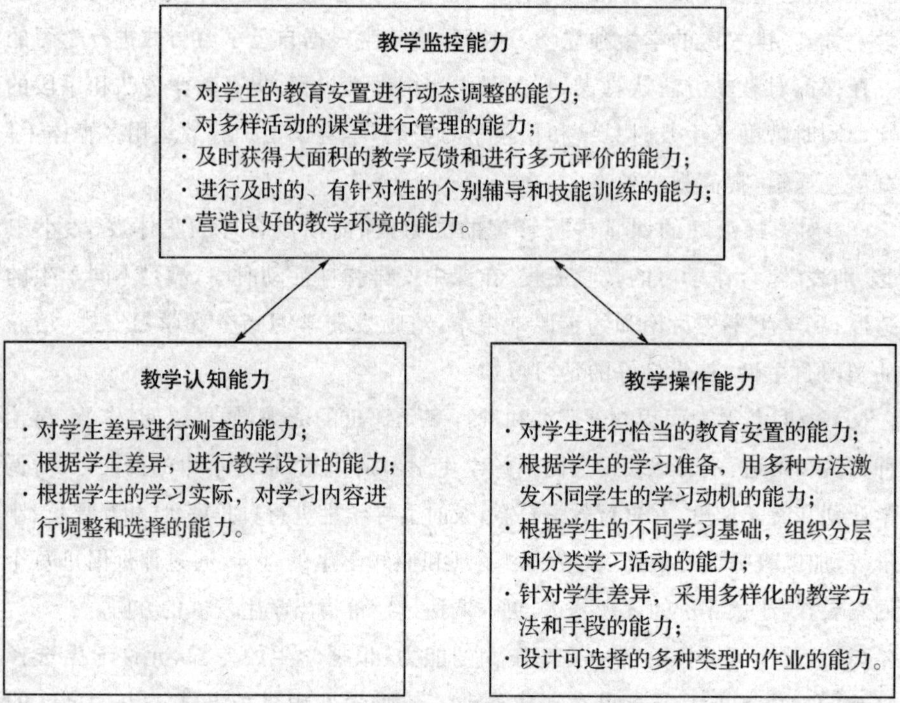

```
┌─────────────────────────────────┐
│         教学监控能力              │
│ ·对学生的教育安置进行动态调整的能力； │
│ ·对多样活动的课堂进行管理的能力；   │
│ ·及时获得大面积的教学反馈和进行多元评价的能力； │
│ ·进行及时的、有针对性的个别辅导和技能训练的能力； │
│ ·营造良好的教学环境的能力。        │
└─────────────────────────────────┘
            ↑              ↑
┌──────────────────┐  ┌──────────────────┐
│   教学认知能力     │  │   教学操作能力     │
│ ·对学生差异进行测查的能力； │  │ ·对学生进行恰当的教育安置的能力； │
│ ·根据学生差异，进行教学设计的能力； │  │ ·根据学生的学习准备，用多种方法激发不同学生的学习动机的能力； │
│ ·根据学生的学习实际，对学习内容进行调整和选择的能力。 │  │ ·根据学生的不同学习基础，组织分层和分类学习活动的能力； │
│                  │  │ ·针对学生差异，采用多样化的教学方法和手段的能力； │
│                  │  │ ·设计可选择的多种类型的作业的能力。 │
└──────────────────┘  └──────────────────┘
```

**图 2　差异教学能力构成模型**

几点讨论：

第一，对学生差异的测查能力，属于教学认知能力，是对学生学习准备与个性特点的了解、判断的能力。在这个能力中，差异教学特别强调利用多种方法和多种测查工具，如行为核查表、症状自评量表等，来测查、了解学生的学习准备与个性特点。这其中必然涉及对测查知识和技能的掌握。这一部分的知识和技能，在以往的教师知识结构中，特别是普通教育教师的知识结构中未被重视。因此差异教学中的教学认知能力的提高，还要适当扩充教师现有的知识技能。

第二，教学操作能力可以从教学操作活动和教学操作方法或手段两个层面来分析。在对差异教学能力的研究中，似乎对教学操作活动关注较多，而对教学操作方法或手段关注不够全面，关注到了教师对教学媒体的选择和教师的非言语表达能力，但是对教师在教学操作中的言语能力的关注不够。

第三，教学监控通过对教学活动的计划与实施、组织与管理、反馈与调节、反省与评价来完成。在教学监控能力中，反省与评价是重要环节之一。这里的反省与评价应该不仅是对学生的评价，也应该包括教师对自己教学行为的反省与评价。在差异教学能力的研究中，对教师在教学过程中的反省和自我评价也强调不够。

## （二）随班就读教师差异教学能力的构成要素

在文献研究中，笔者发现我国对随班就读教师教学能力研究的专项成果虽然不多，但是其中也有对随班就读教师应具备的知识、技能、能力、态度的研究。在华国栋主持的全国教育科学"九五"规划教育部重点课题"普通师范特殊教育师资培养问题研究"中，曾采用任务分析法，对78名随班就读做得比较好的教师的教育教学活动，进行跟踪、观察、记录，并对这些活动进行归类分析，从中得出有别于普通教师的随班就读教师应承担的教育教学任务，然后进一步考虑完成这些任务，作为随班就读教师应具备的知识、技能、能力、态度等。该研究总结出了随班就读教师应具备的33项知识、技能、能力和态度的指标（见表1）。

表 1  随班就读教师所应承担的任务与所需知识、技能、能力、态度对照表

| 随班就读教师所应承担的任务 | 随班就读教师所需具备的知识、技能、能力、态度 |
| --- | --- |
| （1）随班就读残疾儿童教育教学的任务（随读儿童虽然在普通班就读，但是教师应该对其施以特殊教育） | （1）教师会正确使用一系列评估工具（或在有关专家指导下，正确应用测评的结论），客观评价学生的发育、缺陷、能力和成绩<br>（2）善于对儿童行为进行观察，并准确记录<br>（3）能和残疾儿童平等地进行有效交流<br>（4）会在观察和评估的基础上，了解学生的特殊需要，为随读儿童制订个别教学计划<br>（5）为他们编制有关学习材料，实施和评估教学计划<br>（6）熟练掌握目标制订、目标实现、任务分析等技术<br>（7）熟练运用提示、塑造、连锁和强化等技术，能对残疾学生缺陷进行矫正补偿<br>（8）提高残疾儿童社会生活适应的能力<br>（9）对残疾儿童有爱心和责任心<br>（10）了解关于残疾的基本知识及残疾儿童的身心特点，尊重他们，理解他们<br>（11）了解残疾儿童的学习和行为特点，能满足他们的特殊需要 |
| （2）一体化教育教学的任务（在面向全体学生的同时教育随班就读学生，需要掌握一体化教育教学的规律，促进学生的融合，促进学生的共同发展） | （12）了解一体化教育安置的形式及安置原则<br>（13）具备改变、调整普教课程和内容，使普教课程特殊化的能力<br>（14）课堂教学中兼顾普通生和随读生的能力<br>（15）创设团结互助的环境，使正常生具有更好的帮助随读生的能力<br>（16）能面向全体学生，平等地对待每一个学生<br>（17）能创设民主和谐的积极向上的集体氛围 |

续表

| 随班就读教师所应承担的任务 | 随班就读教师所需具备的知识、技能、能力、态度 |
|---|---|
| (3) 社会工作者的任务（当前特殊教育的模式已经由临床模式向生态模式转变,随读儿童是教育环境的一部分,教师在进行随班就读教学工作时,需要得到社会、家长及有关人员的支持,因此随班就读教师还承担社会工作者的任务） | (18) 了解特殊教育在普及九年义务教育中的地位和作用,有社会责任感<br>(19) 了解我国关于残疾人的方针政策,维护残疾学生的权益<br>(20) 会做家长工作,如倾听家长诉说,与家长分担苦乐,平等地对待家长,把家长看做了解其子女的行家,用通俗易懂的语言向家长解释教学方法等<br>(21) 吸收家长参与对随读生的观察评定、教学计划的制订和效果评估工作,并根据需要修订教学计划<br>(22) 争取让家长充分参与儿童每个发展阶段的工作,特别是儿童即将离开学校走向社会时的准备工作<br>(23) 懂得何时需要和如何获得其他专业人员或专业机构的帮助支持<br>(24) 具备用清晰的语言向其他人员介绍和说明儿童问题的实质的能力<br>(25) 尊重其他专业人员的劳动,善于和专业人员合作<br>(26) 善于争取校长和其他教师的支持 |
| (4) 继续教育的任务 | (27) 具有终身教育的理念<br>(28) 善于获取教学和研究方面新进展的信息<br>(29) 能批判地阅读和评价教学和研究方面的文献资料,区别观点与事实<br>(30) 善于将学习和研究结果应用于随读儿童及其家庭需要<br>(31) 以研究的态度对待儿童,具有设计和实行小范围研究的能力<br>(32) 不断了解和掌握现代教育技术在特殊教育中的应用<br>(33) 会写总结、研究性文章 |

这是迄今为止最为详细的对随班就读教师知识、技能的分析,较全面地涵盖了我国当前随班就读教师的知识、技能。因此,可以这 33 项指标为基础,对照前面所分析的差异教学能力的基本要素,进一步分析其中已经包含了的差异教学能力要素,和从事随班就读工作所特别要求的差异教学能力要素,从而得出随班就读教师差异教学能力的构成(见表 2)。

表 2　差异教学能力与随班就读教师差异教学能力的对应

| 差异教学能力 | 随班就读教师差异教学能力 |
| --- | --- |
| (1) 对学生差异进行测查的能力 | (1) 使用常用的评估工具,对随读生进行病源测查的能力<br>(2) 使用常用的评估工具,对随读生进行心理测查、教育测查的能力<br>(3) 正确应用专家的测评结论,客观评估随读生发育、缺陷、能力和成绩的能力 |
| (2) 对学生进行恰当的教育安置的能力 | (4) 根据随读生的身心特点,提出合理的安置形式和安置措施的能力<br>(5) 根据随读生的特殊需要,为其制订个别教学计划的能力<br>(6) 说服家长参与制订个别教学计划,并获得家长支持的能力 |
| (3) 根据学生差异,进行教学设计的能力 | (7) 运用目标制订、目标实现、任务分析等技术,为随读生制订符合其特殊需要的教学目标的能力<br>(8) 将随读生的教学目标分解为具体的学习任务的能力<br>(9) 为随读生确定课程所要求的关键知识技能,并融合到学生个人学习任务中的能力<br>(10) 将随读生的个别教学目标融合到班级整体要达成的课程目标中的能力<br>(11) 为随读生编制有关学习材料,辅助随读生达成教学目标的能力 |
| (4) 根据学生的学习准备,用多种方法激发不同学生的学习动机的能力 | (12) 用多样方法了解随读生学习新知时的认知准备的能力<br>(13) 用多样方法了解随读生学习新知时的情感准备的能力<br>(14) 采用多样方法激发随读生学习动机的能力<br>(15) 和随读生有效沟通的能力 |
| (5) 根据学生的学习实际,对学习内容进行调整和选择的能力 | (16) 采用同教材、同进度、异要求的方法,设计随读生学习内容的能力<br>(17) 根据随读生的实际,对学习内容的深度、广度、顺序以及学习的速度、学习内容的呈现方式进行调整的能力<br>(18) 根据随读生的学习需要,设计符合随读生的学习内容的能力<br>(19) 将随读生的学习内容和班级学习内容有机整合的能力 |
| (6) 根据学生的不同学习基础,组织分层和分类学习活动的能力 | (20) 在班级教学中,根据随读生的学习需要,及时调整对随读生的教学分层的能力<br>(21) 在班级教学中,合理设计学习活动,运用提示、塑造等行为矫正技术,对随读生个别指导,进行缺陷矫正补偿的能力<br>(22) 在班级教学中,根据随读生的学习需要,将随读生合理地编入学生合作小组,实施合作教学的能力<br>(23) 在班级教学中,为随读生安排适当的助学伙伴,实施伙伴教学的能力<br>(24) 根据随读生的学习需要,合理运用现代教育技术,合理使用多媒体,对随读生进行辅助教学的能力 |

续表

| 差异教学能力 | 随班就读教师差异教学能力 |
|---|---|
| (7) 针对学生差异，采用多样化的教学方法和手段的能力 | (25) 根据随读生的学习类型和特点，选择与之匹配的教学方法和手段的能力<br>(26) 针对随读生的实际，采用多种教学方法和手段，多通道完成随读生学习任务的能力<br>(27) 针对随读生不同的学习障碍，选择和及时调整教学方法的能力<br>(28) 运用突出提示、当堂训练等方法，及时帮助随读生理清关键知识点和及时把握关键技能的能力<br>(29) 恰当使用提问的方法，帮助随读生体验成功的能力<br>(30) 合理恰当使用直观教学的方法，帮助随读生理解概念的能力<br>(31) 为随读生自制教具学具的能力 |
| (8) 对多样活动的课堂进行管理的能力 | (32) 合理安排集体教学和对随读生的个别辅导的能力<br>(33) 根据随读生的学习需要，合理安排随读生座位的能力<br>(34) 与进入课堂的资源教师进行协作教学的能力<br>(35) 维护和指导随读生使用特殊用具，如助听器、助视器等的能力 |
| (9) 及时获得大面积的教学反馈和进行多元评价的能力 | (36) 及时获得随读生学习反馈的能力<br>(37) 对随读生进行多元评价的能力<br>(38) 针对随读生的需要，合理设计对随读生的小单元测验，进行分段评估的能力<br>(39) 在班级教学中及时了解评价随读生的知、情、意、行的能力 |
| (10) 设计可选择的多种类型的作业的能力 | (40) 根据随读生的学习特点，为其设计数量适度、难易适中的作业的能力<br>(41) 鼓励随读生选择自己喜欢的方式表达作业或学习成果 |
| (11) 进行及时的、有针对性的个别辅导和技能训练的能力 | (42) 针对随读生的需要，对随读生进行有效的课前铺垫辅导、课中个别辅导、课后强化辅导的能力<br>(43) 针对随读生的需要，对随读生进行特殊技能训练的能力，如视觉功能训练、言语训练等 |
| (12) 营造良好的教学环境的能力 | (44) 为随读生营造平等、宽容的班级氛围的能力<br>(45) 引导随读生和普通学生交往，培养随读生社会适应性的能力<br>(46) 采用多样方法，让随读生体验成功、树立自信的能力<br>(47) 获得家长支持配合的能力<br>(48) 与资源教师、特殊学校教师和其他专业人员合作的能力<br>(49) 获得社会支持和资源的能力 |

注：本表根据华国栋主编《特殊教育师资培养问题研究》一书中第187~189页的相关内容编制，使用得到作者同意。

几点讨论：

第一，差异教学立足班级教学，面向全体，照顾差异，和随班就读在教育理念上是完全一致的。国内有研究者将随班就读视为普通教育和特殊教育融合为一体的开始，其发展方向是全纳教育。差异教学和全纳教育有共同的价值取向，追求真正的教育平等，关注学生个体，关注学生的发展。从这个意义上看，差异教学是随班就读的应有之义。在随班就读中开展差异教学是差异教学的一种实践形式，随班就读教师的差异教学能力应该与差异教学能力的一般性和总体性要求趋于一致。

第二，随班就读教师的差异教学能力由于教育对象存在明显差异，因而采用的差异教学方法和策略也有明显不同。这些不同可能影响随班就读教师差异教学能力的构成。目前可以分析出来的是：随班就读教师应具备的特殊教育知识，会对教学认知能力造成影响；随班就读教师应具备的特殊教育技能，会对教学操作能力造成影响；随班就读教师对随班就读的情感态度会对教学监控能力造成影响。

第三，随班就读教师在进行随班就读教学时，不仅要依靠个人教学能力，还要获得外界的支持，需要家长、学校、社会提供必要的支持和保障。但是这种支持和保障，也需要随班就读教师的主动获取和积极开发。因此随班就读教师获取校内外资源的能力，也是差异教学能力之一。

第四，随班就读教师所应具有的特殊教育知识和技能，是开展随班就读的一个重要条件，它可以使教师对随读生实施差异教学时更好地照顾随读生的差异，使教学设计、教学方法手段更为有效。此外，将随读生视为和其他学生一样只是有些差异的学生，是随班就读教师应该具有的基本观念。

**参考文献：**

[1][5] 陈云英，等.中国特殊教育学基础[M].北京：教育科学出版社，2004：429—430，428.

[2] 华国栋.差异教学论[M].北京：教育科学出版社，2001：24.

[3] 华国栋，李泽慧.实施差异教学，提高随班就读质量[J].中国特殊教育，2006(12)：9—12.

[4][10] 华国栋.随班就读教学[M].北京：华夏出版社，2000：3，7.

[6][7][8] 申继亮，王凯荣.论教师的教学能力[J].北京师范大学学报（人文社会科学版），2000(1)，64—71.

[9] 陈云英.随班就读的课堂教学[M].北京：中国国际广播出版社，1996：10.

[11] 华国栋.特殊教育师资培养问题研究[M].北京：华夏出版社，2001：3.

（原文发表于《中国特殊教育》2009年第1期）

# 全纳背景下的教师教育改革

李 拉

全纳教育在中国的推广与实践,必然要求相应的教育体制变革,以适应全纳教育发展的需求。这种变革是全方位的,涉及政策、资源、课程与评价等方方面面,而其中教师教育体制的调整与改革是至关重要的。因为"教师是教育的第一资源"[1],世界教育改革的经验与教训已经证明:任何没有教师参与的教育改革,都很难获得成功。全纳教育也意识到了这一点,并十分强调教师的重要作用和地位,正如第48届国际教育大会中所指出的,"高素质的教师是推进全纳教育的关键"[2]。在全纳教育的背景下,我国的教师教育如何做出回应,以顺应全纳教育对高素质教师的要求,是当前我国研究和发展全纳教育必须要予以关注的一个重要问题。从我国对全纳教育研究的现状来看,学者们对全纳教育的理念、实践、政策、课程、资源等方面开始了有步骤的探寻,但对于什么是全纳型教师,如何培养全纳型教师,教师教育如何调整与转型等问题还缺乏深入的探索。本文在分析教师教育改革必然性的基础上,尝试提出我国在全纳背景下教师教育改革的展望与举措,以期通过教师教育体制的改革与完善为全纳教育在我国的推行提供有力的人才保障。

### 一、全纳教育呼唤全纳型教师

全纳教育的实现依赖于一系列的调整与变革:理念、政策、学校、资源、课程、评价,等等。其中,教师是最不可忽视的因素。因为教师是任何教育政策与活动的最终执行者,如果没有真正能够贯彻全纳教育理念的师资,所有的美好目标都只可能是空中楼阁。全纳教育的基本理念是反对歧视,拒绝排斥,最大限度地满足各类有特殊教育需要儿童的教育需求。在全纳理念下,教师的教育对象发生了很大的变化,他们要面对着更多类型、更多差异的群体或个体,并满足这些群体与个体发展的不同需求。显然,这对教师素质提出了更高的标准和要求。

在全纳理念下,何谓全纳型教师?对这个问题的界定是讨论教师教育改革和全纳教育发展的一个关键的前提问题。我们认为,一方面,全纳型教师是一种在专业理念、知识结构、能力素养等方面能够适应全纳教育的需要与未来全纳学校的建立与发展的,具备更高素养、更高标准的新型专业教师。另一方面,全纳型教师是一个群体的概念。应该是由一系列不同类型、不同职能的教师所构成的完善的全纳教师体系。因为在全纳背景下,有特殊教育需要的学生类型复杂多样,差异性显著,例如,各类残疾儿童、超常儿童、自闭症儿童、心理与情绪障碍儿童,等等。承担起为普通儿童和有特殊教育需要儿童提供高质量教育的任务,对于任何一个单独的教师个体来说,都显然是无法完成的。因而,全纳型教师应该由担任课堂教学的教师、教学辅助教师,指导儿童康复与训练的资源教师,具备更高专业水准、能够满足不同类型特殊需要的巡回指导教师等多层次、多功能的一系列人员构成。

从以上我们对全纳型教师的理解和界定来审视现有的教师,我们会很容易地得出结论,即全纳型教师既不同于现有的普通学校教师,也不同于特殊学校教师。而当前的随班就读教师与全纳型教师相比,显然还有很显著的差距。虽然我们现在通过加大对普通学校教师的特殊教育技能培训,以及为普通学校提供有特殊教育背景的巡回指导教师等方式来应对普通学校里有特殊教育需要的儿童,但这仅是全纳教育发展初始阶段教师人才调整的权宜之计,从长远的角度来看,现有的教师养成方式与真正的全纳型教师的目标相比仍相差甚远。可见,在全纳背景下"培养全纳型教师是全纳教育发展的必由之路"[3]。

**二、全纳背景下教师教育亟待改革与完善**

*(一)教师教育自身发展的需要*

经过百年的历史演变,我国的教师教育在实践中逐渐走向深化,传统的师范教育体系逐步走向开放的教师教育体系。作为整个教育事业的工作母机,教师教育在教育和社会发展中的重要地位越发凸显。教师教育百年实践的历程和经验,决定了教师教育要保持持续不断的动态发展,它要根据社会和教育发展的需求不断获得新的动力,从而不断地调整和改革。教师教育具有几个基本的特性:一是基础性,教师教育担负着培养师资的重任,而师资是构成教育条件的首要资源;二是前瞻性,教师教育应当引领教育理念的新潮流,反映教育改革发展的新趋势;三是先导性,教师教育不应是对教育改革与发展的亦步亦趋,而是对教育发展保持一种高度的敏锐性和洞察力,并能通过自身率先的改革与调整来促进教育的持续发展。教师教育自身发展的这样几个特点决定了教师教育在面对新的教育思潮或教育改革的时候,不可能仅是被动地回应,而应主动地、有预见性地自我调整或变革以实现对新的教育思潮或改革的顺应和促进。从这个意义上来说,当全纳教育作为一股席卷全球的教育思潮逐步深入影响和改变我国教育发展的时候,教师教育的改革也势在必行。

（二）全纳背景下教师教育面临的新挑战

全纳教育对全纳型教师的呼唤给整个教师教育体制带来了极大的挑战，教师教育必须面对和回答这样一系列新的问题：在全纳背景下，教育的发展需要什么样的教师？即教师教育人才培养的目标和规格定位问题。全纳型教师由什么机构培养？特殊师范教育，抑或普通师范教育？即全纳型教师的培养体制问题。为满足全纳型教师培养的需要，教师教育的职前培养如何变革，现有课程体系、结构、内容等如何调整？即全纳型教师的培养模式问题。此外还有全纳型教师的任用与继续教育问题，等等。如果教师教育体制不能清晰地思考这些问题并做出相应的变革与回答，那么教师教育体制不仅不能成为推动全纳教育发展的重要力量，还有可能成为阻碍全纳教育理念顺利实施的不利因素。可见，全纳型教师的养成已不仅仅是特殊教育领域内的教师教育问题，而且还波及了包括普通教师教育在内的整个教师教育改革问题。

### 三、全纳背景下教师教育改革的展望与举措

从我国对全纳教育的研究来看，全纳型教师的养成目前主要停留在初期的培训阶段。在未来全纳教育持续发展的背景下，教师教育的改革应该是全方位的，它涉及全纳型教师的职前培养、教师任用与职后继续教育各个环节，从而通过教师教育的改革为全纳教育发展提供高素质的教师人才。

（一）职前培养：由"隔离"走向"融合"

全纳教育对全纳型教师的需求，意味着我们需要对传统的职前教师培养模式和人才培养目标、规格进行重新定位。我国现今的教师教育体制是二元化的，即普通教育的教师由普通师范院校来培养，特殊教育的教师由特殊师范院校或由普通师范院校下特设的特殊教育学院（系）来培养。两种教师职前培养体制在人才培养目标、课程体系设置等方面泾渭分明，很少存在互通性。故此，从人才培养的角度来看教师教育，它们二者是一种"隔离"式的。这种隔离式的教师教育体制所培养出来的教师人才与全纳型教师的要求存在显著差距，它已不能适应全纳教育对全纳型教师的需要。

一方面，普通师范教育体制一直以来很少或几乎没有涉及特殊教育等相关课程和内容的设置，使得普通学校的教师在专业理念、知识结构与能力素养上很难应对儿童的多样性和差异性，从而使得我国当前随班就读的推行举步维艰。另一方面，现有的特殊师范教育体制对特殊教育教师的培养也没有充分考虑到全纳发展的需要，造成特殊教育教师在进入到随班就读队伍后，虽然在特殊教育专业知识技能上具备优势，但往往又对普通学校的课堂缺乏深刻了解，在应付课堂教学时又会

捉襟见肘。

既然全纳型教师是未来教师教育职前人才培养的目标和规格,那么现有的教师职前培养模式必须走向调整或变革。事实上,无论是普通师范院校还是特殊师范院校在人才培养方面都各具优势,未来全纳型教师的职前培养需要打破传统的二元制度,在教师职前培养机制上统筹安排特殊师范教育与普通师范教育,充分发挥二者在人才培养方面的特色,形成互补和合力,共同培养全纳教育所需要的师资。具体来说,普通师范教育要加大对特殊教育课程的开设力度,使未来教师具备应对班级里有特殊教育需要儿童的基本能力,培养能够胜任全纳课堂教学的教师。特殊师范教育也同时要调整人才培养目标,培养全纳课堂上的教学辅助教师、资源教师、巡回指导教师以及能够面对各类特殊儿童教育需要的相应专业人员。并且,随着未来全纳教育的持续发展,普通师范教育与特殊师范教育必然要在培养机制和培养机构上由这种互通最终走向融合,从而实现人才培养目标、层次、类型的更合理搭配,共同在全纳型教师的人才养成上发挥作用。

(二)教师任用:由"兼职"走向"专职"

教师任用是教师教育体制中的一个重要环节,全纳型教师的出现,也必然会带来教师任用制度的变革。我们已经知道,目前的随班就读教师还不是专业的全纳型教师,更多的还是一种"兼职"性质的。当前,为满足普通学校里随班就读儿童的教育需求,多是通过开展对普通学校教师的特殊教育培训,或者是通过校内选拔资源教师,校外聘任巡回指导教师等形式来应对。但正如前文中所提及的,他们更多的是我国全纳教育发展初级阶段对教师任用的权宜之计。全纳教育的发展需要专业化的师资队伍。未来对全纳型教师的任用,必将由"兼职"走向"专职",这与职前阶段全纳型教师的专业化培养目标是相统一的。

一般来说,教师任用制度由教师资格制度、教师职称制度及教师聘任制度构成。其中,建立全纳型教师资格制度是全纳背景下我国教师任用制度改革的当务之急和关键。目前,我国现行的普通学校教师资格认定及考试制度已确立,但专门针对在特殊教育学校、特殊班工作的特殊教育教师资格制度却尚未形成,至于随班就读的指导教师就更被忽视了。[4]教师资格认证制度上的缺位,常常使处于"兼职"性质的随班就读教师以及特殊学校参与到随班就读中的教师居于一种尴尬的地位和处境。这不仅会影响教师参与全纳教育的积极性与热情,对于全纳教育的顺利推行更是极为不利的。全纳教育教师资格的认定在一些国家已经很成熟,在我国还处在起步阶段。国外的经验告诉我们,这种制度的实施是有可行性的,我们现在所要解决的就是在我国的国情下,实施全纳教育的教师资格认定。[5]特别是在当前我国教师教育体系逐渐走向开放的背景下,建立全纳教育的教师资格认定制度对于严把教师"入口"关,提高全纳型教师素质,建设更加专业的全纳型教师队伍具有重要意义。

(三)继续教育:由"补偿"走向"发展"

在全纳运动的早期,最迫切需要发展的是普通学校中的教师培训。[6]这种培训是全纳教育发展初级阶段的必然产物。因为在全纳教育发展早期的这个阶段,学校里几乎没有真正意义上的全纳型教师。世界各国发展全纳教育的经验都表明,通过各种手段加大教师培训是应对早期发展阶段全纳型教师需求的一个重要方法。如上文中所提及的,现阶段我们在推行随班就读的过程中对教师的培养也更多的是注重职后培训,通过定期或不定期特殊教育理念、知识、技能培训等方式来提高普通学校教师面向特殊教育需要儿童的能力,实际上这是一种特殊教育的"补偿"教育。"补偿"式的继续教育方式事实上是我国推行随班就读在短期之内无法解决专业教师问题所采取的无奈之举和权宜之计。

随着全纳教育研究与实践的不断深化,单纯的"补偿式"的教师培训将不可能满足全纳教育发展对专业化全纳型教师的诉求,必须通过相应的教师继续教育改革来应对。正如联合国教科文组织在全纳教育指南中所指出的:虽然小规模培训和一次性培训在全纳教育的早期阶段都很重要,但是必须建立一个长期的教师培训方案,不断为教师提供全纳教育的支持。[7]教师教育职前、入职、职后教育一体化的实践告诉我们,全纳教育下的教师教育改革要特别注重职前与职后教育的衔接。未来的全纳教育发展,当大量经过职前培养的,在层次、类型、功能上各具优势的全纳型教师进入到教师队伍后,教师继续教育将不再单纯注重对现有教师的"补偿"教育,而更加注重各种类型的全纳型教师的专业成长,注重全纳型教师整个的职业生涯发展,最终实现全纳型教师教育的一体化和终身化。

**参考文献:**

[1]管培俊.关于教师教育改革发展的十个观点[A]//周南照,等.教师教育改革与教师专业发展:国际视野与本土实践[C].上海:华东师范大学出版社,2007:11.

[2]高靓.世界目光聚焦全纳教育——访联合国教科文组织第48届国际教育大会代表周满生[J].生活教育,2009(2):15—17.

[3][4]兰继军,于翔.加强教师教育改革,培养全纳型的教师[J].中国特殊教育,2006(1):14—18.

[5]雷江华,姚洪亮.全纳教育教师资格认定制度探微[J].中国特殊教育,2005(7):42—46.

[6]杨蕾.全纳教育中的教师专业发展[J].全球教育展望,2005(2):61—66.

[7]联合国教科文组织.全纳教育共享手册[M].陈云英,等译.北京:华夏出版社,2004:33.

(原文发表于《继续教育》2011年第1期)